JN418436

오탁번 詩話

아직 태어나지 않은 시인을 위하여

나남출판

나남산문선 · 35

오탁번 詩話

아직 태어나지 않은 시인을 위하여

오 탁 번

NANAM
나남출판

머 리 말

내 시가 처음 활자화되어 지면에 발표된 것은 원주중학교 2학년이었던 1958년 《학원》을 통해서 였다. 《학원》에 실린 내 시를 읽을 때 쿵쾅거리며 뛰던 심장소리가 아직도 귓전에 그대로 들리는 듯하다. "오늘 나의 가슴은 / 눈 내리는 속에 펄럭이는 깃발입니다 // 하늘 끝에서 끝까지 / 눈이 쏟아지고 / 눈송이 송이 담겨 내리는 조그마한 사랑들"이라고 시작되는 시였다. 그 때부터 더 열심히 밤낮으로 많은 시를 읽고 쓰기 시작했다. 내 운명이 어떻게 결정될지도 까맣게 모른 채 그냥 시 속에 파묻힌 셈이었다. 겨울이면 방이 어찌나 추운지 잉크가 얼었다. 숙제를 할 때면 언 잉크를 펜으로 찍느라고 애를 먹었다. 이루 다 말할 수 없는 궁핍 속에서도 시는 가난했던 까까머리 소년의 삶을 지탱해주는 유일한 지표가 되었다.

아득한 세월이 흘렀다. 어릴 때부터의 꿈이었던 시인이 되었고 또 소설가도 되었다. 그리고 또 많은 세월이 흘렀다. 그러나 아무리 많은 세월이 생애의 벼랑을 지나갔어도 어릴 때 내 삶을 지탱해주던 유일한 지표인 시에 대한 근본적인 생각은 변한 게 없다. 나에게 있어서 시는 단순히 학문의 한 분야나 창작의 한 장르가 아니다. 시는 내 몸이요 마음이며 나의 삶과 꿈 그 자체이다.

시에 대한 나의 이와 같은 생각을 1996년 한 해 동안 《현대시학》에 연재하였다. 철부지 소년의 시선으로 시를 읽고 삶을 이야기하기 위해 쓴 글이었다. 그리고 '시인' 이라는 내 운명 앞에 고개 숙이고 쓴 꾸밈없는 편지였다.

1998. 2.

오 탁 번

나남산문선 · 35

오탁번 詩話

아직 태어나지 않은 시인을 위하여

차 례

날아오르는 양파

1

이 글을 쓰려고 마음 먹었을 때, 나는 다음과 같은 말로 '시와 삶의 이야기'의 보따리를 풀면 되지 싶었다.

'친애하는 한국의 시인 여러분.'

그러나 나는 곧 마음을 고쳐 먹었다. 평소에 내가 '한국의 시인들'을 정말 친애하였을까. 그리고 또 그 시인들이 진정한 시 이야기를 듣고나 싶어하는 것일까. 그래서 나는 시인이 되기 위하여 습작을 하는 독자들을 포괄적인 호칭으로 부르면 어떨까 하는 생각이 들었다.

'시창작 국민회의 동지 여러분.'

하지만 이것도 어딘지 허풍떠는 것 같았다. 나는 또 마음을 바꾸고 말았다. 마음을 몇 번씩이나 바꾸고 보니 나는 초조해지기 시작했고 갑자기 담배 생각이 났다. 나는 디스를 한 개피 뽑아 물고 며칠 전 아파트 상가에서 공짜로 얻은 마일드 세븐 라이터를 켜 담배에 불을 붙였다. 금연을 해야 할 텐데. 순간 내 머리 속에 이성적인 생각이 떠올랐으나 나는 니코틴과 몽상의 연기 속에 나의 호흡기와 뇌세포를 그대로 방치하기로 했다. 내가 특별한 골초여서가 아니라, 이렇게 위태로운 몽상에 나를 맡겨서 '흡연은 폐암 등을 일으킬 수 있으며, 특히 임산부와 청소년의 건강에 해롭습니다' 라고 담배갑 옆구리에 쓰인 경고의 담화 속에 나를 밀어 넣어야 했다. 위해로운 것을 끊고 절제하는 예의바른 논리에서 일탈하여 '나' 의 진정한 독자를 만나기 위해서는 디스의 연기 속에 나의 논리와 허풍을 죄다 그대로 방기할 수밖에 없다는 생각이 순식간에 들었기 때문이다.

공복이어서인지 담배를 연달아 몇 모금 피우자 머리가 핑 도는 것 같은 느낌이 들었다. 요즘 식욕도 떨어지고 주량도 주는 것을 보면 내 몸 속 깊이 나도 모를 깊은 병이 기지개를 켜고 있을지도 모른다. 이미 17년 전에 폐암으로 세상을 떠나신 나의 어머니가 지금쯤 저승의 평화로운 산기슭에서 당신과 똑같은 아픔으로 나를 부르고 계실지도 모른다. 당신과 꼭같은 고통과 슬픔을 이해시키면서 나를 당신 곁으로 호출하고 있는 어머니! 이 보이지도 들리지도 않는 사랑의 한쪽 끝을 잡고 있는 나는 언제나 지금 이 이승에서의 시간보다는 저승에 계신 어머니를 그리워한다.

나는 담배를 다 피우고 나서야 이 글의 진정한 독자를 어떻게 불러야 하는지 겨우 생각났다. 그러나 아주 솔직히 말하면 담배를 다 태우기 조금 전, 담배 연기 속에서 어머니의 모습을 떠올렸을 때, 더 정확히 말하면 1978년 가을 동부시립병원 흉부외과에서 찍은 X레이의 음화 속에 뿌옇게 나타났던 어머니의 폐의 모습을 희뿌연 담배 연기 속에서 본 그 순간에, 나는 이 글을 읽으면서 누구보다도 맨 처음 나의 친구가 되어 줄 '그'의 이름이 생각났다. '그'는 부지런한 비평가이거나 훌륭한 시인이 아니다. 그는 닳고 닳은 쉰 몇 살의 흔하디 흔한 시인이 아니다. 또 '그'는 대학에 입학하여 시창작교실에 드나들고 어떻게 길이 닿아서 시인이 될 날을 학수고대하는 대학생도 아니다. '그'는 아주 작고 보잘 것 없어서 자기의 존재가 무겁다든지 가볍다든지 또 크다든지 작다든지도 모르고, 앞으로 그의 앞에 닥칠 시련과 시기가 어떤 것인지에 대하여 아무런 예감도 못하는 어린 학생이다.

나는 이 글을 시 비평이니 시인 연구니 하면서, 빗자루로 마당 쓸 듯, 몽둥이로 개 잡듯, 호각을 불어서 줄 세우듯 그렇게는 쓰지 않겠다. 이슬 방울로 그림 그리듯, 포테이토 칩이나 켄터키 프라이드 치킨의 맛이 아니라 흙을 쩍쩍 가르며 살이 찌는 감자의 굵은 줄기의 아린 맛처럼, '감자'의 괴경(塊莖)이 뿌리가 아니라 새순을 틔울 눈을 몇 개나 가진 줄기라는 사실을 갓 배운 소년처럼, 홰에서 내려온 토종 암탉이 둥우리에 갓 낳은 따뜻한 달걀처럼 그렇게 약하고 보잘 것 없는 온기로 이 글을 쓰겠다. 괜히 사부랑사부랑하지 않고 그냥 곰살스럽게 속삭이면서 시 이야기를 해나가겠다.

나는 다음과 같이 '그'를 부르기로 했다.

'사랑하는 원주중학교 2학년 2반 오탁번 군.'

괴테(Johann Wolfgang von Goethe, 1749~1832)
독일의 시인 · 소설가 · 극작가. 독일 고전주의의 대표자로 세계적인 문학가임.
그의 작품은 모두 자기 체험의 고백과 참회이며, 고전주의 · 낭만주의의 각 시대를 통하여 전인적(全人的)인 창조력에 의하여 위대한 업적을 남겼음. 작품으로 〈젊은 베르테르의 슬픔〉, 〈시와 진실〉, 〈빌헬름 마이스터의 편력시대〉, 〈파우스트〉 등이 있음.

원주중학교 시절의 필자

2

식물이 마치 한쪽은 중력에 끌리듯 지하로 파고 들고 다른 쪽은 반중력이나 부상력에 떠밀리듯 지상으로 치뻗는다는 싱겁기 짝이 없는 사실을 발견한 것은 생물학과 교수나 과학자가 아니라 괴테나 슈타이너 같은 시인이나 철학자들의 몽상과도 같은 관찰에서 비롯되었다고 한다. 시인 괴테는 처음으로 기상대의 체계를 확립했을 뿐만 아니라 증기선과 비행기를 만들려고 했던 무모한 상상력의 소유자였다. 37세의 나이로 독일을 떠나 알프스 남쪽을 향하여 여행을 하면서 그의 《빌헬름 마이스터》에 나타난 대로 '레몬이 피는 따뜻한 남쪽나라'를 찾아서 오스트리아와 이탈리아 국경을 넘었다. 천재와 명예와 돈과 권력을 모두 누리던 괴테는 어느 날 일상의 번사에서 환멸을 느껴 여행을 했던 것이다. 괴테가 꽃과 잎사귀와 줄기와 뿌리를 가진 식물 하나하나를 바라보며 꿈꾸었던 것은 식물과 인간의 꿈과 절망을 동일시하는 상상력에서 비롯된 가장 순결한 정신이었다고 할 수 있다.

모든 식물이 '근원적인 하나'로부터 시작하여 여러 개의 식물로 형성되었다고 그는 믿었다. 찰스 다윈은 기계적인 원인이나 외형적인 영향에 의해서 유기체의 본성이 변화한다고 보았지만, 괴테는 여러 가지의 다양한 형태는 '원형적 유기체'(Urorganismus)의 표현이라고 생각하였다. 다양하게 변용할 수 있는 원형적 유기체가 바깥 환경에 가장 적합한 모습으로 이 세상 밖으로 모습을 드러낸다고 본 것이다. 괴테가 본 이 식물은 과연 무엇이란 말인가. 베니스로 가는 도중에 보았던 이탈리아의 울창한 식물만 그가 관찰한 것일까. 그는 라이프치히대학에 있을 때부터 학문을 세분화시키는 획일주의에 반발을 느껴 대학에서의 학문이란 시체의 악취 같다고 생각하고 오히려 장미십자단의 신비주의나 연금술에 매료되어 자연의 신비한 힘을 연구하기 시작했다고 한다. 그가 관찰한 식물의 형태는 바로 인간의 모습과 대등한 것이었다.

하이데거(Martin Heidegger, 1889~1976)

독일의 철학자.
키에르케고르의 영향을 받아, 후설(E. Husserl)의 현상학(現象學)에 기초를 두고, 인간의 존재 구조에 관한 실존론적인 분석에 근거한 존재론을 전개함. 주요 저서에 《존재와 시간》 등이 있음.

인간의 몽상과 정서를 그대로 구현하고 있는 식물 — 이것을 이 글의 이야기와 결부시켜 놓으면 그것은 영락없는 시, '근원적인 하나'는 바로 하이데거가 말한 "유일한 시는 말해질 수 없는 채로 존재한다"는 유일한 시(Gedict)이며, 하나하나의 식물의 다양한 형태는 한편 한편의 시(Dichtung)에 해당한다. 인간은 꿈을 꾼다. 슬픔과 기쁨의 꿈을 꾸고 밥을 먹고 차를 마시고 포도주를 마신다. 식물도 꿈을 꾼다. 슬픔과 기쁨의 꿈을 꾸고 흙의 영양분을 먹고 수분을 섭취하기 위하여 이슬과 빗방울을 마신다. 인간은 팔다리를 움직여 노동을 하여 식량을 마련하지만 식물은 수많은 뿌리를 대지 위에 깊게 뿌리 내리고 식량을 마련한다. 호밀 한 포기의 잔뿌리가 1천 3백만 개이며 그 총연장은 6백 킬로미터나 되고 또 현미경으로나 관측할 수 있는 실뿌리는 140억 개, 그 총연장은 1만 6천 킬로미터가 된다고 한다. 또 인간의 두발은 모두 5백만 개이며 동맥, 정맥, 모세혈관의 총 연장은 10만 킬로미터이고,

신경세포는 130억 개라고 한다. 사랑을 나눌 때 한 번 사정하는 정충은 1억 5천만 마리라고 한다.

슬픔과 기쁨의 꿈을 꾸는 식물과 인간의 구조는 이토록 엄청난 우주적 규모이다. 지구 자오선의 길이가 40만 8 킬로미터이고 적도는 40만 75 킬로미터라고 한다. 바로 이 지구 위에 식물과 인간이 삶의 '뿌리'를 뻗치고 있는 것이다.

우주와 교신하는 식물들의 초감각적 지각에 대한 연구는 20세기에 들어오면서 활발하게 전개되어 식물들이 지니고 있는 생체교신(biological communication)의 기능이 관찰되었다. 태양에서 오는 자외선보다 더 강력한 새로운 방사선이 생명체로부터 발생한다는 사실도 알려졌다. 양파의 뿌리 끝에 있는 세포가 일정한 리듬으로 분열한다는 사실도 관찰되었다. 양파 뿌리에서 생명에너지(vital energy)가 발사될 뿐만 아니라 조지 로렌스는 양파 조각의 세포들이 담배 연기를 내뿜는 정도의 자극은 물론 심지어 자기를 해치려는 심적 이미지까지를 10분의 1초 안에 예민하게 반응한다는 사실을 발견한 일이 있다. 그는 이렇게 말했다 — 식물들이야말로 진정한 우주적 존재가 아닌가 싶다. 무기질의 세계였던 태고의 지구를 사람이 살기에 적합한 곳으로 바꾸어 놓은 그들의 재간은 거의 완벽한 마법이 아닌가!

나는 이렇게 말하고 싶다 — 좋은 시야말로 진정한 우주저 존재가 아닌가 싶다. 무의식과 신화의 세계에 깊숙이 숨어 있는 인간적 소망을 비유와 상징으로 잡아 당겨 왼벽한 작품으로 재현하는 시인들의 몽상이야말로 정말 기막힌 마법이 아닌가!

마 종 하 (馬鍾河)

1943년 강원도 출생.
1968년 《동아일보》 신춘문예에 시 〈겨울행진〉, 《경향신문》에 시 〈귀가〉가 당선되어 등단.
주요 시집으로 《노래하는 바다》, 《파냄새 속에서》 등이 있음.

3

마종하의 시집을 펼치면 문득 파냄새가 난다. 그리고 치악산 산그늘의 서늘함과 눈덮인 산정의 신성함도 떠오른다. 이 글의 앞에서 내가 호명한 원주중학교 2학년 2반 학생은 마종하와 중학교 같은 반 단짝이었다. 이번 가을에 그는 세 번째 시집 《한 바이올린 주자의 절망》(세계사, 1995)을 냈다. 그의 두 번째 시집은 《파냄새 속에서》(나남, 1988)였다. 파냄새 속에서? 나는 몇 년 전에 그의 시집을 받고 좀 의아한 생각이 들었었다. 산업화 시대의 생산공장 굴뚝의 검은 연기나 민중의 고난스러운 땀냄새가 아니라, 겨우 파냄새라니? 그런 느낌을 잠시 지우고 나는 그의 시를 꼼꼼히 읽으며 그 옛날 마종하와 함께 뒹굴며 보내던 문학소년 시절을 남몰래 그리워하였다.

그 후 몇 년이 흐르고, 그는 백내장 수술을 하고 나는 목디스크를 앓고 탈장수술을 하고 어느덧 반백이 되어버렸다. 그의 시집을 읽으면서 유난히 나를 옭아매는 시가 바로 〈파냄새 속에서〉와 〈날아오르는 양파〉였다. 수사나 기법에서 고의적으로 서투르게 어눌한 어조를 띠고 있는 이 작품을 읽으면서 나는 비로소 마종하 시세계의 열쇠가 여기에 있다는 생각을 지울 수 없었다. 열쇠이긴 하되 요즘의 아파트 열쇠가 아니라, 저 옛날 뒤주나 문갑에 달려있던 조선의 자물통을 떨거덕 소리를 내며 여는 한 뼘 크기의 기다랗고 투박한 녹슨 열쇠! 나의 몽상 속에서 마종하 시세계를 여는 열쇠의 모습까지 떠오르자 나는 그의 이야기를 쓰지 않고는 배길 수 없는 충동에 사로잡혔다. 그러므로 이 글의 머리에서 내가 호명한 '원주중학교 2학년 2반 오탁번'은 '마종하'와 몽상과 불행의 주파수가 같은 등장인물이다. 나이가 들어서도 중학생 때의 미숙과 무모함을 그대로 지니고 아이 같은 어른으로 살아가는 이 문학소년들의 삶의 궤적은 눈물겹다.

빈 사과 궤짝을
우리 마을 아파트 쓰레기통에서 주워다
흙을 담고 빽빽이
파를 심었다. 눈오는 날
발가벗은 나무들이 흰 깁을 두르던 날
마누라가 우산장 기슭으로
나를 마구 끌고 가서
흙을 담으라고 해서 담았다.
구제받지 못할 나의 긴긴 잠을
불러 흔들어 깨워서

파를 심으라고 해서 심었다.
시퍼렇게 언 파를 흙에다 끼우면서
나는 은빛 깁의 산이 그립다고 했다.
(목숨이야 마음같이
안될지언정, 그 산 속에 한동안
묻혀 있고 싶다고 했다.)
길다란 궤짝에 흙을 담아 왔으면 되었지.
검은 흙 가득가득
속살이 하얀 파를 심어놓았으면 되었지.
더 무슨 정신나간 잠꼬대를 하느냐고
마누라는 치마를
펄럭이며 돌아서버렸다.
그래 좋다, 푸른 파.
뜯어먹자, 매운 파.
콧날이 얼얼한 우리들의 삶.
너무 매워 눈물나는 궤짝 속의 삶.

— 마종하, 〈파냄새 속에서〉

이 시에 나오는 '마누라'는 시인의 상상의 세계를 짐짓 모른 체하는 생활력이 강한 도시의 여인으로서 표현되고 있으면서, 사과 궤짝에 흙을 퍼담은 다음 아내에게 이끌려 파를 빽빽이 심는 '은빛 깁의 산'을 그리워하는 시인의 '콧날이 얼얼한' 삶을 더욱 생동감있게 반사시켜주는 역할을 하고 있다. '빈 사과 궤짝'은 현대의 문명과 문화가 그 구실을 다하고 나서 내버린 구획된 공간이다. 궤짝 안에 담겼던 비타민이 풍부한 사과는 이미 인간의 영양소로 소멸해 버리고, 자연의 생산품을 구획했던 쓸모없는 빈 궤짝은 '시인'의 '마누라'의 지혜에 의하여 파가 뿌리를 내리고 잎을 싱싱하게 하는 생명의 공간으로 재생산된다. 나목의 가지 위로 흰 눈이 쏟아지는 겨울이란 모든 생명이 정지되고 휴면하는 시간인데 시에 나오는 '시인'과 '마누라'는 이 죽음의 시간을 생명의 시간으로 치환하고 있다. 또한 이 정지와 휴면의 시간은 시인에게는 '구제받지 못할 나의 긴긴 잠'으로 등식화되어 있어서, 시인의 삶은 이 세상의 활성과 노동과는 소외된 채 몽상 속에서 잠을 자는, 아니 잠들 수밖에 없는 악령과도 같은 현대를, 오늘의 한국 문화와 한국 시단을 우회하고 있다. 아내는 시인의 긴긴 잠을 흔들어 깨워서 '파를 심으라'고 한다. 아내가 시인을 흔들어 깨워서 심으라고 한 '파'는 정말 '파'일까. '파'의 사전적 의미는 다음과 같다.

> 파(Allium fistulosum) : 백합과의 여러해살이 풀. 땅 속 줄기에 많은 수염 뿌리가 있고 여름에 길이 70cm의 꽃줄기 끝에 백록색의 꽃이 핌. 칼슘, 염분, 비타민 등의 함량이 많고 특이한 냄새와 맛이 있어서 식용, 약용함. 원산지는 중국 서부로 추정되며 동양에서는 예부터 주요한 채소로 재배하고 있으나 서양에서는 거의 재배하지 않음.

시인의 아내가 시인의 잠을 흔들어 깨워서 재배시킨 '파'가 아침 저녁 우리들 식탁 위에 된장찌개나 두부찌개의 맛을 돋구

서 정 주 (徐廷柱)

1915년 전북 고창군 부안에서 출생. 1936년 《동아일보》 신춘문예에 시 〈벽〉(壁)이 당선. 주요 시집으로 《화사집》, 《질마재신화》, 《신라초》, 《서정주시전집》 등이 있음.

고, 소주집 삼겹살 양념이 되는 '파'일까.

이와같이 능청스러운 수사에 이미 질문의 의도를 짐작하겠지만, 아내가 시인에게 가리킨 '파'는 단순한 식용의 파가 아니라, 현대 사회의 악령에 지치다 못해 가위눌림의 잠에 빠진 시인에게 자연의 오묘와 구원을 넌지시 암시해 주는 매개물이며 자연과 인간, 우주와 시인의 시선을 합일시켜 주는 촉매제 노릇을 하고 있다. "구제받지 못할 나의 긴긴 잠을/불러 흔들어 깨워서/파를 심으라고 해서 심었다"에 암시된 바와 같이 '구제받을 수 없는 나'를 흔들어 깨우는 행위와 파를 심는 행위를 병치시킴으로써 '파'의 고양된 의미를 낳게 하고 있다. 시인이 꿈꾸는 몽상과 현실에 대한 좌절과 분노는 아내에게 '잠꼬대'로밖에는 보이지 않는다. 그러나 시인의 아내는 "마누라는 치마를/펄럭이며 돌아서버렸다"에서 보는 것처럼 자연과 인간을 치환하여 동일화시키는 강인한 생명력으로 부각된다. '은빛 깁의 산'을 그리워하는 이룰 수 없는 시인의 소망은 "그래 좋다, 푸른 파/뜯어 먹자, 매운 파"에서 보듯 자조적이면서도 오랜 자조와 연민 끝에 마침내 도달하는 달관과 응시와 도전으로 '파'의 생명력과 우리들의 삶이 하나의 물질로 형상화되고 있다. '콧날이 얼얼한 우리들의 삶'처럼 콧등이 시큰하고 얼얼한 생에 대한 차갑고 아픈 깨달음의 경지에 도달하고 있다. 시인은 '너무 매워 눈물나는 궤짝 속의 삶'이라고 말하지만 이것은 소외와 좌절 속의 비탄이 아니라, 문득 지금 시인이 발딛고 선 생애의 벼랑을 벼랑답게 위태위태한 공간으로 깨닫게 되는 치열한 인식의 표현이다.

'파'를 칼슘과 염분과 비타민이 많은 단순한 식용식물로서가 아니라, 몽상과 인고와 깨달음의 특이한 냄새와 맛을 가진 '시인의 식물'로서 자리잡게 하는 일은, 저 50년대 후반 유난히 추웠던 원주의 잠사공장 옆 마종하의 둥지 같았던 처소의 가난하면서도 눈물겨운 눈망울을 지녔던 문학소년과, 밀주냄새가 후각적 변용으로서 와닿았던 그의 외할머니의 주름살 많은 손을 문득 떠올리게 하고 있다. "할머니는 단군적 박달나무 신발을 신고/두루미 우는 손톱들을 가졌었나니 …"(서정주, 〈할머니의 인상〉)의 할머니와도 같은 그의 외할머니의 허허로운 목소리가 문득 떠오르고, 1970년대 초 화신백화점 근처 예식장에서 마종하가 장가들 때 면사포를 쓴 다소곳한 그의 신부의 모습도 꿈결처럼 떠오른다. 현실에서의 무모한 일탈을 꿈꾸며 '은빛 깁의 산'을 그리워하는 지아비에게 '치마를 펄럭이며' 돌아서버리는 아내의 파냄새처럼 맵고 아린 사랑도 다 내 짐작하는 바이다. 식물이라는 완벽한 마법인 우주적 존재를 운반하는 철딱서니

없는 한겨울의 지아비와 지어미가 아닌가.

4

이번 가을에 나온 그의 시집 속에 있는 〈날아오르는 양파〉는 더 절실하게 50년대의 원주중학교 2학년 2반 학생이 쉰 살의 시인이 되어서도 꼭 그때 그 중학생 시절 하모니카 불며 추운 겨울 속을 흰 눈송이처럼 날아 다니는 모습을 보여주는 마종하의 문학소년다운 몽상이 짙게 배어나는 작품이다. 제목이 정말 특이하다. 날아오르는 양파라니?

중학생의 시선 속에는 모든 것이 날아 오르고 숨쉬고 뜀박질하는 술래잡기와도 같은 몽상들이 끝간 데 없이 펼쳐지고 있었다. 마종하는 중학생 때 나보다 키 크고 겉은 의젓해 보였지만 장난이 심했다. 내 기억이 맞는지 자신할 수는 없지만 어느 여름날 수업시간에 그가 맨 뒷자리에 앉아서 선생님 몰래 장난을 쳤다. 중학교 운동장 바로 옆에 경비행기가 이착륙하는 군용비행장이 있어서 수업시간에 비행기의 프로펠러 소리에 한참씩 수업을 중단하기도 했었다. 그는 입 안에 침을 고이게 한 다음 혀를 꼬부려서 기술적으로 침의 방울을 만든 다음 훅 불곤 했다. 그러면 조그만 비누방울 같은 침의 기포가 교실 안으로 날아오르곤 하였다. 침으로 된 기포를 크게 잘 만들어 훅훅 불어대는 친구들은 수업시간이고 아침 조회시간이고 가리지 않고 장난을 쳤기 때문에 선생님이 돌아서서 흑판에 판서를 할 때면 교실에는 침방울이 포롱포롱 날아다니곤 했다. 물론 소리는 나지 않았다. 그리고 자세히 보지 않으면 잘 보이지도 않았다. 개구장이들의 침은 깨끗하고 투명하기만 했다. 침의 기포를 만들어 불어내는 솜씨는 마종하를 따를 학생이 없었다. 아마 이 사실은 마종하 스스로 작성하는 후일의 자서전에서도 씌어질 수 없는 섬세하기 짝이 없는 역사적 사실일 것이다!

어느 날 마종하의 입에서 날아오른 침의 기포가 졸음에 겨워 하품을 하던 어느 학생의 입 안으로 정확하게 낙하하였다. 아이들이 배꼽을 잡고 웃었고 선생님은 영문을 몰라 회초리로 교탁을 요란하게 두드렸다.

〈날아오르는 양파〉를 읽으며 내 눈 앞에 떠오르는 스펙트럼은 과거와 현재가 딱 구분되는 빛깔로서가 아니라 과거와 현재를 혼재시키며 일렁거리는 추억의 빛깔로서 다가온다. 원주중학교 2학년 2반의 그 아득한 교실은 그와 나의 문학세계의 원초적 시발점이었는지도 모른다. 스티븐 호킹이 말한 우주의 시초처럼 무한한 질량으로 짓눌려 있다가 어느 순간 대폭발(big bang)을 일으키며 팽창하여 과거에서 현재로 또 미래로 무한히 퍼져나가는 우주처럼, 입 안에서 혀로 침을 모아서 혀끝에서 기포를 만들어 불곤 하던 그 순간이 어느 순간 폭발하여 문학의 우주로 팽창한 것은 아닐까. 태양이 지구에서 8광년 떨어진데 비하여 제일 가까운 별인 센타우루스의 프록시마는 4광년이고 치악산 위에 빛나던 밤하늘의 별들까지의 거리가 수백 광년이라는 사실을 모르고 있던 그와 나는 자신도 모르는 사이에, 철없는 개구장이 중학교 2학년 학생의 미래가 팽창하는 우주의 별빛이 형성하는 스펙트럼의 빛깔을 지향하고 있었던 것은 아닐까. 빛의 경우에 별이 멀어질 때는 스펙트럼이 붉은 쪽으로 옮겨가는 적색변위(red shift)가 일어나고 가까이 올 때는 푸른 쪽으로 옮겨 온다는 도플러(Doppler)효과 즉, 진동수와 운동의 속도 사이의 관계처럼 침방울을 만들어 장난치던 그 순간의 모습이 지금 내 눈앞에서 이슬에 젖은 스펙트럼의 일렁이는 빛깔처럼 과거를 현재 속에 뒤섞으며 또 현재를 미래 속에다 집어던지며, 팽창하는 우주만큼이나 원주중학교 2학년 2반 교실이 무한대로 확대되고 있다.

양파를 가득 실은 짐수레를 밀어드렸다.
종로에서 서울예식장 쪽으로 가는
한 아주머니의 뒤를 70미터쯤 밀어드리니
숨이 차고 생땀이 솟구쳐서
슬그머니 뒷골목으로 도망치고 말았다. 나이 50에,
말로만 떠들다가 이제 철이 든 셈이지.
무슨 양파가 그렇게나 무겁담.
나는 사실, 그 아주머니를 도와드리기도 했지만
나 자신을 밀어붙였다는 기쁨이 훨씬 더 컸다.
아이처럼 즐거워서 혼자 날았다. 생땀을 씻으며
〈시인학교〉에 가서 아이처럼 자랑을 늘어놓은 게
그게 잘못이었다. 그러나 나는 날 수 있었다.
벗기면 껍질 뿐인 무거운 양파들의
아리고 강한 푸른 줄기가

온몸에서 돋아나는 기분이었다.
기분이 기운이 되어 날 수 있음에 대하여
더 연구, 매진할 작정이다.
오, 이 하루, 부끄러운 대로 너무 즐거운 이 일생.

—마종하, 〈날아오르는 양파〉

〈날아오르는 양파〉에서 시인의 시간은 나이 50이 된 '현재'이다. '종로에서 서울예식장 쪽으로 가는' 길에서 양파를 가득 실은 짐수레를 끌고 가는 아주머니를 만나서 그 수레를 밀어주었다. 70m쯤 밀어주고 나니 '숨이 차고 생땀이 솟구쳐서' 뒤골목으로 슬쩍 비켜섰다. '나는 사실, 그 아주머니를 도와드리기도 했지만/나 자신을 밀어붙였다는 기쁨이 훨씬 더 컸다' 라고 시인은 무슨 큰 사건을 치룬 것처럼 이야기하고 있다. 그가 '밀어붙인 나' 는 누구일까. 나이 50의 1990년대를 풋과일 같은 10대 소년의 1950년대를 밀어붙인 것이 아니었을까.

'무슨 양파가 그렇게나 무겁담'

이렇게 양파의 무게를 재인식하는 시인은 실은 양파의 중력을 느낀 것이 아니라 양파라는 식물이 운명적으로 지닌 진정한 우주적 존재를 그때 깨닫게 된 것이다. 시인이 그렇게 무겁게 인식한 양파는 〈파냄새 속에서〉의 '파' 처럼 우리들의 질기고도 매운 삶의 긴장을 환유하는 매개물이 된다. '벗기면 껍질 뿐인 무거운 양파들의/아리고 강한 푸른 줄기가/온몸에서 돋아나는 기분이었다' 에서 분명하게 드러나는 것처럼 마침내 '아이처럼 즐거워서 혼자 날았다' 라고 한 시인은 '양파' 의 식물적 본질,

칼 구스타프 융

(Carl Gustav Jung, 1875~1961)

스위스의 정신 의학자 · 심리학자.
처음에는 프로이트(S. Freud)와 함께 정신분석학을 연구하다가 프로이트와 결별한 후 독자적 분석 심리학을 확립함. 내향성(內向性)과 외향성을 구별하는 유형을 분석하고, 개인의 무의식과 더불어 집단의 무의식인 고태형(古態型)을 신화나 민화(民話) 속에서 찾음.

즉 우주적 존재로서의 식물이 표상하는 개체화된 '원형적 유기체'가 되고 있다.

'나 - 양파'의 교감은 칼 구스타프 융과 아니엘라 야페가 말한 일종의 교감주술(交感呪術, sympathetic magic)이 되어 시인이 바라보는 하찮은 일상의 물상들이 우리들 삶의 원초적 질서와 그대로 맞닿아 있음을 표현하고 있다. 시인이 양파를 가득 실은 짐수레를 밀어주면서 이동해 나간 '종로에서 서울예식장 쪽으로 가는' 길은 일상의 고통과 번뇌를 지나 새로운 삶의 탄생과 출발의 공간을 의미하고 있다. 그리하여 시인은 '원주중학교'가 아닌 '시인학교'에 가서 침으로 기포를 만들며 꿈을 키워가던 그 옛날의 철없는 소년으로 다시 태어나고 있다. 그런데 참 '서울예식장'은 마종하가 〈파냄새 속에서〉의 치마를 펄럭이며 궤짝에 파를 심으라고 재촉하는 지어머와 혼례를 올린 바로 그 축복의 공간이 아닌가. '날아오르는 양파'를 대역(代役, double)으로 하여 양파와 양파의 영혼으로 생각되는 심상(image)과의 사이에 강력한 동일시(identification)가 이루어진다고 볼 때, 우리들의 생애가 수레에 실려가는 양파의 순간적 생존처럼 어디론가 우주의 끝으로 운명과 몽상의 수레에 실려 날아오르며 떠나가고 있다는 인식의 높이에 다다르게 하고 있다.

마종하의 시에 보이는 고의적인 어눌함과 산문과도 같은 구문법의 정체를 간파하는 일은 그다지 어려운 일이 아니다. 그가 시의 기법에 있어서 장인의 경지에 이미 올라 있다는 사실은 누구나 인정하고 있을 터이다. 그런데 왜 그는 좀 더 매끈하고 유려하게 쓰지 않고 고의적으로 머뭇거리는 어조를 즐겨 쓰는 것일까. 그렇다! 마종하는 지금 헛기침을 하고 있다. 헛기침은 삼기나 폐렴 때문에 나오는 것이 아니라 현실의 괴리를 극복하고 수용하는 하나의 신호이다. 담배연기의 자극은 물론 자기를 해치려는 심적 이미지까지를 10분의 1초 안에 예민하게 알아차리는 '날아오르는 양파'의 음성적 기호인 것이다. 마종하 시세계의 독특한 어조는 불평등하고 불합리한 세계와 자아의 운명적 거리를 깨닫게 되는 신호이기도 하고 마종하의 영혼이 식물이 지닌 우주적 존재로서의 마법을 터득하게 되는 상징이기도 하다. 그가 시집의 자서에서 말한 것과 같이 '맛과 냄새가 기이한 특용작물'인 '파'는 겨울 흙 속으로 뿌리 내리고 생명 에너지를 끝없이 발산하며 날아오르고 있다. 시인의 온몸에 '아리고 강한 푸른 줄기'가 돋아나는 순간의 시계바늘은 지금 우주의 마법으로 쉬지 않고 작동하고 있다.

엿치기와 연애편지

1

새해가 되어 나이 한 살 더 먹고 나니 내가 나에게 더욱 보잘 것 없는 존재가 된 것 같다. 또 온몸을 엄습해 오는 근원적인 고독과 소외의 아픔도 오히려 더한 것 같다. 불혹(不惑)이니 지천명(知天命)이니 이순(耳順)이니 하는 옛말들이 당대에도 교조적인 과장이었고 또 지금은 이미 죽어버린 상징이 되었다는 것을 내가 몰랐던 바는 아니나 새해가 되어 미구에 떠날 생애의 식탁에서 떡국 먹고 앉아 생각해 보니 내 평생이 고독과 소외의 일관된 아픔이었다는 사실에 새삼 놀라고 있다.

40대에 나는 불혹은커녕 부질없이 망설이고 뜻없는 것에 마음이 홀렸으며 50대에 들어서도 하늘이 만물에 부여한 최선의 원리가 나와는 애시당초 상관도 없는 불가해한 것이 되고 있다. 하늘이 '나'에게 부여한 최선의 원리, 즉 천명은 무엇인가. 설마 지금 내가 느끼고 있는 이 참담한 회의와 끝간 데 없는 고독일까. 나는 아직도 내 운명조차 모르는 청맹과니에 불과한지도 모른다. 예순 살이 되면 소리가 귀에 들어가서 곧바로 그 이치를 깨닫게 되는 이순의 경지가 열리는 것일까. 그렇게 되기는커녕 오히려 지금보다 더한 고독과 소외에 짓눌리게 되어 아예 귀머거리가 되기 십상일 것 같다.

나는 곰곰이 생각에 젖는다. 우주만물의 생성 소멸하는 소리와 세계의 음양(陰陽)과 사방(四方)의 소리를 듣지 않는 정도가 아니라, 모든 소리, 즉 우주의 시법(詩法)을 멋대로 왜곡하고 굴절시켜서 가장 근원적인 유해한 존재가 되는 것은 아닐까. 요즘 우리나라 문화의 됨됨이를 보건대, 나도 그 문화의 필요악(必要惡)으로 자리하고 있는 셈이니까 십중팔구 나 역시 오래 살아남아서 노회한 권위와 처세의 능란함을 기화로 문화를 더럽히는 늙은이가 될지도 모른다. 일흔 살이 되어도 언행이 스스로 법도에 맞기는커녕 하는 행동 모두가 예의나 법도에 어긋나 버리게 될지도 모른다.

오늘 나에게 스스로 다짐하는 바는 분명하다. '고독과 소외'가 바로 하늘의 뜻이었으므로, 이제와서 엄살떨지 말고 그 아픔 속으로 투신할 수밖에 없는 법이다. 시를 쓰되 허세와 서푼도 안되는 명예를 위해서 쓰는 시인이 되지 말고 언제나 무명시인의 운명을 껴안 듯 평생토록 시단 데뷔도 못한 미완의 시인으로 남아도 좋다는 생각을 지니는 것이 가장 나다운 나의 궁리이다. 오히려 지금보다도 더 보잘것 없는 존재가 되기 위하여 '나'를 아주 무화(無化)시키기 위하여 그 옛날의 소년으로 회귀하는 것만이 유일한 길이다.

문득 지금 내가 처해 있는 공간의 폐쇄성과 협소함에 대해 몇 가지 생각이 떠오른다. 한국이라는 국가의 면적과 인구, 서울이라는 도시의 면적과 인구를 수치로서만 말하는 게 아니다. 지연과 학연의 배타적인 구획뿐만 아니라 껍질을 벗겨 보면 다 그게 그거인 이념과 지향이라는 가면의 위장 때문에 무한한 상상력으로 날아올라야 할 좋은 시인들의 몽상이 날개를 꺾이는 경우가 허다한 공간의 폐쇄성, 이미 구획되어진 문화풍토를 서로 보존 유지하려고 경계선에 말뚝을 박는 일에만 서로 열중하는 우리 문화의 배타성.

시가 아주 보잘것 없는 예술의 장르라는 것을 다시 깨닫는 일이 오히려 시와 가까워지는 유일한 지름길인지도 모른다. 일제 식민지배와 이데올로기의 대립으로 온갖 참화를 겪은 우리로서는 예술의 모든 장르가 민족문화의 발전과정에서 그럴 듯한 역할을 하는 것으로 알게 모르게 묵시적 동의를 하는 경우가 많다. 심지어는 문학이라는 예술의 한 가지가 그 나라의 정치발전이나 경제발전에 은연중 영향을 끼치는 것으로 이해되는 경우도 있다.

궁중의 권력찬탈과 음모와 배신을 다룬 셰익스피어의 비극이 왕정을 타도하고 공화정을 이루는 데는 아무런 쓸모가 없었으며 미국의 경제대공황을 배경으로 한 스타인벡의 《분노의 포도》가 경제지표를 호황으로 돌려놓았다는 이야기도 듣지 못했다. 마찬가지로 최남신의 〈경부철도가〉가 새로 건설된 경부선의 수송능력을 향상시켰다는 소문도 없었다. 이런 쓸모 없는 이

셰익스피어
(William Shakespeare, 1564~1616)
영국의 시인, 극작가.
인간세계의 갖가지 희극 · 비극을 그려 많은 작품을 남겼음. 〈햄릿〉, 〈맥베스〉, 〈오셀로〉, 〈리어왕〉의 4대 비극 등 37편의 희곡과 몇 권의 시집 · 소네트 집이 있음.

스타인벡(John Ernst Steinbeck, 1902~68)
미국의 소설가
경제 공황의 시대를 거치면서 강한 사회적 관심에 바탕을 둔 작품을 많이 남김. 대표작으로는 〈분노의 포도〉, 〈에덴의 동쪽〉, 〈불만의 겨울〉 등이 있음.
1940년 퓰리처상, 62년 노벨 문학상을 받음.

야기를 하는 것은 우리가 은연중에 지니고 있는 문학에 대한 잘못된 관습에 대하여 솔직한 반성의 계기를 만들어 보려는 데 그 의도가 있다. 즉 이육사나 윤동주의 시를 읽으면서, 그 작품에서 먼저 일제식민지의 상황과 광복에 대한 욕구를 찾아내려고 한다면 아마도 그는 시인이 되기보다는 역사학자나 사회학자가 되기 쉽고, 막상 그런 사람이 어떻게 해서 시인이 되었다고 해도, 차라리 시인이 되지 않았어야 덜 불행해졌을 생애에 잘못 접어든 것이 될 것이다.

이미 이야기될대로 된 다 낡은 이야기일 테지만, 윤동주의 〈서시〉를 읽고 일제 식민치하 조선지식인의 고뇌와 반항을 주제로 했다는 말이 아직도 교과서적인 정설로 굳어져 있음을 생각해 볼 때, 아주 단순명료한 시읽기의 기준조차도 무시되는 현실이 정말 안타깝다. '잎새에 이는 바람에도/나는 괴로워했다' 라고 노래한 윤동주는 북간도에서 중학을 마치고 서울의 전문대학으로 유학을 왔고 또 졸업 후에 현해탄을 건너서 일본으로 유학을 갔다. 식민지교육을 거부하고 학교를 뛰쳐나와 북간도로 망명하여 독립군에 투신한 민족의 영웅들과는 정반대의 길을 걸어간 윤동주였다고 할 수 있다. 나는 지금 윤동주의 생애를 조금도 폄하시키고 있는 게 아니라는 점을 알기 바란다. 잎새에 이는 바람에도 괴로워하는 나약한 문학청년의 이 '괴로움'이야말로 만주벌판에서 울린 독립군의 총성보다도 더 우리 민족문화의 밑거름이 되었다는 사실을 역설적으로 증명하려는 데 본뜻이 있다. 시를 읽으면서 민족의 정치사회와 지나친 관련을 맺게 하면 윤동주의 〈서시〉가 담고 있는 깨끗한 서정을 마치 혈흔이 낭자한 독립투사의 유언장인 듯 대하는 웃지 못할 일이 벌어지게 한다.

시는 아주 보잘것 없는 작디 작은 것을 대상으로 하는 문학의 장르이다. 그것은 어떤 심리학자도 과학자도 발견할 수 없는 극미세한 것을 다루기 때문에, 요컨대 손으로 만질 수 있고 눈으로 볼 수 있고 마음으로 금방 느끼게 되는 것은 언제나 시와는 거리가 멀게 된다. 시의 높낮이는 도저히 분간해 낼 수 없는 신비한 것이기 때문에 쉽게 공감이 가고 쉽게 싫증이 나는 시는 어딘지 모르는 구석에 진정한 시와는 동떨어진 유해한 요소가 잠복해 있다고 할 수 있다.

재작년 여름에 시인협회 사람들과 함께 연길에 다녀올 기회가 있었다. 백두산에 다녀오는 길에 용정에 들려서 윤동주가 다녔다는 중학교를 찾아 교실에 마련해 놓은 윤동주의 기념관을 찾았다. 그런 다음 쏟아지는 폭양 아래 땀을 흘리면서 그의 묘를 찾았다. 이 탄, 오세영, 유안진, 이가림, 임영조 등과 함께 그

최 남 선 (崔南善, 1890~1957) 호는 육당(六堂). 신문학(新文學) 운동의 선구자로, 잡지 《소년》, 《샛별》, 《청춘》 등을 간행하여 우리 나라 신문학의 초창기 발전에 크게 기여했으며 우리 나라 최초의 신시(新詩)인 〈해(海)에게서 소년(少年)에게〉를 발표하였음. 저서에 시조집 《백팔 번뇌(百八煩惱)》, 사서(史書) 《조선 역사》, 《고사통(故事通)》 등이 있고, 《시조 유취(時調類聚)》를 편찬함.

의 무덤 앞에 술을 따르고 재배하면서, 윤동주가 문학소년으로 뛰어다녔을 용정의 산하를 그와 똑같이 중학생이 된 듯한 기분으로 돌아보았다. 그가 24세에 쓴 〈서시〉는 하나의 인간, 소외와 고독의 천명을 받은 인간으로서 자연 앞에 선 모습을 곧이곧대로 투영한 것이지 그 이상도 이하도 아니라는 것을 새삼 깨달았다. 정지용이 말한 대로 윤동주는 생전에 시집 한 권 출판하지 못하고 무시무시한 고독 속에서 시대의 악형(惡刑)을 견디지 못한 채 숨을 거두었다. 그의 삶은 그러므로 죽음 그 자체였고 그는 등단한 시인이 아니라 공책에 시를 가지런히 써놓는 일로써 홀로 시창작을 한 시인 지망생이었다.

〈서시〉는 40년 전의 '원주중학교 2학년 2반 오탁번'도 좋아했고 지금의 나도 좋아한다. 중학생과 대학교수가 꼭같이 좋아하는 시가 아니면 시가 아닌 법! '죽는 날까지 하늘을 우러러/한점 부끄럼이 없기를,/잎새에 이는 바람에도/나는 괴로워했다'라는 평이하기 짝이 없는 진술 속에 담긴 우주와 마주 보고 서 있는 꾸밈없는 시정신은 정말 기막히다. 이러한 절대절명의 시정신을 한낱 시대사적인 특징에 억지로 꿰어 맞추려는 것은 잘못된 일이 아닐 수 없다. 한동안 우리 시단을 휩쓸었던 참여문학과 노동문학의 본질도 그것이 시대를 뛰어넘는 보편적인 전형을 이루지 못하고 한낱 특정 사회계층의 주장이나 이념의 선동으로 끝나는 경우가 허다했다. 이렇게 되면 문학은 망실되고 오직 정치적 유권자로서의 권리만이 남게 된다는 사실을 20년대 문학사의 재확인으로서가 아니라 진정으로 문학을 존재케 하는 자생적 구성원으로서 겸허하게 인정해야 할 것이다. 왜냐하면 문학은 '잎새에 이는 바람' 같은 아주 섬세하고 보잘것 없는 것에서 비롯되기 때문이다. '모든 죽어가는 것을 사랑해야지' 라고 노래한 윤동주의 진정한 뜻이 '죽어가는 것', 즉 살아있는 생명체에 대한 근원적인 사랑이라는 사실을 잊으면 안된다. 나는 1943년생이니까 지금까지 52년 6개월을 윤동주가 노래한 대로 죽어가고 있는 중이다.

'죽어가는 것' 에는 안중근도, 이등박문도, 흰나비도, 개미귀신도 다 포함되어 있고 이제 막 암컷과 교미를 끝내고 암컷에게 뜯어 먹히는 수컷 버마재비도 포함되어 있다. 시의 정신은 다름 아닌 사랑에 있다. '죽어가는 것', 즉 생명체 뿐만 아니라 이미 '죽어가는 것' 을 종료한 주검까지도 사랑하는 마음이 아니고서는 시의 정신은 눈뜰 수 없다. 지난 해 여름 인두 여행 중에 찾아갔던, 델리에서 200 킬로미터 남하하여 위치한 아그라에 있는 타지마할의 흰 대리석 궁전이 눈앞에 떠오른다. 타지마할은 17세기 중엽 무굴제국의 황제 샤 자한이 사랑하던 왕비 뭄타즈

마할을 위하여 만든 무덤이다. 왕비의 죽음을 슬퍼한 황제가 제국의 국력을 기울여서 건설한 타지마할은 야무나 강변에 우뚝 솟아있는 신비와 환상의 거대한 건축물이다. 사랑하는 사람의 부활을 꿈꾸고 있는 타지마할의 웅장한 대리석 돔은 인간의 가장 근원적인 정신이 쌓아올린 불멸의 시정신이다.

이 육 사 (李陸史, 1904~44)
본명은 원록(源祿) 또는 활(活). 육사(陸史)는 호. 일제에 항거한 시인으로 목가적이면서도 웅혼한 필치로 민족의 의지를 노래하였음. 민족운동과 관련된 혐의로 체포되어 북경 감옥에서 옥사하였음. 시집 《청포도》와 유고집(遺稿集)으로 《육사 시집(陸史詩集)》이 있음.

2

1월 8일 서거한 전 프랑스 대통령 프랑수아 미테랑에게 심심한 애도의 뜻을 표하는 바이다.

나의 이러한 애도의 뜻은 YS가 주한 프랑스 대사관에 찾아가 조화를 놓고 조문하는 것과는 전혀 격이 다른 것이다. 그가 유럽통합의 시간표를 완성시킨 마스트리히트 조약을 체결하고, 삶의 질을 향상시킨 사회복지정책을 시행하고, 문화예술대국으로서의 국가건설에 매진한 업적 등에 대하여 나는 잘 알지도 못하고 또 알 필요성을 느끼지

윤 동 주 (尹東柱, 1917~45)
북간도(北間島) 출생. 연희전문학교를 거쳐 일본에 유학한 후 1943년, 독립 운동의 혐의로 왜경에 검거되어 규슈 후쿠오카 형무소에서 옥사함. 해방 후 그의 유고를 모은 시집 《하늘과 별과 바람과 시》가 발간됨.

도 못하므로, 그러한 업적에 대한 찬양과 추모는 YS에게 하도록 하고, 나는 그런 것과는 상관 없이 미테랑에게 예술가로서 시인으로서 그것보다도 한 남자로서 심심한 애도와 경의의 뜻을 표하는 것이다.

미테랑은 죽기 얼마 전까지도 자신이 사랑한 세 여인 모두에게 골고루 충실하려 했다고 프랑스 언론들이 보도했다. '미테랑은 각별한 애정으로 그의 부인 대니얼과 애인 안 팽조, 그리고 그와 애인 사이의 소생인 마자린을 대했다'고 전했다. 그는 지난 성탄절 연휴를 휴양차 이집트에서 보내면서 애인 팽조의 간병을 받았으며 새해에는 부인 대니얼 및 두 아들과 함께 프랑스 남서부의 전원주택에서 단란한 시간을 가졌다고 한다. 레지스탕스 시절의 동지인 아내를 한평생 사랑하고 존경하였으나 또 다른 여성을 사랑하여 59세에 딸을 낳았던 미테랑의 임종의 아름다움은 신의 축복과도 같은 느낌을 준다.

나는 지금 52.5살이다! 그런데 나는 프랑스 대통령이 아니다! 사무사(思無邪)의 경지가 진정한 시의 경지이고 또 그것이 개구장이 어린이가 떼쓰는 치기(稚氣)와도 일맥상통하는 것이라면 나도 그렇게 떼를 쓰고 싶다. 구슬치기 하다가 구슬을 다 잃은 아이처럼 호주머니 가득 구슬 쩔렁이는 미테랑이 쑥떡이나 하나 먹여주고 싶도록 밉다. 나는 프랑스 대통령이 아니다. 또 여기는 파리가 아니다. 모기떼 왱왱거리는 서울이니까 그래서 죽지 않을 만큼 모기떼에 물리면서 들리지 않는 욕 먹으며 마지못해 살아가는 처지이므로, 미테랑의 주검 앞에 그저 매우 깊은 애노를 표하는 수밖에 없다.

이 탄 (李 炭)
1940년 서울 출생.
1964년 《동아일보》 신춘문예에 시 〈바람 불다〉가 당선되어 등단. 주요 시집으로 《바람 불다》, 《옮겨 앉지 않은 새》, 《철마의 꿈》 등이 있음.

오 세 영 (吳世榮)
1942년 전남 영광 출생.
1968년 《현대문학》에 시 〈잠 깨는 추상〉이 추천되어 등단. 주요 시집으로 《반란하는 빛》, 《가장 어두운 날 저녁에》, 《어리석은 헤겔》 등이 있음.

대통령의 이러한 사생활을 용납하고 그의 서거 소식을 듣자 장미 한송이씩을 들고 오열하는 프랑스 사람들이야말로 인간을 알고 사랑을 아는 국민이 아닐까 하는 생각이 든다. 한 나라의 대통령을 지낸 사람이 비밀리에 애인을 두고 그 애인 사이에 딸까지 낳았다는 이 기막힌 사실이 미테랑의 도덕성을 훼손하는 자료로 쓰이지 않고 오히려 그의 인간성에 조명되어 용납되는 일은 막말로 탯줄 끊은 자리 아래의 문제는 불문에 붙인다는 식의 우스개와는 분명 다른 일이다. 요즘 텔레비전에서 방영되고 있는 〈제4공화국〉에 나오는 요정마담들이나 한강변의 자동차 속에서 총맞아 죽은 여인을 둘러싼 정객들의 이야기와는 분명 다른 가장 인간적이고 근원적인 일이라고 생각한다.

전 폴란드 대통령 레흐 바웬사가 그의 옛 직장인 그다니스크 조선소의 전기기사로 복직하려고 마음먹었다는 뉴스도 들린다. 자기 신분의 탈출도구로서 민주투쟁을 하고 일단 한번 제도권 정치에 진입하고 나면 그가 그토록 타도하려고 했던 기득권층으로 변신하고 마는 우리나라의 정치가들에 비하여 레흐 바웬사의 움직임은 매우 충격적이고 또 신선하다. 우리나라의 전직 대통령들은 지금 어디에 있는가. 그들은 애당초 전문적인 직업이 없고 돌아갈 직장도 없는 마당이니까 어마어마한 비자금을 숨겨 놓고 살아가고 있었던 것일까. 그들에 비하여 결코 자유로울 수 없는 사람 몇이 아직도 이 나라의 정치권력을 분점하고 있는 모습도 정말 가관이다. 아니 목불인견(目不忍見)이다.

1980년 한창 서울의 봄이 무르익었을 때의 기억이 문득 떠오른다. 그때 30대 중반의 팔팔한 나이였던 나는 바야흐로 격동하는 역사의 흐름 한복판에 서서 탁류에 몸을 맡긴 채 현실을 주시하고 있었다. 오랜 군사독재가 무너지고 그토록 염원했던 민주사회가 목전에 다가와 있었다. 그때 나는 정말 내가 지닌 지성과 시인으로서의 예감을 모두 동원하여 그렇게 믿고 또 믿었다. 그러나 서울의 봄은 피비린내 나는 살육의 계절이 되고 배신과 음모의 계절이 되었다. 그 후 아득한 세월이 흘렀다. 몇 년 전 대통령 선거가 끝나고 새 정부의 출범을 앞둔 정초에 고려대학교 정책과학대학원 신문사에서 신년시를 청탁하길래 나는 그때 〈엿치기〉(《겨울강》, 세계사, 1994)라는 좀 뭣한 시 한 편을 쓴 일이 있다. 그러니까 짤막한 시의 구문으로서 한국의 정치가론 또는 대통령론을 쓴 셈인데, 이제 와서 생각해보면 나의 예감과 논지는 빗나가 버렸다. 입맛이 쓰다.

1980년 서울의 봄이 며칠 후면 날벼락을 맞게 되는 어느 날

유 안 진 (柳岸津)
1941년 경북 안동 출생.
1965년 《현대문학》에 시 〈달〉, 〈위로〉, 〈별〉이 추천되어 등단.
주요 시집으로 《달하》, 《절망 시편》, 《꿈꾸는 손금》 등이 있음.

이 가 림 (李嘉林)
1943년 전북 정읍 출생.
1966년 《동아일보》 신춘문예에 〈빙하기〉 당선. 주요 시집으로 《유리창에 이마를 대고》, 《슬픈 반도》 등이 있음.

당시 30대의 조교수였던 내가 본관 복도를 지나다가
화장실에서 일보고 나오던 김총장과 마주쳤다
어떻게 돼 갈 것 같아? 그는 물묻은 손으로 나를 끌었다
총장실에는 교수협의회회장과 또 무심한 몇 사람
운동장에서 들리는 군부파쇼와 민주반동을 규탄하는 소리
한 치 앞을 볼 수 없는 극도의 불안과 혼미 뿐
시인이니까 알아맞혀봐 영삼이와 대중이 말이 맞을까?
앞뒤를 잘못 재다가 또 뒤집히는 것 아닌가?
나는 시인이기도 했지만 또 어설픈 정치평론가였다
군부는 절대로 못 나와요 민주화 과정의 진통이죠 뭐
시인의 말 믿어볼까? 영삼이와 대중이가 잘 할까?
어두운 총장실을 나오면서 나는 생각했다
고려대학교 총장이 말끝마다 영삼이 대

중이라니?
김총재 김선생으로 호칭하면 더 품위 있지 않을까?
이제 12년이 지나고 1992년 12월
그때의 김영삼이와 김대중이가 다시 맞붙었다
하나는 이기고 하나는 졌다
영삼이는 이겼으니까 이겼고 대중이는 지고 나서 이겼다
대통령 당선자는 몇몇 있었지만 지고도 이긴 사람
승자에게 축하보내며 은퇴를 한 사람은 처음
그러니까 진 사람의 승리가 진정한 승리다
그러나 시인의 이러한 평가가 또 빗나간다면 어쩐다?
이긴 이가 이기고도 지는 길을 가면 나의 예언은 물거품
문민시대가 온다니까 그럴리는 없겠지?
영삼이 대중이? 나도 어느새 그때의 김 총장 말투를 닮고
승만이 보선이? 이건 할아버지 뻘이라서 말도 안된다
정희? 안 어울리네 두환이? 태우? 어깨에 별 단 사람을
이렇게 함부로 부르다가는 큰코다치겠다
박장군 전장군 노장군 이렇게 높여 부를 수밖에 없는 이들이
펜과 잉크를 사랑하는 우리를 다스렸던 저 기막힌 세월들
분노와 오욕의 젊음이여 개똥같은 지성이여
이제 하늘의 뜻 아는 나이에 이르러 문민시대 맞고보니
펜은 낡았고 잉크도 바닥났다
영삼이 대중이 이렇게 쉽게 부를 수 있는 이름
때려주고 싶고 업어주고 싶은 비운 그대들마저 없었더라면
나의 어두운 젊음이 어떻게 예까지 견뎌왔으랴

임 영 조 (任永祚)
1945년 충남 보령 출생.
1970년 《월간문학》과 1971년 《중앙일보》 신춘문예로 등단.
주요 시집으로 《바람이 남긴 은어》와 《갈대는 배후가 없다》 등이 있다.

정 지 용 (鄭芝溶, 1903~?)
섬세하고 독특한 언어구사로 대상을 선명하게 그려 보여 한국 현대시의 새로운 국면을 개척함. 6·25 전쟁 때 납북됨.
시집에 《정지용 시집》, 《백록담》, 산문집에 《문학독본》 등이 있음.

1993년 새해가 밝았다 우리 함께 엿치기라도 할까나?

그나마 '엿치기'라는 장치를 해놓지 않았더라면 나는 한국 정치상황의 맥락도 모르는 몰지각한 시인이 될 뻔 했다는 생각에 고소를 금치 못하겠다. 정초에 엿장수가 엿가위를 떨걱대면서 동네 어귀로 들어서면 세뱃돈으로 받은 동전 몇 닢을 꺼내서 친구들과 엿치기를 하면서 놀던 기억, 엿가래를 딱 부러뜨려 엿구멍의 크기로 승부를 내던 시절의 꿈은 아주 비현실적일 뿐만 아니라 아무 짝에도 쓸모없는 무목적적 승부와 맞닿아 있다. 무슨 일을 제 마음대로 이랬다저랬다 하는 엿장수 마음에 대한 야유가 "그러나 시인의 이런 평가가 또 빗나간다면 어쩐다?/이긴 이가 이기고도 지는 길을 가면 나의 예언은 물거품"이라는 구절 속에 은연중 내비치고 있다.

요컨대 분노와 오욕의 젊음을 보내고 종당에는 쓸모 없는 지성이 되어 굳어버린 나의 자화상이 그려진 이 작품은 내 보잘것 없음의 고백이기도 하려니와 언제나 시인의 희망이 빗나가는 우리 정치풍토의 적나라한 모습이기도 하다. 그때의 김총장은 바로 김상협 총장이었고 그는 5공화국의 국무총리가 되고 그리고 재작년에 갑자기 세상을 떠나셨다. 그는 현실정치의 판세를 읽는 정치학자였고 나는 문학밖에는 모르는 철부지였다.

지금도 시인의 희망을 항상 무너뜨리는 정상배들이 문민(文民)의 탈을 쓰고 문화정책을 세우고 또 아주 위세당당하게 '문학의 해'를 선포하고 있다. 몇몇 바쁘게 움직이는 사람들만 바쁘게 돌아다니며 곶감 꼭지 다 빼먹고 나면 한 해가 저물게 되리라. 프랑스 유학하고 돌아온 사람들도 프랑스의 문화는 배워오지 않고 미테랑의 연애는 흉내도 못내고, 영국 유학하고 온 사람들도 그 나라의 문화는 배워 오지 않고, 미국 유학하고 온 사람들도 겨울 뉴욕에서 편집 발행되는 잡지에 여름 플로리다나 텍사스에서 투고한 작품의 작자가 흑인인지 백인인지도 모르면서 작품만을 위주로 검토하여 수록하고 지원하는 편집은 배워오지 않고, 모두다 쓸모없는 간교만 익히면서 문학의 해니까 한국문학의 세계화다 뭐다 하면서 이 나라의 문화를 좀이 쓸게 하다보면, 이제 21세기의 또다른 새해 떡국을 먹게 되리라. 21세기에도 '펜은 낡았고 잉크도 바닥났다'라면서 자조에 빠질 시인이 어디 한두 명이겠는가. 시인의 예감이 맞이 멸이지는 행복한 시대가 왔으면 좋겠다. 모든 시인들이 프랑수아 미테랑의 반에 반만큼의 사랑이라도 아름답게 할 수 있는 시대가 와서, 남한강변 러브호텔이 유한남녀들의 치정장소가 아니라 진정으로 목숨 다해서 사랑하는 연인들의 공간이 되어 그런 호텔의 커피숍이나 레스토랑의 영수증을 제시하면 웬만한 속도위반도 눈감아 주면 좋겠다. 1996년 새해가 밝았다. 우리 함께 엿치기라도 할까나?

3

우리집 딸아이가 국민학교 5학년 되던 해 어느 가을날의 일이다. 그날 나는 학교 강의가 없는 날이어서 집에 있었는데 학교 다녀온 딸아이가 돌아오더니 아무 이야기도 하지 않고 제 방으로 쏙 들어가서 문을 닫고 한동안 나오지 않았다. 평소에는 학교에서 돌아오자마자 그날 학교에서 있었던 일을 조잘조잘대면서 웃고 까불던 아이였는데 그날은 참 이상하다는 생각이 퍼뜩 들었다. 나는 늘 집안에서 아이들하고 함께 놀아주는 게 버릇이어서 국민학교 5학년이 다시 된 듯 아빠로서의 체통도 없이 딸아이와 함께 별별 이야기를 다 하곤 했었다. 그런데 그날은 딸아이의 행동이 수상쩍어 보였다. 학교에서 선생님께 꾸중이라도 들었나? 준비물을 챙겨가지 못해서 미술시간에 낭패라도 보았나? 학교 주변에 불량학생들도 있다는데 무슨 봉변이라도 당했나? 내 머리 속에는 이러한 생각이 쭉 지나가고 있었다. 딸아이를 불렀다.

딸아이는 아주 난감한 표정으로 거실에 있는 나한테 다가왔다.

"너 연애편지 받았지?"

나는 시침 뚝 떼고 다짜고짜 이렇게 말했다. 딸아이는 내 얼굴을 빤히 바라다보더니 싱긋이 웃었다.

"아빠, 어떻게 알았어?"

애비와 자식 사이에는 정말 무슨 텔레파시라도 있는 것일까. 무심코 던진 내 말이 그대로 적중되는 것을 보면서 한편으로 유쾌하기도 했고 또 한편으로는 어머니가 나에게 물려준 일종의 염력(念力) 또는 직관(直觀) 같은 힘을 느끼게 되어서 두렵기도 했다.

딸아이는 제 방으로 가서 편지 하나를 가지고 나왔다.

"아빠, 여기."

그러면서 딸아이는 또 난감한 표정을 지었다. 나는 딸아이의 표정을 보면서 대견하기도 하고 또 왠지 불안하기도 한 마음이 되어 편지봉투를 열었다. 연애편지를 받은 내 딸! 그 순간 나는 아주 행복했다. 행복과 축복의 햇살이 거실 가득 쏟아지는 듯했다.

그러나 편지를 펴서 본 나는 정신이 아득해졌다. 그 편지는 다음과 같이 알 수 없는 부호로 시작되고 있었다.

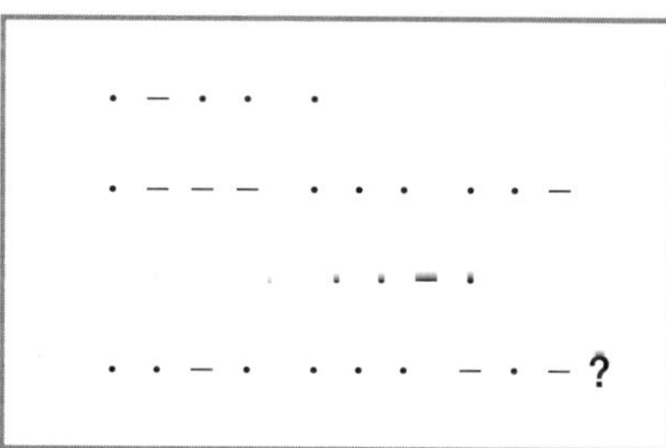
· – · · ·
· – – – · · · · · –
· · – ·
· · – · · · · – · · – ?

알록달록한 꽃무늬가 그려진 편지지 다섯 장 가득 이러한 신비스러운 부호가 또박또박 그려져 있었다. 누가 주었느냐는 내 질문에 딸아이는 말했다.

"우리반 남자 부반장이야."

"그래. 너를 좋아하는 녀석인가 보구나. 그런데 이게 무슨 글자일까."

나는 그 신비스러운 편지를 가지고 내 방으로 왔다. 신성한 편지를 욕되게 하거나 우스개로 만들면 안된다는 다짐을 하면서 이게 무슨 부호이며 무슨 내용일까 곰곰히 생각해 보았다. 정말 알 수가 없었다. 그러다가 퍼뜩 모스 무선전신부호일지 모른다는 생각이 들었다. 중학생인 아들아이가 학교에서 돌아왔을 때 내 방으로 들어오게 해서 그 편지를 보여주었다. 소년소녀 백과사전에서 이런 부호를 본 적이 있다고 아들아이는 말했다. 네 동생이 받은 신비한 편지니까 동생을 놀리지 말고 편지에 쓰인 부호를 한글로 풀어서 아빠한테 가져오라고 했다.

아들아이는 제 방으로 가서 한 시간도 더 넘게 뜸을 들이더니 마침내 신비한 편지를 다 해석해 가지고 나에게로 왔다. 위에 예시한 부호는 이런 말이었다.

가혜안녕?

'가혜'는 내 딸아이의 이름. 나의 시 〈토요일 오후〉(《생각나지 않는 꿈》, 미학사, 1991)에 나오는 바로 그 아이.

세 살 난 여름에 나와 목욕하면서 딸은
이게 구슬이나? 내 불알을 만지작거리며 물장난 하고
아니 구슬이 아니고 불알이다
나는 세상을 똑바로 가르쳤는데
구멍가게에 가서 진짜 구슬을 보고는
아빠 이게 불알이나? 하고 물었을 때
세상은 모두 바쁘게 돌아가고 슬픈 일도 많았지만
나와 딸아이 앞에는 언제나 무진장의 토요일 오후
모두 다 예쁘게 몸치장을 하면서 춤추고 있었네

이제는 여대생이 되어서 무슨 MT다 세미나다 하면서 돌아다니기 때문에 저녁 식탁에서 마주보기가 아주 어려워진 아이. 지금은 시에 대해서 아무 관심도 없는 심리학과 학생이지만 세 살 때는 오히려 시인인 아빠보다 더 꾸밈없는 시인의 눈을 가졌던 아이. '고슴도치도 제 새끼는 함함하다고 한다'는 속담의 실천적 의미를 나에게 일깨워 준 아이.

그 신비스러운 편지의 전문은 한글로 해석해 놓으니까 아주 짧은 내용이었다.

> 가혜
> 안녕?
> 비록 짧지만 평소에 꼭
> 해보고 싶었던 말이다.
> 추석 잘 지냈니?
> 별이 빛나는 밤에
> 연필을 들었다.
> 웬지 네 옆에만 가면
> 가슴이 두근두근이고
> 도망가고 싶었다.
> 기분 탓일까?
> 난 빨리 키가 크고 싶다.
> 가혜, 너처럼.

김 종 길 (金宗吉)
1926년 경북 안동 출생.
1955년 《현대문학》에 시 〈성탄제〉를 발표하며 등단.
주요 시집으로 《성탄제》, 《하회에서》, 《황사현상》, 《김종길 시전집》 등이 있음.

맨 끝에는 '1988. 9. 2. 수'라는 날짜와 편지 보낸 아이의 이름이 무선전신부호로 씌어져 있었다. 이 아이에게 축복을!

내가 학교에서 강의하고 있는 〈창작론 연습〉이나 〈현대시 선독〉 시간에 여학생들한테 몇 살 때 연애편지를 받아 보았느냐고 질문 아닌 질문을 하고는 또 내 딸아이처럼 무선전신부호로 된 비밀스러운 편지를 받은 사람 있느냐고 하면서 학생들을 곤란하게 만들곤 한다. 그럴때면 강의실이 웃음바다가 된다.

시의 비의(秘義)는 무선전신부호로 된 이 아이의 편지와 무엇이 다른가. 좋아하는 여학생에게 정성을 다하여 무선전신부호로 편지를 쓰는 국민학생의 편지쓰기와 오늘날 시인들의 시쓰기는 어느 것이 더 오랜 정성과 고뇌의 산물인가. 국화빵과 시를 혼동하는 시인은 과연 없는가. 밤을 새우면서 좋아하는 마음을 어떻게 표현하고 전해줄까 망설이면서 눈망울을 수도 없이 깜박였을 소년의 꿈이야말로 진정 값진 시의 정신일지도 모른다. 시인이 세상을 바라보고 그 비의를 캐는 각고의 노력도 이와 같을진저. 이만큼의 투명하고 맑은 정성이 담긴 시가 아니면 시가 아니다.

마침 미당 선생이 신년호 어느 시잡지에서 말한 것을 읽어본다. "근년의 내게는 아직 그 철이라는 게 들지 않은 어린이들이야말로 사람들이 당연히 가져야 할 좋은 인간 본성의 임자들로 생각되는 버릇이 생기면서, 내 유년시절의 추억에 몰입해서 그걸로 시작품을 만들어 오고도 있다. 81세의 이 나이에 마음에 묻은 때들을 말끔히 씻어 어린이 천사시절에의 환원을 이루어 보려 하는 것이다. 그리고 또 한 가지 작정이 있으니, 그것은 그동안 내가 내 시에 묻힌 산문적인 안이한 타성을 떠나 시 본래의 율조와 암시력과 함축미를 다시 회복하는 길이다. 이것은 아무래도 바짝 줄여 간추린 짤막한 구성을 다시 회복하는 노력에서 시작해야겠다." 다섯 살, 여덟 살 또는 열두 살 또는 열다섯 살이 된 미당 선생을 다시 뵙고 싶다.

또 다른 잡지에서 김종길 선생의 시를 읽어본다.

> 병없이 앓는,
> 안동댐 민속촌의 헛제사밥 같은,
> 그런 것들을 시랍시고 쓰지는 말자

이처럼 이 시대의 시정신을 지켜내는 시인이 있기에 나는 오늘밤 술 몇 잔 홀로 마시며 스스로 취한다.

명사산과 그림엽서

1

뉴질랜드의 사우스 아일랜드에 있는 알프스 산맥의 최고봉인 마운트 쿡(Mt. Cook)은 1년 중 200일은 비가 온다고 한다. 크라이스트 처치에서 이륙한 쌍발 비행기가 위태위태하게 비행하여 마운트 쿡 비행장에 도착한 것은 5월 중순 늦은 오후, 날씨가 흐리고 가끔씩 눈발이 섞인 비가 내리고 있었다.

공항에서 버스를 타고 마운트 쿡의 허미티지에 도착하여 체크인을 하고 샬레(Challet)에 들었을 때는 비바람이 더 세차게 불기 시작하였다. 마운트 쿡의 정상은 흐린 날씨 때문에 보이지 않고 허미티지에서 정면으로 마주 보이는 뮬러 빙하(Mueller Glacier)와 후커 빙하(Hooker Glacier)의 침식을 받아 돌 부스러기가 쏟아져 내린 커다란 산맥이 구름 속에 상반신을 숨기고 펼쳐져 있었다. 모레 아침 퀸스 타운으로 가기로 예약되어 있었으므로 나는 다시 허미티지로 올라가서 빙하 투어가 있나 알아보았다. 날씨가 나쁘고 또 늦은 오후였으므로 헬리콥터 투어는 불가능했고 태즈먼 빙하(Tasman Glacier)를 돌아보는 왜건 투어가 있길래 나는 서둘러 티켓을 끊고 투어에 참가하였다. 일행은 호주에서 온 젊은 부부와 나 셋뿐이었고 운전을 하며 빙하를 구경시켜 주는 사내는 환갑도 지나 보이는 노인이었지만 챙이 넓은 모자와 청바지, 그리고 가죽조끼를 입고 부츠를 신고 있어서 꼭 서부영화에 나오는 배우같이 보였다. 비포장 산길을 왜건이 힘겹게 올라갈수록 왼편으로 빙하에 짓눌려 있는 산과 서서히 아래쪽으로 밀려나면서 녹아내리는 빙하의 거대한 모습은 나를 갑자기 수천만 년 전의 빙하기의 한복판으로 곤두박질하여 잡아 당기는 듯했다. 귀때기가 얼얼하도록 바람이 매웠다. 오른쪽으로는 빙하가 녹으며 흐르는 태즈먼 강이 펼쳐져 있었다. 돌아올 때는 이미 어둠이 내리고 있었다. 노스 아일랜드를 여행하면서 본 드넓은 초원과 양떼, 그리고 잘 다듬어진 도시를 떠나 불과 몇 시간 만에 원시의 한복판으로 던져진 나는 자연의 위대함에 대한 경외심으로 몸이 떨렸다. 허미티지호텔 앞에 도착하여 차에서 내릴 때 운전을 하던 사내가 말했다.

"저기 마운트 쿡이 보입니다."

나는 그의 말을 듣고 놀라서 바라다보았다. 하늘은 온통 구름으로 뒤덮혀 있어서 내가 의아하다는 표정을 하자 그가 다시 한 번 하늘의 한 방향을 가리켰다. 그러고 보니 구름으로 뒤덮힌 하늘가에 눈부시게 빛나는 순백의 산봉우리가 넘어가는 태양빛을 받아서 빛나는 모습을 볼 수 있었다. 흰 빛이기는 하되 은은히 황금색을 엷게 띠고 있는 마운트 쿡의 모습은 먼 곳에서 온 나그네에게 큰 축복이라도 내리는 듯 감동적인 모습이었다. 산 정상만이 잠깐 구름에서 벗어나 석양을 받아 마치 하늘 한가운데 떠있는 듯한 모습이었다. 아무리 뛰어난 경치를 보고도 좀체로 감동하지 않는 나였지만 만년설에 뒤덮힌 마운트 쿡이 뜻하지 않게 하늘 속에서 얼굴을 드러내자 나는 감동하지 않을 수 없었다. 마치 백두산 천지를 보았을 때처럼 자연 풍경이 나를 사정없이 감동시켰다.

이튿날 아침 일찍 일어나서 보웬 부시 워크(Bowen Bush Walk), 거버너스 부시(Governors Bush) 등 호텔 주변의 산책로를 몇 개 골라서 가보기로 하였다. 돌아와서 커피를 마신 다음 후커 밸리(Hooker Valley)를 다녀오기로 했다. 마운트 쿡을 향하여 초원 속을 혼자 걸어가면서 뮬러 빙하를 가까이서 보았다. 거대한 짐승이 웅크리고 있는 듯한, 자갈 부스러기를 뒤집어 쓴 빙하는 산의 계곡을 가득 채우면서 무시무시한 정적 속에 엎드려 있었다. 빙하가 녹아내리며 산을 깎아 만들어진 계곡으로 흐르는 격류를 건너기 위하여 쇠사슬로 만든 조교(弔橋)를 건너가자 양쪽으로 빙하를 이룬 산들이 보이고 계곡을 빠져나와 또 하나의 조교를 건너가자 어제 저녁 하늘 속에서 잠깐 구름을 젖히고 신비한 모습으로 석양을 받아 빛나던 마운트 쿡의 산정이 만년설에 덮힌 채 시야에 들어왔다.

햇빛이 밝게 비치다가도 갑자기 하늘이 흐려지고 진눈깨비기 퍼붓기도 하는 날씨도 날씨려니와 하이킹 코스에는 관광객도 드물어서 수천만 년 전의 원시시대에 홀로 내던져져 있는 듯한

호모 사피엔스(Homo Sapiens)
지혜가 있는 사람이라는 뜻.
(고고학) 인류의 분류학 상의 학명. 호모 사피엔스 네안데르탈렌시스(네안데르탈 인류)와 호모 사피엔스 사피엔스(현생인류)로 분류됨. 18세기에 스웨덴의 식물학자 린네가 제창함.
(철학) 다른 동물에 비하여, 인간의 본질은 이성적인 사고를 하는 데 있다고 하는 인간관.

네안데르탈인(Neanderthal人)
1856년 독일의 뒤셀도르프 근교의 네안데르탈에서 최초로 발견되었던, 화석인류. 뇌용량은 현대인과 다르지 않으며, 매우 진보된 구석기를 사용했고 종교적 감정을 가졌다고 함.

크로마뇽인(Cro－Magnon人)
1868년 프랑스 남서부 크로마뇽의 바위 유적에서 발견된 화석 인류. 그 뒤 같은 유의 뼈가 유럽 각지에서 발굴됨. 신장은 1.8m, 연대는 약 4만~1만년 전으로 추정됨. 신인(新人)에 속하며, 후기 구석기 문화를 가짐.

적막감이 전신을 휩쌌다.

나는 빙하를 더 가까이에서 껴안 듯이 보고 싶다는 생각이 들었다. 그래서 허미티지에서 다음날 퀸스 타운을 거쳐서 가게 되어 있는 프란츠 조세프 빙하(Franz Josef Glacier)의 헬리콥터 투어를 예약해 놓았다. 마운트 쿡을 떠나기 전날 밤 샬레에서 묵으면서 위스키를 연거푸 몇 잔 마셨지만 후커 밸리에서 본 빙하와의 해후가 주는 무섭고도 서늘한 느낌은 밤새도록 지워지지 않았다.

그러나 나는 조세프 프란츠 빙하를 껴안아보지 못한 채 돌아왔다. 헬리콥터가 뜰 수 없는 악천후 때문이었다. 그래서 서울에 돌아온 다음 빙하에 관한 책을 사서 읽어나갔다.

지금으로부터 가장 가까운 빙하기는 6500만 년 전에 시작되었다고 한다. 초기에는 별로 큰 영향을 끼치지 않았지만 빙하는 시간의 흐름과 함께 성장하여 200만 년 전에는 전대륙을 덮을 정도로 확대되어 경신세(更新世) 시대에는 북아메리카와 유럽의 중위도 지방까지 수차례 확대되어 동식물을 멸종시키기에 이르렀다고 한다. 간빙기(間氷期)인 현재도 빙하기가 계속되고 있으며 지금도 거의 4000만 입방킬로미터의 얼음이 남극과 북극에 펴져 있다. 즉 지구의 약 10%가 빙상과 빙하로 덮여 있으며 만일 지구상의 얼음이 한꺼번에 녹아 버린다면 해수면이 60미터 정도 상승하여 세계의 대도시가 수몰되리라고 한다.

약 30만 년 전에 호모 사피엔스가 출현하여 서유럽의 네안델탈 인이 빙상의 확대로 한랭화된 지상에서 생존을 위한 투쟁을 하였다. 이들은 이미 고령자나 장애자들에게도 식량을 주고 그들이 죽었을 때는 정중하게 매장하고 식량과 돌그릇을 무덤에 바쳤을 뿐만 아니라 또 무덤을 꽃으로 장식까지 했다는 화석 발굴의 증거가 제출되어 있는 것으로 보아 '짐승'이 아닌 '생각하는 사람'의 모습을 했던 것이 분명하다. 그러나 알 수 없는 이유로 네안데르탈인이 멸종하고 약 4만 년 전 인류의 새로운 종족인 크로마뇽 인이 출현하였는데 이들은 정교한 골제도구와 석기와 목제도구를 만들 수 있는 지능을 가지고 있었다.

1만 8000년 전 빙상이 가장 크게 펴졌을 때 얼음에 묻혀서 해수면이 120미터 가량 내려갔기 때문에 아일랜드와 영국, 그리고 프랑스가 육지로 연결되어 있었고 베링 해협도 육지로 연결되어 있었다. 수마트라와 필리핀, 일본열도와 한반도와 산동반도가 연결되어 있었다. 이 때 전진하는 빙상은 무시무시한 힘으로 깊은 분지를 만들고 골짜기를 만들어 내고 큰 바위 덩어리를 뽑아 내어 잘게 부수어 버리기도 하고 표고가 높은 산지의 해안선을 톱으로 켜듯 밀고 나가면서 피오르드(fjord)를 남

알프레드 베게너
(Alfred Lothar Wegener)
독일의 지구 물리학자·기상학자(1880~1930). 대기열역학 이론에 업적을 남겼으며, 대륙이동설(大陸移動說)을 제창하였음. 저서에 《대륙과 대양의 기원》이 있음.

기게 되었다. 빙상이 멈춘 곳에서는 운반된 크고 작은 바위 부스러기, 즉 드리프트(drift)가 버려졌고 높이 50미터가 되는 모레인(moraine), 즉 퇴석(堆石)의 길다란 언덕도 생겨났다. 오래 전에 쌓인 드리프트를 새로 전진하는 빙하가 전방으로 밀어낼 때면 이 바위 부스러기는 드럼린(drumlin), 즉 빙퇴구(氷堆丘)라는 한 무더기의 달걀 모양의 올망졸망한 산을 만들었다.

마운트 쿡에서 버스를 타고 퀸스타운으로 오면서 차창 밖으로 드리프트와 모레인, 그리고 꼭 경주 고분처럼 생긴 산들이 펼쳐진 모습이 인상적이었다. 빙하기의 한복판으로 들어서고 있는 기분이었다.

수천 년이 지나면서 지구를 뒤덮었던 빙상이 후퇴하면서 지구가 다시 따뜻해지기 시작하였다. 이 때 크로마뇽인은 놀랄 만한 적응력을 보이며 살아남았지만 그들의 식량이 되었던 수많은 동물들은 멸종되었다. 1만 5천 년 전에 크로마뇽 인들이 흙을 빚어 만든 정교한 들소의 조각상이 남프랑스 동굴에서 발견된 것이나 빙기시대의 인류의 기념물이 되는 매머드와 말, 사슴 따위의 그림들이 동굴벽화에서 발견되는데 이는 주술적(呪術的)인 기원, 이른바 교감주술(交感呪術, sympathetic magic)의 뜻이 있었을 것이다. 그 후 기후는 한랭상태에서 온난상태로 변하여 크로마뇽 인들도 새로운 생활체계를 이루어 나가면서 금속을 만들고 오지를 경작하고 도시를 만드는 것을 배우게 되었다.

빙하기가 후퇴하고 나면 천천히 식생(植生)이 다시 부활되어 이끼와 위생(倭生)의 종자식물이 모래와 자갈 투성이의 황무지에 뿌리를 내리고 또 몇십 년이 지나면 강우와 융수가 토양에서 알칼리 성분을 녹여내어 식물의 성장속도가 빨라지고 왜생의 저목과 밀생의 덤불이 자라고 다시 수십 년이 흐르고 나면 삼림을 유지할 수 있는 양분이 풍부하게 되어 가문비나무와 솔송나무 등이 천 년도 더 되는 세월 동안 빙하가 후퇴한 산 정상을 향하여 성장하게 된다.

19세기 중반 지질학계의 대홍수설을 대치한 것은 스위스의 루이 아가시(Louis Agassiz)가 제시한 빙하설이었다. 그러나 대홍수설의 지지자들은 19세기가 저물 때까지도 빙하설을 터무니없는 것으로 치부하였지만 아가시의 이론을 뒷받침하는 증거들이 속속 나타났다. 사하라사막에서도 빙하에 의해서 몇 백 킬로미터 떨어진 곳에서 운반되어 온 미아석(迷兒石)과 모래산이 발견되었다. 이미 20세기 초 독일의 알프레드 베게너(Alfred Wegener)가 대륙이동설을 발표하였다. 즉 지구에는 판게아라는 초대륙 한 개밖에 없다가 차츰 그것이 이동하면서 현재의 대륙과 대양을 형성했다는 이론이다. 4억 5000만 년 전에는 북아프리카가 남극점에 위치했었다는 학설이 나왔고 1960년대 후반에 이르는 동안에는 대륙이동설이 공인되기에 이르렀다.

지금 내가 지질학 분야의 책 몇 권을 앞에 놓고 주섬주섬 가려 뽑아 읽어나가는 것은 빙하의 내력과 지구의 변천을 단순히 소개하려는 뜻에서는 아니다. 아가시나 베게너같이 당시에는 이단자로 몰렸던 학자들의 일생을 건 학문적 탐구가 그대로 우주의 신비를 벗기고 지구의 탄생과 성장의 비밀을 밝혀냈다는 점을 새삼 기리고자 하는 뜻에서이다. 그들의 상상력과 탐구정신은 불후의 명작을 위하여 목숨을 바친 위대한 예술가의 혼과 일치하는 것이다.

2

시를 쓰는 시인에게 여행이란 어떤 의미가 주어져 있는 것일까. 흔히 기행시(紀行詩)가 지니는 서투른 인상에 신물이 나는 경우가 많다. 또 여행 안내 팜플렛보다도 훨씬 성의없는 여행정보가 시의 형태를 취하는 것도 싫증이 나고 또는 감탄사를 연발하는 데 그친 여행사 광고 같은 허풍끼 있는 길안내에도 웃음이 나는 것이 사실이다. 그러나 지금 존재하는 '여기'를 떠나서 '나'를 투영하는 시공간의 전이는 시적 몽상과 자기 일탈의 가장 근사한 계기가 된다는 것을 부정하지 못하겠다.

이근배가 지난 여름 중국 돈황에 다녀와서 쓴 시 〈鳴沙山〉이

주는 시적 효과의 신선함만 보더라도 여행의 소감이 시가 되기 위해서 겪는 시인의 깊은 인식과 어쩌면 객기와도 통할 수 있는 시적인 직감이 참으로 절실하다는 생각이 든다.

나는 지난해 뉴질랜드를 비롯해서 여러 나라를 여행했는데 아직까지도 시다운 시 한 편 써보지 못하고 있으니 스스로 부끄러운 일이다. 하지만 내 가슴 속에도 지금 나도 모르고 있는 시의 씨앗이 자라고 있을지도 모르니까 너무 절망하지는 말기로 하자.

살빛도 그렇지만
젖가슴이며 허리며 잠자는 시늉으로 누워 있는
여자의 알몸 같은 명사산을 만났다
— 모래가 운다고?
— 바람이 부는 것이 아니라고?
저 달달 볶는 햇볕에 타다 못해
떡가루처럼 빼여진 모래가
산을 이루기까지 지구는
몇 광년이나 헛바퀴를 돌았는가
방울소리를 내는 쌍봉낙타를 타고
끄덕끄덕 여자의 사타구니 모양을 한
오아시스 月牙泉을 바라보다가
(제길 모래가 우는 게 아니라
여자가 울고 있었던 것이여)
발목까지 푹푹 빠지며

굶주린 알몸의 여자, 명사산을
기진맥진 하도록 울리느라
후들거리는 다리를
겨우.

—이근배, 〈鳴沙山〉

이 근 배 (李根培)
1940년 충남 당진 출생.
1961년 《경향신문》에 시조 〈묘비명〉, 《서울신문》에 〈벽〉이 당선되어 등단.
주요 시집으로 《사랑을 연주하는 꽃나무》, 《노래여 노래여》, 《한강》, 시조집으로 《동해 바닷속의 돌거북이 하는 말》이 있음.

'여자의 알몸 같은 명사산'을 바라보는 시인의 눈빛과 그리고 명사산 모래에 발목까지 푹푹 빠지면서 "굶주린 알몸의 여자, 명사산을/기진맥진 하도록 울리느라" 다리가 후들거리는 시인의 행위는 아주 관능적이면서도 선명한 시적 구도 속에서 기막힌 이미지를 조형해 내고 있다. 그러나 그것이 어떤 육감적이고 현실적인 관심에 놓여 있지 않고 모래가 산을 이루기까지 지구가 몇 광년 동안이나 헛바퀴를 돌았을까를 생각하는 시인의 눈빛은 어떤 정신적인 고양된 수준으로 올라와 있다. 이 시는 여행 체험의 시공간, 즉 지금 '여기'가 아닌 '다른 곳'에 놓여져 있어야 보일 수 있는 순결한 깨달음의 경지에 도달하고 있다.

'방울소리 내는 쌍봉낙타'를 타고 '여자의 사타구니 모양을 한' 오아시스를 바라보면서, 모래가 우는 게 아니라 여자가 울고 있다는 것을 깨닫는 과정은 일종의 성행위 상징에 속하겠지만, 그것이 이 난장판과도 같은 서울을 떠나 중국 저멀리 사막 한가운데로 포인트 오브 뷰(point of view)가 이동해 갔을 때라야 획득되는 효과가 아닌지 모르겠다.

지난 연말에 LA에서 며칠 묵고 있을 때였다. 어느 저녁 나절 LA 한국 라디오를 듣고 있자니까 라디오에서 이근배의 양은그릇 두드리는 듯한 또는 은수저 부딪치는 듯한 특유의 목소리가 흘러 나와서 깜짝 놀랐다. 프로를 진행하는 어느 교포 여류시인이 이근배에게 시작 과정을 묻자 그는 아주 간단하게 특유의 발성법으로 대꾸하는 것이었다.

"나는 시를 쓸 때마다 퇴고 과정 없이 한 번에 쭉 써냅니다."

"어머, 정말 그래요? 굉장하시네요."

"예. 시적 대상을 체험할 때부터 이미 머릿속으로 시의 표현과 형태를 떠올리고 그것에 적합한 어휘를 생각해 놓았다가, 그냥 백지 위에 한꺼번에 단숨에 쓰는 겁니다. 여름에 중국 돈황에 갔다와서 쓴 세 편의 시도 한 번에 쭉 쓴 겁니다."

나는 라디오를 들으며 그냥 빙긋 웃었다. LA에 처음 왔다는 이근배가 또 어느새 라디오 방송에 출연하고 있는 것일까. 그리고 뭐 한 번에 쭉 쓴다고? 허풍떠는 솜씨가 제법이다. 이런 생각을 하면서도 나는 그가 하나도 밉지 않았다. 바로 지난 여름에 어느 시 잡지에서 읽은 그의 기행시 〈鳴沙山〉이 생각났기 때문이다. 그렇다. 아마도 그는 평소에 이 사람 저 사람 부지런히 만나 즐겁게 웃으면서도 아무도 모르게 가슴 속에서 시 한 편의 올을 짜고 실밥을 뜯고 마무새를 하고 있었을지도 모른다.

그러다가 만삭이 되어 아기가 나오듯 그렇게 한 편의 시가 탄생하는 것인지도 모른다. 아기를 낳으면 납작코든 짝눈이든 그것 자체가 황금분할의 완미한 작품이듯, 이근배의 시는 태어나면 머리칼 하나, 눈썹 하나 뽑을 수 없는 작품이 되는 것인지도 모른다. 그러나 임산부가 태교를 익히며 자궁 속 태아의 조형미를 이루어 가듯 아직 형체를 알 수 없는 시를 짓기 위해서 이근배는 아마도 별별 궁리를 다하면서 아무도 모르게 혼자 웃고 있었을 것이다. 아니 울고 있었을지도 모른다. 명사산—알몸여자—쌍봉낙타—사타구니—굶주린 알몸의 여자—기진맥진 하도록 울리고—후들거리는 내 다리. 이렇게 음흉한 장치를 해놓고는, 평생을 고치고 또 고치며 시라는 것을 써도 결국은 시인이 되지 못하는 다른 시인들을 가긍히 여기며, 정작 자기 자신은 단번에 시 한 편을 일필휘지로 써내는 것은 아닐까.

지난 가을 동서문학상 시상식에서 이근배를 만났을 때 그가 대단한 골동품 수집가라는 것을 아는 내가 안부삼아 그에게 물었다. 중국에 다녀왔다는데, 좋은 벼루 구해 가지고 왔느냐고 하니까, 아냐 아냐, 그냥 돈황에만 며칠 다녀왔다고 했다. 안목 있는 그가 좋은 벼루를 구했음직도 한데 아마도 시치미 떼고 이렇게 말했을 것 같다. 젖꼭지 모양을 한 연적이 달린 벼루, 유부녀의 젖무덤만 한 연적은 그저 그렇지만 아주 작은 숫처녀 젖꼭지로 된 연적도 모두모두 혼자 숨겨놓고, 남몰래 시를 궁리하듯 즐기고 있는 것은 아닐까.

3

고향을 떠나 타향살이를 하면 더 고향이 그리워지는 것이 상정이듯 여행을 하면서도 떠나온 서울, 그곳에서의 피로와 고독까지도 더 사무치게 그리워지고 소중하게 생각된다. 그리고 또 시간의 쳇바퀴 속에서 여위어 가다가 마침내 형체조차 알아볼 수 없던 '나'의 모습이 산 넘고 바다 건너 만리타향에서 비로소 떠올라 스스로 놀라게도 된다. 그리고 여행지에서 더욱 가슴 저미게 되는 일은 이미 지나가버린 그리운 얼굴 또는 서울에 두고 온 그리운 이름이 자꾸만 떠오르는 일이다. 낯선 산천에서 풀 한 포기, 나무 한 그루를 보아도 서울에 두고 온 그리운 사람의 눈망울과 머리카락을 연상케 되고 파도 소리, 소나기 소리도 그리움에 목이 메인 슬픔으로 여겨지기도 한다. 그러면서도 서울에서처럼 마구 짜증이 나고 분노가 솟는 것이 아니라 격정 속에서도 말 못할 평화가 온몸을 감싸고 돈다. 육체적인 피로와 함께 나른한 오수에 빠지게도 되는 것, 그리하여 눈앞의 삼라만상이 모두모두 뜻있고 특별한 상징이 되어 다가오기 때문에, 기념품 가게에서 만난 말 안 통하는 아가씨의 모습도 다 슬기로운 추억의 단서가 되곤 한다.

지난 정초의 어느 시 잡지에 난 김남조 시인의 시를 읽어본다. 아주 담백하면서도 시의 모범적인 전형을 이루고 있다 순모(純毛)실로 짠 목도리나 장갑같이 따뜻한 온기를 지니고 있어서 그 실용성보다도 그냥 두 볼에 대고 비벼보고 싶은 느낌을 자아내게 한다. 또 아주 단정적이면서도 망설이며 후회하는

김 남 조 (金南祚)
1927년 대구 출생.
1950년 《연합신문》에 시 〈성숙〉, 〈잔상〉 등을 발표하면서 등단.
주요 시집으로 《목숨》, 《김남조 시집》, 《사랑의 초서》, 《문 앞에 계신 손님》 등이 있음.

듯한 어조가 가득 묻어나는 시적 장치가 참으로 희귀하다.

여행지 상점가에서
그림엽서 몇 장 고를 때면
불켠 듯 이름 환한
사람 하나가
모든 이 그 인생에 있어야겠다고
각별히 절감한다

이국의 우표 붙여
편지부터 띄우고
그를 위해 선물을 마련할 것을……
이 지방 순모실로 짠
쉐타 하나, 목도리 하나,
수려한 강산이 순식간에 다가설
망원경 하나,
하모니카 하나,
최소한 일 년은 몸에 지닐
새해 수첩 하나.

특별한 꽃과 사철 푸른 잔디의
꽃씨, 잔디씨.
여수 서린 구름자락과

해풍 한주름도 함께 넣어
소포를 꾸릴텐데
여행지에서
그림엽서 몇장 고를 때면
불켠 듯 환한
이름 하나의 축복이
모든 이 그 삶 안에 꼭 있어야겠다고
새삼 숙연히 깨닫는다

―김남조, 〈그림엽서〉

특히 '여행지 상점가에서/그림엽서 몇장 고를 때면/불켠 듯 이름 환한/사람 하나가/모든 이 그 인생에 있어야겠다고/각별히 절감한다'라는 고백은 아마도 우리 서정시에서 가장 뛰어난 표현이요 옛말로 말하면 절세절필(絶世絶筆)이 아닐 수 없다. '그림엽서―불켠 듯 환한 사람'의 간단해 보이기도 하고 또 그만큼 무모해 보이기도 하는 변용은 진정 시와 사랑을 아는 사람이 아니면 그 비의를 쉽게 가늠하기 힘든 고귀한 시적 표현이다.

'이 지방 순모실로 짠/쉐타 하나, 목도리 하나,/수려한 강산이 순식간에 다가설/망원경 하나,/하모니카 하나,/최소한 일년은 몸에 지닐/새해 수첩 하나'를 선물할 수 있는 그리운 '그'를 그리워하는 시인의 정신은 아주 정교하게 여러 가지 정보와 정서의 파장을 엮어 놓고 있다. 촉각, 시각, 청각적 이미지가 단순한 구도로 펼쳐지다가 최소한 일년은 몸에 지닐 새해 수첩 하나로 이어지며 시간과 공간을 꽉 차게 하는 애틋한 그리움은 이제 막 진정한 '그리움'을 처음 인식하게 된 순수한 시정신과 맞닿아 있다.

그가 〈그림엽서〉와 함께 발표한 〈징소리〉라는 시에 "피오르드 계곡을/배 타고 지나며/양켠에 줄지어 선/설산 연봉을 보던 중/지이잉…/가슴 한복판에서 징소리 울려/그 여운이 끝없는 산울림으로 퍼져"와 같은 표현이 있는 걸 보면 내가 다녀온 뉴질랜드 사우스 아일랜드의 피오르드랜드(Fjordland)지방의 모습이 문득 떠오른다. 거대한 빙하가 움직이면서 해수면에 잇닿은 산의 심장을 도려내듯 깎으며 조형한 계곡, 만년설에 뒤엎힌 고산준령들, 그리고 저지대 초원에서는 풀을 뜯는 양떼들이 어우러져 이루는 광경과도 흡사하다. 여행지 상점에서 조그만 열쇠고리나 스카프 등을 고르면서 느끼는 심정은 여수(旅愁)라는 멋진 말과도 같이 어딘지 서툴고 또 서두르게 되는 마음과 더불어 지금까지 살아오고 있는 공간을 벗어나서 느끼는 소외와 근심과도 통한다. 그리운 사람에게 보내고 싶은 그림엽서의 형형색색의 형태와 빛깔을 그대로 꾸밈없이 보내주고 싶은 '그'가 꼭 있어야만 가치있는 삶이 된다는 것을 '각별히 절감'하고 또 '새삼 숙연히 깨닫는다'고 시인은 고백하고 있다.

시인이 누구나의 생애 한복판에 꼭 있어야겠다는 '이름'은 절대절명의 구원일 수도 있고 또 흐린 가로등 불빛 아래서 우산을 삐뚜름히 쓰고 담뱃불을 붙이는 어느 이름 모를 사람의 성냥불에 비친 미지의 프로필일 수도 있고, 햇볕 쨍쨍한 여름날 마당가 장독대 위의 항아리에 선명하게 쏟아지며 다시 반사해

나가는 햇살일 수도 있고, 빨랫줄에 앉아 있는 잠자리 한 마리의 투명한 날개빛일 수도 있다.

그러나 나는 워낙 시를 중학교 2학년답게 철부지처럼 읽기 때문에 '불켠 듯 이름 환한/사람 하나'가 누구일까 자못 궁금한 마음 떨치지 못했다. 그러다가 나는 김남조 시인이 같은 달 다른 시 잡지에 발표한 작품에서 다음과 같은 구절을 보고 바로 그 궁금증을 풀었다.

늦은 밤 대문등 앞에서
담뱃불보다 흐릿하게
잠시 내면의 외로움을 살핀 다음
초인종에 손을 대는
그 사람

— 김남조, 〈근일단상〉 중

바로 이 사람! '초인종에 손을 대는/그 사람'이야말로 앞의 시 〈그림엽서〉에 나오는 '불켠 듯 이름 환한/사람 하나'이며 이국의 우표가 붙은 그림엽서를 서울에 앉아서 받을 그 사람이다.

그러면 바로 이 '그 사람'은 또 누구인가. 그야 물론 그 사람은 '늦은 밤 대문등 앞에서/담뱃불보다 흐릿하게/잠시 내면의 외로움을 살핀 다음/초인종에 손을 대는/그 사람'이다. 그러니까 '그 사람'은 결국 '그 사람'인 셈이다! 쉬운 듯 평이하게 표현된 시인의 삶의 충만함과 관조의 넉넉한 초점은 정말 값지기 때문에 누구나 한 번쯤 그 사람이 결코 아니면서도 '그 사람'이 되고 싶은 간절한 소망을 일으키게 되고, 그러면 언젠가 스스로도 그 어느 누구한테 불을 켠 듯 환한 이름이 되고 싶다는 아름다운 설레임도 일게 하는 작품이다.

하지만 요즘은 대뜸 전화로, 또는 무선호출기 번호나 사서함으로 아주 미세한 담화까지도 오고 가는 마당이니, 이렇게 망설이고 근심하며 사랑하고 그리워하는 그 '사랑'도 이제 현대인의 정신사에는 화석(化石)처럼 그냥 자욱으로만 남게 되는 것일까 저어된다. 그러나 그럴 리야 없겠지. 사랑과 그리움은 앞으로도 영원히 '그림엽서' 같이 아주 작은 형태로 알록달록한 우표를 붙이고 우주 끝까지도 배달되는 신비한 주파수를 가지고 있으니까, 문명의 이기가 아무리 발달된다 해도 전혀 소멸될 수 없는 우주적 통신이 될 것이다.

물총새와 토란잎 위 물방울 하나

1

올 들어 가장 추운 2월 초순에 나는 안동을 향하여 남행길에 올랐다. 안동 파크호텔 커피숍에 도착한 것은 오후 3시, 원주 – 제천 – 단양을 지나 눈 쌓인 죽령을 넘어 풍기와 영주를 거쳐서 안동으로 들어가는 길이 초행은 아니었지만, 도로가 워낙 빙판이고 또 자동차가 낡아서 꽤 고생을 한 셈이었다. 마중 나온 김원길 시인과 인사를 나누고 그의 차를 따라 한 시간쯤 임하댐 상류를 향하여 산길을 달렸다.

이튿날 아침 새 소리에 잠이 깨었다. 밤새도록 몇 번씩이나 잠이 깨어 뒤척이다가 새벽이 지나서야 혼곤히 잠이 들었다가 새 소리에 일찍 잠이 깨었다. 잡음이 많이 섞인 라디오 뉴스에서는 오늘의 중부 내륙 지방 기온이 올들어 가장 추운 영하 15도라고 한다. 따뜻한 겨울 다 보내고 오래 전부터 별러왔던 여

김 원 길(金源吉)

1942년 경북 안동 출생.
1971년 《월간문학》을 통해서 등단. 1972년 현대문학사에서 간행한 《시문학》의 추천을 완료함.
시집으로 《개안》(開眼), 《내 아직 적막에 길들지 못해》, 《들꽃 다발》 등이 있음.

행의 출발 날짜를 2월 초하루로 잡고 나니까 식구들이 모두 말렸다. 이 추운 날씨에 어디를 가려고 하느냐고. 그러나 나는 어제 아침 일찍 자동차에 스노체인을 싣고 서울을 도망치듯 빠져 나왔다. 그렇다. 도망치듯! 나는 늘 도망가고 싶지만 갈 수가 없는 신세라고 한탄했다. 지난해에 뉴질랜드와 호주, 인도지나와 인도, 미국 등을 들쑥날쑥 돌아다닌 것도 안식년이라는 허가 받은 기간이기도 했었지만 사실은 도망다니고 싶은 본심에서였다. 또 소양호, 충주호, 안면도 등을 정처없이 헤맨 것도 지금까지의 '나', 지금까지의 내 생애로부터 도망가고 싶은 마음에서였다.

새 소리에 잠이 깬 곳은 안동군 임동면 지례리, 지촌 김방걸(芝村 金邦杰) 선생의 종택(宗宅) 사랑방, 창호지 문을 열면 임하댐의 상류가 한눈에 내려다보이는 문간채의 조그만 방이다. 조선 숙종 때 대사간을 지낸 지촌의 후예인 김원길(金源吉)이 수몰지역에 있던 고가를 고스란히 옮겨 지은, 조선 선비의 풍류와 멋이 그대로 배어 있는 고풍스러운 지례예술촌(知禮藝術村)이다. 삼동이어서 주인 내외뿐 외지에서 찾아온 예술가는 한 사람도 없다. 또 안동 사람 그러하듯 상당히 오만하고 말 없는 정적 속에, 살을 에는 듯한 혹한뿐이다.

방바닥의 장판은 전기 온돌장치가 되어 살을 델 정도로 뜨겁지만 파도 소리처럼 요란한 바람 소리에 외풍이 어찌나 센지 이마가 밤새도록 찬 얼음장 같고 손이 곱아서 감각이 없고 무릎이 시렸다. 그러나 아침이 되자 바람이 멎고 구름 하나 없는 쾌청한 겨울 하늘 아래 결빙된 임하댐과 소나무, 대나무 우거진 산들이 참으로 오랜만에 '자 여기 한국의 겨울을 보아라' 하듯 내 눈앞에 펼쳐진다. 방한모를 쓰고 목도리로 칭칭 감고 방을 나서서 예술촌 주변을 산책한다. 임하댐 얼음도 밟아보고 얼음 밑에서 겨울을 나는 붕어 생각도 해보고 새들이 갈대숲에서 낙엽 쓸리듯 떼지어 날아가는 모습을 그냥 구경한다. 나는 아무 생각도 안한다. 그냥 바라본다. 견고하게 서 있는 건너편의 겨울산, 예술촌 기와집 주변으로 다정하게 감싸듯 서 있는 소나무 숲을 그냥 바라본다. 아무 생각도 없이 추위 속에 몸을 맡기고 바라본다. 속절없구나. 모닝글로리 작은 공책 몇 개 들고 삼동에 도망나온 나의 꿈이 속절없구나. 그러나 마음은 그지없이 평화롭다.

내가 묵은 방에는 예술촌 주인 김원길의 시화가 하나 걸려 있다. 예술촌을 한국 최초로 세워 이러한 '예술적 사업'을 하는 것도 그의 시에 나타나 있는 것처럼 그리움을 찾아가는 마음 때문일까. 지난 밤에는 내가 가져온 스카치 위스키를 마셨다.

한 용 운 (韓龍雲, 1879~1944) 호는 만해(萬海). 3·1 운동 때의 민족 대표 33인 중의 한 사람으로, 불교계를 대표했으며, 불교도들의 정신적인 지도자가 됨. 옥중에서 쓴 〈조선 독립의 서〉는 길이 빛날 민족의 대문장임. 문학 작품으로 시집 《님의 침묵》, 소설 《흑방 비곡》(黑房悲曲)이 있고, 저서로 《조선 불교 유신론》(朝鮮佛敎維新論), 《불교 대전》(佛敎大典) 등이 있음.

20년 전에 미당이 안동에 왔을 때 이야기를 하며 웃었다. 웃는 모습이 꼭 촌부처럼 소박하다. 아니, 나에게 시를 이야기해 주던 그 옛날의 김종길 선생과도 닮았다. 그러고 보니 바로 이곳 임동면 지례리가 김종길 선생의 고향이다. 나는 그분이 안동 태생인 것을 알고 있었지만 바로 지례가 그의 고향인 것을 미처 생각 못했다. 벽에 걸린 김원길의 시화를 바라본다. 서른 갓 넘어 쓴 작품이라는데 만해나 지훈의 시처럼 너무 격조가 높아서 어리둥절해지지만, 18세에 쓴 지훈의 〈승무〉가 지닌 어조의 고즈넉함과 여유를 염두에 둔다면 이것이 아마도 조선조 선비들의 터전이던 경상도 지방의 시적 어조임을 이해할 수 있을 것 같다.

미닫이에 푸른 달빛
날 놀라게 해

일어나 빈 방에
座佛처럼 앉다.

내 아직 寂寞에
길들지 못해

벌레소리 잦아지는
물안개 밤길

달아래 그대 문 앞
다다름이여.

울넘어 꽃내음만
한참 맡다가

달 흐르는 여울길
돌아오나니

내 아직 寂寞,
길들지 못해.

— 김원길, 〈내 아직 적막에 길들지 못해〉

정지용과 조지훈의 한시적(漢詩的) 어조와도 상통하는 이와 같은 시의 품격은 복잡다단한 시단을 멀리하고 고향을 지키며 살아가고 있는 고절의 아름다움에서 연유하는 것인지도 모른다. 현실에서 벗어나 그는 일찍이 '숨어있는 시인'으로 스스로 '과작의 시인'을 꿈꾸고 있었는지도 모른다.

조 지 훈 (趙芝薰, 1920~68)
본명은 동탁(東卓). 정지용의 추천으로 문단에 데뷔하여 박두진, 박목월과 시집 《청록집》을 낸 후 청록파라는 이름을 얻음. 고전적 소재, 전아한 시풍으로 문단의 주목을 받음. 초기에는 〈고풍의상〉(古風衣裳), 〈승무〉(僧舞) 등 민족적 전통이 담긴 향수의 시를 썼으며, 6·25 전쟁 이후는 조국의 역사적 현실을 담은 시집 《역사 앞에서》와 평론집 《지조론》(志操論) 등을 발표함.

그의 세 번째 시집 《들꽃 다발》의 머리말에서 그는 이렇게 말했다. "9년 전 두 번째 시집을 낼 때, 나는 나의 첫 시집의 것들을 다 실었다. 이번에도 두 번째 시집의 것들을 거의 다 싣는다. 이럴 때마다 나는 몇 편을 빼거나, 전작의 몇 군데를 고치곤 했다. 이번에 나는 100편이 채 못되는 나의 전작 중에서 일흔 일곱 편을 골라 싣는다."

예술촌을 구상하고 건립하는 데 〈꽃신〉의 작가 김용익 선생이 아이디어를 냈다는 그의 말을 듣고 놀랐다. 김용익 선생은 경남 충무사람인데, 안동에서 고향 마을을 지키며 갓은 안 썼으되 꼭 갓 쓴 선비마냥 유유자적하는 시인 김원길을 어떻게 만난 것일까. 평생을 미국에서 영어로 소설을 쓰며 생활하다가 80년대 중반 귀국한 김용익 선생이 한국을 두루 여행하다가 안동에 와서 길가에서 만난 어느 여대생에게 안동에는 문인이 없느냐고 서울에서 김서방 찾듯 물었을 때, 마침 그 여대생이 김원길의 제자였다고 한다. 그 여대생이 김용익 선생을 안내하여 안동에서

부터 70리길을 버스를 타고 찾아온 곳이 수몰되기 전의 지례리였다는 것이다. 강 양쪽으로 수려하게 솟은 산과 지례리 의성 김씨의 고가들을 보면서 감탄을 한 김용익 선생이 이제 곧 수몰될 운명에 처했다는 이야기를 듣더니, 미국에도 여러 개의 예술촌이 있어서 예술가들에게 작업 공간을 제공하고 있으니, 이 고가들을 원형대로 이전하여 예술촌을 세우라고 권고했다. 김원길은 크게 뜻한 바 있어서 뒷산 높지 않은 소나무숲이 양날개를 펴듯 아늑한 산중턱으로 종택과 서당을 고스란히 옮기는 대역사에 들어가게 되었다는 것이다. 이제 웬만한 문인들에게는 다 알려지고 또 사랑받는 예술촌의 탄생은 이렇게 이루어진 것이다. 그러나 예술촌이 예술인의 사색과 몽상의 공간이 되기보다도 어정쩡한 사람들의 단순한 놀이공간으로 변질되고 있거나 또 문화부에서 지정한 다른 예술촌들이 예술인들에게 거의 외면당하고 있다는 이야기를 들으면서 나는 안타까운 생각이 들었다.

마지막 날 밤에 김원길과 위스키병을 마저 비우고 또 맥주를 몇 병 마셨다. 산비둘기구이 다리를 뜯으며 마시는 술맛이 일품이었다. 이런저런 세상 이야기 하면서 밤이 깊어가는지도 모르고 술을 마셨다. 이 시대의 마지막 선비 초정 김상옥(艸丁 金相沃) 선생이 일정시대의 동인지 《맥》을 재창간하면서 바라보는 우리 문화와 시단에 대한 준엄한 눈길도 이야기했다. 위동 태생의 시인인 이육사의 〈絶頂〉에 나오는 구절에 대한 소견을 말하기도 했다. '겨울은 강철로 된 무지개'라는 구절에 대하여 내가 에피소드를 하나 이야기하자 그가 정색을 했다.

김 용 익
경남 충무시 출생.
1948년 도미하여 남플로리다 대학, 켄터키 대학교, 아이오와 대학교 대학원 소설창작부에서 수학함. 고려대 영문과 초빙교수 역임.
작품집으로 《꽃신》, 《겨울의 사랑》, 《양산골에서 온 신발》 등이 있음.

김 상 옥(金相沃)
1920년 경남 충무 출생.
1938년 《문장》지에 〈봉선화〉와 〈낙엽〉이 추천되어 등단하였으며, 같은 해 《동아일보》 신춘문예에 당선됨.
주요 시집으로 《초적》, 《석류꽃》, 《삼행시》 등이 있음.

"그래요. 안동에서는 물지게를 무지게라고 해요. 그렇다면 물을 져서 나르는 지게가 된다면 무지개, 즉 레인보우와는 너무 다른 이미지가 되는군요."

이미 십 년 전에 교실에서 이육사의 작품을 다루고 있을 때 내가 이 구절을 분석하면서 시를 너무 어렵게 읽지 말고 간단히 읽는 것도 필요하다는 점을 강조한 일이 있다. 즉 '겨울—강철로 된 무지개'라는 변용과정이 너무나 독특하고 희귀해서 의미 전달의 불가능성을 이미 선언하고 있지 않은가. 그러므로 이럴 때는 오히려 자꾸 복잡한 방법으로 접근하여 독단적인 시 해석을 시도하지 말고 아주 평이하게 생각해서 이해를 도모하는 일이 중요하다. 설화(雪花)가 바람이 날릴 때도 햇빛을 받아 무지개가 피어 오르기도 하고 또 낫을 숫돌에 갈아 번쩍번쩍 빛이 날 때도 순간적으로 무지개의 영롱한 빛깔이 떠오르지 않는가. 그러니까 이 때의 강철과 무지개를 맺어주는 맥락은 이와 같은 직관적인 시선에서 얻어진 것일지도 모른다. 그때 나는 이러한 생각을 가지고 어떤 논문에서 '겨울은 강철로 된 무지개'라는 이미지를 다음과 같이 설명한 적이 있다.

> '겨울'과 '무지개'의 상반적인 표현이 어떻게 시적으로 가능한가에 대하여 실제 독자의 개인적인 경험과 관련시켜 이해시킬 때 아주 난해한 듯 보이는 이 구절도 쉽게 이해의 실마리를 찾게 될 수 있는 것이다. 시에 나타난 상황으로 보아서 시의 화자는 엄동설한에 이제 더 이상 나아갈 수도 없는 북방의 어느 고원에 처해 있다. 그의 앞에는 매운 바람과 햇빛에 반짝이는 무수한 설화가 펼쳐져 있다. 춥고 싸늘한 기분과 어울려 그의 앞에는 지금 빙설이 언뜻언뜻 무지개 빛으로 비쳐난다. 여기에 곁들여 낫이나 작두날에서 보던 무지개 빛이 생각난다. 이렇게 시의 화자가 처한 상황을 염두에 두고 난해해 보이는 이 구절을 읽으면 간단한 언어의 변용에 대한 설명만으로 이해가 훨씬 수월해진다. 실제 독자는 누구나 겨울에도 빙설에서 또는 햇빛이 쪼이는데도 흩날리는 눈밭에서 무지개 현상을 볼 수 있다. 이러한 개인적 경험과 연관시켜서 '절정'을 읽을 때, 시의 화자가 처한 상황을 이해하게 되고 시의 언어가 어떠한 굴절을 통하여 그렇게 결정되었는가를 알게 되어, 시를 읽는 기쁨이 의미심장한 언명을 읽는 것이 아니라 언어가 지닌 신비한 비밀을 캐는 데서 온다는 것을 체득하게 될 것이다.

내 이야기를 듣고 있던 학생 하나가 그때 나에게 말했다.

"안동 지방에서는 불지게를 ㄹ탈락 시켜서 그냥 무지게라고도 하는데 혹시 육사 시의 무지개는 무지개가 아니라 물을 져 나르는 무지게가 아닐까요. 특히 '한발 재겨 디딜 곳조차 없다' 라는 구절을 보면 꼭 추운 겨울날 무지게를 지고 뒤뚱거릴 때의 상황이 그대로 살아나거든요."

그가 이렇게 말하자 강의실은 ?와 !로 가득찼다. 그래서 나는 육사의 시와 수필을 다시 다 찾아 읽으면서 혹시 고향 체험 속에 물을 져 나를 때의 정황이 '무지게' 라는 말과 함께 나와 있지 않은가 보았지만, 오히려 레인보우는 몇 번 나오는데도 물지게는 안 보였다. 그 당시의 철자법이나 또 인쇄의 기술을 볼 때, '무지개' 와 '무지게' 의 철자의 차이는 그다지 중요하지 않을지도 몰랐기 때문이다. 이 문제는 아직도 풀지 못한 숙제이긴 하지만 되짚어 생각하고 싶은 문제이기도 해서, 내가 그날 밤 김원길한테 이야기하자 자기도 다시 한 번 육사의 작품을 뒤져 보겠노라며 관심을 보였다.

떠나기 전날 밤의 자정이 넘은 시각, 라디오에서는 일본방송, 중국방송소리가 더 선명하게 들리고 친애하는 지도자 동지를 둔 행복한 북한 방송의 뚜렷뚜렷한 목소리가 더 춥게 들린다. KBS 안동방송은 잡음 속에서 간간이 튀어나왔다가 이내 자지러진다. 내일은 폭설이 내리고 기온이 다시 급강하한다는 예보다. 혹한이 와서 기온이 자꾸자꾸 내려가면 다시금 지구상에 빙하기라도 오려는 것일까. 언젠가는 빙하 속에 묻혀버릴 나의 육신이 그때 어떤 모습의 흙 한줌이 되어 계곡의 빙하 속에서 수천만 년의 잠을 자게 될 것인가.

2

요즘 시인들이 모두들 한결같이 거의 신들린 듯 작품을 물량적으로 생산하고 있다는 느낌이 들 때가 있다. 이런 느낌은 딱히 어느 시인의 경우를 말하는 게 아니라, 각각 이름은 다르되 그만그만한 시들이 민중의 권익대변, 사회 모순의 고발, 또는 문명비판의 허울이나 순수지향, 자동기술 또는 해체의 경이로움을 핑계로 쏟아지고 있기 때문에 요즘처럼 과작의 시인이 귀하게 보일 때도 없는 것 같다. 데뷔한 지 30년이 되어서도 아직까지 서른 편 남짓되는 작품밖에 쓰지 못하고 있다는 서정춘 같은 시인도 시인이려니와, 아예 시단과는 담쌓고 사는 많은 시인들의 근황이 요즘처럼 궁금할 때도 없다.

태어나지 않은 시인이 이 세상 어딘가에 많이 있다는 사실에 외경심을 느끼고 경배하는 것이 진정한 시인의식이다. 이미 태어나서 습관적으로 시를 쓰고 또 쓰고 시집을 내고 또 내는 시인들은 경배받을 시인이 이미 아닌지도 모른다. 죽은 다음에 딱 한 편의 시만이 남는다는 천명을 스스로 세우고 있지 않으면 시인이 시인 아닌 사람들과 무엇이 다른가.

1년에 스무 편 서른 편의 시를 쓰고 1년이 멀다 하고 시집을 양산하면서도 한결같이 시는 언어의 압축된 표현이요 절제된 정서의 표출이라고 말하고 있을 터이다. 시를 많이 쓰고 많이 발표하는 것이야 하나도 나쁠 게 없다. 그러나 그만그만한 시를 또 쓰고 써서 발표하고 또 발표하는 것은 무슨 진정한 의미가

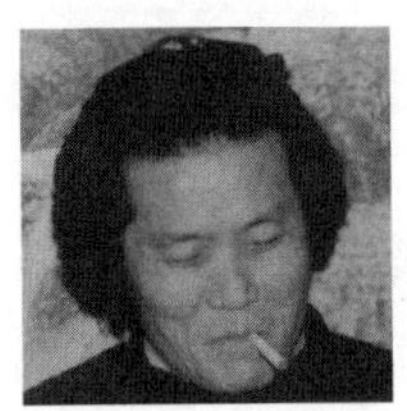

서 정 춘 (徐廷春)
1941년 전남 순천 출생.
1968년 《신아일보》 신춘문예에 시 〈잠자리 날다〉 당선.
주요 시집으로 《시인의 돌》, 《죽편》 등이 있음.

박 용 래 (朴龍來, 1925~1980)
1925년 충남 부여 출생.
1956년 《현대문학》에 시 〈가을의 노래〉를 추천받아 등단. 주요 시집으로 《싸락눈》, 《백발의 꽃대궁》, 시전집으로 《먼바다》가 있다.

있을까. 정지용이 이미 말한 대로 암탉이 알을 낳듯 주기적으로 생산하는 것이 아니라 임산부가 아이를 분만하듯 생산되는 것이 시다. 암탉은 알을 낳다가 죽는 일이 없지만 여자는 열 번째 아이를 분만하다가 죽는 일이 있다. 낳을 때마다 생명을 거는 절대절명의 시인정신이 오늘날 물량위주의 시단을 보면서 문득 생각난다.

시조가 지니는 정형적인 형식이 주는 제한이야말로 시적인 자유라는 사실을 절감하고 있다. 박용래와 박재삼의 시의 아름다움도 사실은 스스로가 지향한 정형성에 있는 것은 아닐까. 음수율이나 음보의 개념적 특성을 말하는 것이 아니라, 우리가 알게 모르게 지니고 있는 원형적 운율과 부합하는 시를 이들 시인들은 극도의 절제로서 이룩하고 있는 것인지도 모른다.

시조의 정형성이 주는 부자유를 시적 자유로 실현하고 있는 시인으로 주목되는 이는 유재영이 아닐까 한다. 그의 시조를 읽다 보면 그 작품이 정형시라는 것을 까맣게 잊게 만들어 줄 때가 있어서 옛날의 교훈적인 지표를 주제로 하거나 농월(弄月)을 수법으로 했던 시조와는 달리 도시의 매연냄새와 수수대나 옥수수대 엮어 흙은 바른 담벼락 냄새가 그때그때 교차되고 있다.

작자 미상 옛 그림 다 자란 연잎 위를
기름종개 물고 나는 물총새를 보았다
인사동 좁은 골목이 먹물처럼 푸른 날

일곱 문 반짜리 내 유년이 잠겨 있는
그 여름 흰 똥 묻은 삐딱한 검정 말뚝
물총새 붉은 발목이 단풍처럼 고왔다

텔레비젼 화면 속 녹이 슨 갈대밭에
폐수를 배경으로 실루엣만 날아간다
길없는 길을 떠돌다 되돌아온 물총새

— 유재영, 〈물총새에 관한 기억〉

이 작품은 굳이 시조라고 하지 않아도 되는 현대시의 전형을 이루고 있는 탁월한 작품이다. 정형이다 비정형이다를 구분할 필요도 없이 서경(敍景)과 서사(敍事)가 압축되어 있다. 흐릿하게 빛바랜 민화(民畵)의 색감과 놋주발이나 장구에서 들리는 듯한 음율이 행간에서 배어 나오는 듯하다. 놋주발은 식기이지만, 잿물로 닦을 때나 자싯물에 헹굴 때 음악의 소리가 은연중에 우러나는 것이고 개가죽으로 만든 북은 특별한 연주법이 있

박 재 삼 (朴在森)
1933년 일본 동경 출생.
1956년 제2회 현대문학 신인상 수상.
주요 시집으로 《춘향이 마음》, 《천년의 바람》, 《추억에서》 등이 있음.

유 재 영 (柳在榮)
1948년 충남 천안 출생.
1973년 《풀과 별》에 시 〈그믐〉을 발표.
주요 시집으로 《한 방울의 피》 등이 있음.

다기보다는 예날 선조들이 손바닥으로 또는 북채로 때려서 농경의 기원을 담았던 것인데, 이 작품을 읽으면 이런 소리들이 들려온다.

물총새가 고기를 잡아먹고 평화롭게 번식을 하는 맑은 호수도 강도 다 오염이 된 것이 현실이다. 자연을 죽이면서 스스로 죽어가고 있는 현대인의 자화상을 인사동에서 민화 한 폭을 보는 순간에 포착하여 과거와 현재, 그리고 자연을 동경하는 마음을 순간적으로 일치화시키고 있는 작품으로서 시가 지니는 아름다움을 그대로 발산하고 있다. 시조가 지니는 3장 6구의 대응구조에 대해서 나는 자세히 알고 있지 않지만, 고래의 전통만을 고집하면서 억지로 꿰어 맞춘 듯한 요즘의 많은 시조에 비하면 자유로우면서도 시조의 반듯한 그릇에 담겨있는 시인의 시정신은 가히 놀라울 지경이다. 조선백자에 초콜릿을 담아서 빚어내는 조형의 아름다움은 투명한 시선을 통하지 않으면 자칫 인공(人工)의 흔적만 나타나기 쉽지만, 시인은 옛날과 오늘을 한순간에 넘나드는 특이한 시점으로 물총새를 '기억' 해내고 있다.

그러나 그 물총새는 미꾸라지나 모래무지를 연잎 사이, 호수 물 속에서 긴 주둥이로 잡아 날아오르는 새가 아니라, 이미 폐수로 가득하여 연잎도, 기름종개 같은 물고기도 보이지 않는 죽은 호수 위를 날아가고 있을 뿐이다. 검은 그림자만 끌며 본모습을 숨기고 길 없는 길을 떠돌 뿐이다. 현대의 삭막한 풍경을 물총새의 기억으로 다시 깨닫는 시의식은 구도가 잘 잡힌 그림 한 폭의 아름다움 속에서 눈물겹게 번지고 있다. 화선지에 물감이 번지듯 뚜렷한 주제나 의도도 없는 양 시 전편으로 물총새의 '기억' 이 번져나고 있다.

여름이 떠나가는 마른 풀잎 사이로
밤새 벌레 울음이 가등처럼 하얗고
쓰다 만 그대 안부가 반쯤 젖어 있구나

놓아둔 어둠 저쪽 길 밖에 길이 있어
기억의 地番으로 목선 저어 오는 이
내 갈밭 그 몇 평 근심 서걱이며 오는 이

— 유재영, 〈가을 손님〉

이 작품은 시작법(詩作法)의 기초를 그대로 보여주는 매우 교과서적인 것이다. '기억의 地番으로 목선 저어 오는 이/내 갈밭 그 몇평 근심 서걱이며 오는 이' 에서 보는 것처럼 시인이 지나온 시간을 회상하는 것이 그냥 돌이켜보는 차원이 아니라

피카소(Pablo Picasso, 1881~1973)
에스파냐의 화가. 주로 프랑스에서 활약함. 브라크(G. Braque)와 함께 퀴비슴(cubisme)을 창시하고, 점차 현대 미술의 영역 · 양식(樣式)을 개척하여 회화 · 조각 · 도예 등에 폭넓게 정력적인 활동을 펼쳤음. 또한, 평화 옹호 운동에도 적극적으로 참가함. 〈아비뇽의 아이들〉과 대벽화 〈게르니카〉는 현대 미술의 기념비적인 작품임.

그야말로 붓대에 힘주어 서예를 하듯 한 획 한 획 분명하게 불러내면서 시인이 맞이하는 '손님'의 모습을 형상화시키고 있다.

나는 지금 시 작품이 최소한 지녀야 하는 작품으로서의 형식을 말하고 있는 것이다. 이 작품이 지니고 있는 깊은 전망이나 지향을 비평하는 것이 아니라, 그만그만한 사설들을 적당히 행갈이를 하여 시를 쓰는 시인 지망생들에게 이와 같은 정형시가 주는 정해진 틀, 즉 시작품이 지녀야 할 작품으로서의 틀을 보여주고 싶은 것이다. 이러한 틀은 바로 학교성적이 떨어지는 줄도 모르고 밤낮으로 시 쓰고 시 읽고 하던 그 옛날의 '나'에게 먼저 보여주고 싶은 게 솔직한 심정이다. 쉽게 쓸 수 있는 시는 시가 아니라는 이 쉽고도 간명한 말을 깨우치는 일이 왜 이다지도 힘든 일일까. 피카소한테 원근법을 이야기하느냐고 핀잔하는 시인이 있다면 나는 행복하다. 우리의 시인들이 모두 피카소라면 이미 그는 피카소도 아니다. 왜냐하면 천재는 한 명일 때 천재이지 집단일 때는 범인의 무리가 되기 때문이다.

시조의 정형성은 현대시의 자유분방한 형식과 내용을 제한하기 때문에 형식에 갇히다 보면 상투성에서 벗어나기 어렵다는 것은 자명한 일이지만, 범박하게 말해서 '시'가 지녀야하는 시적인 형식도 사실은 일종의 정형(定型)을 전제로 하는 것이다. 그러므로 요즘의 산문화되어가는 시형식이나 형식 조차를 아예 무시하는 경향을 올바른 시의 모색의 단계로 삼기 위해서는 오히려 시조의 정형성에 스스로 구속되는 것이 필요한 일인지도 모른다.

3

학교에서 시에 대한 이야기를 할 때 가장 유의하는 것은 나 스스로의 고정관념에서 벗어나는 일이다. 그러니까 20년도 넘게 시를 이야기해 왔지만 나에게는 아무런 축적된 지식이나 해석방법이 없는 셈이다. 아마도 지금 '나'가 딱딱한 책으로 엮어진 '현대시 연구'쯤 되는 저서의 저자가 되어 내 앞에 어떤 시를 들이밀어도 막힘 없이 그 작품의 효과와 의의를 술술 이야기할 수 있다면 나는 그나마 백묵을 쥔 문학교수의 자리를 스스로 포기했을지도 모른다. 언제나 '시'를 새로 대하는 무지(無知)의 입장을 견지하려고 노력하는 일은 아주 쉽고도 또 어렵다. '나'는 물론 내 이야기를 듣는 학생들을 중학교 2학년쯤으로 회귀시키는 일이 아주 어렵다는 말이다.

몇 해 전 '현대시 선독'의 중간시험 문제에 엉뚱한 문제를 출제한 일이 있다.

1. 우리 대학 캠퍼스에서 자목련 한그루가 서있는 장소는 어디?
2. 중앙도서관 앞에 있는 은행나무는 모두 몇 그루?

내가 근무하는 학교에는 백목련이나 철쭉은 많아도 웬일인지 자목련은 드물다. 30년 전 내가 학생이었을 때부터 아주 당당하게 생긴 자목련 한 그루가 본관 옆 도서관으로 가는 오르막길 옆에 서 있다. 물론 1번의 답은 '본관 옆 도서관으로 가는 오르막길'이다. 그런데 이 문제에 정확히 답을 쓴 학생은 10%도 안 되었다. 2번도 마찬가지였다. 중앙도서관 앞 벤치 사이사이로 열 길이 넘는 은행나무가 예닐곱 그루 서있다.

어떤 학생은 아예 '은행나무는 한 그루도 없고 소나무가 있다'라고까지 답안을 써서 고소를 금치 못했다. 모두다 눈을 감고 학교에 다니고 있는 것일까. 2억 8000만 년 전 세계의 삼림을 지배하고 있던 포자(胞子)식물을 밀어내고 나타나기 시작한 종자수목이 공룡과 공존하고 있었는데 그 중의 소수만이 현재까지 살아남았다. 그 중의 하나가 바로 은행나무이다. 공룡과 동시대를 살았던 은행나무와 소철 등은 꽃은 없지만 종자를 맺는 식물, 즉 관자(裸子)식물로서 수컷 구화(球花)로부터 암컷에게로 바람에 의하여 화분을 보내는 식물로서 공룡시대인 1억 5000만 년 전에는 온 세계를 뒤덮고 있다가 그 후 알 수 없는 이유로 인하여 중국대륙에 살아남았다가 지금 중앙도서관 앞에 존재하는 것이다. 그런데도 은행나무를 쳐다보지도 않고 눈 감고 학교에 다녔다?

나이 어린 학생들, 시가 무엇인지도 모르는 학생들과 똑같은 수준이 되어 시를 이야기할 때 나는 행복하다. 대학원 교실에서 만나는 축적적인 지식과 분석력을 갖춘 늙은 학생들과 시를 이야기할 때 나는 불행하다. 김춘수나 김수영도 이미 그들의 안목으로는 푸줏간에 걸린 쇠고기처럼 근수와 부위가 정확히 매겨져 있다. 즉 시인의 문학사적 위치와 작품의 특성이 이미 기성품화되어 있다. 한용운, 김소월, 정지용, 이육사 등의 경우는 더 말할 나위도 없다. 말하면 무엇하랴. 지금 한창 시작활동을 하는 중견시인들에 대해서도 십중팔구 이미 근수와 부위가 공식적으로 매겨져 있는데, 문제가 되는 것은 대부분의 경우 그 근수와 부위가 그들의 작품을 상품화하는 출판사나 그룹에 의하여 정해진다는 사실이다. 도식적이고 획일적인 이해는 이미 이해라고도 할 수 없는 야만과 다름이 없다.

1969년 대학원에서 시 공부를 할 때 읽기 시작한 정지용은 그 당시 나에게는 신천지였다. 당시로서는 정지용을 논문으로 쓴다는 것은 불가능한 일이었지만 그때나 지금이나 무모하기 이를 데 없는 나는 지용 시를 석사논문으로 쓰기로 마음먹고 고서점을 돌아다니며 책을 사 모았다. 정지용을 모른 채 현대시 교육을 받아온 우리의 국어교육과 문학교육에 대해서 스스로 놀랐기 때문이었다. 정지용은 그 후 나의 논문투의 글에서나 시정신에 있어서 늘 빼지 못할 요소가 되어 있다. 내가 제일 깊숙이 잠입해 보았던 정지용의 시세계를 대할 때에도 나는 처음 읽어보는 사람이 된 듯 어휘 하나하나에 대한 궁금증을 늘 가지게 된다.

넓은 벌 동쪽 끝으로
옛이야기 지줄대는 실개천이 휘돌아 나가고,
얼룩백이 황소가
해설피 금빛 게으른 울음을 우는 곳.

— 정지용, 〈鄕愁〉 중

이제 노래로도 불려지는 이 시는 모든 사람에게 사랑받는 바이지만, 오늘 밤 내 귀에는 어쩐지 불협화음의 곡조로만 들린다. 물론 기타 연주에서 불협화음의 묘한 멋과도 같이 더 멋있고 개성적이라는 평가도 있을 수 있겠으나, 한국인의 전통적인 농촌과 고향의식과는 어긋나는 표현이 있다는 점은 놀라운 일이다. 식민치하의 농촌의 핍박한 사정을 외면하고 낙원과도 같이 농촌을 노래했다는 지적은 이미 있어 왔지만, 그것보다도 여기에 묘사되고 있는 고향의 모습이 한국의 전통적인 농촌의 모습이라기보다는 어딘가 이국적인

김 춘 수 (金春洙)
1922년 경남 충무 출생. 1946년 《해방 1주년기념 사화집》에 시 〈애가〉를 발표하면서 등단. 주요 시집으로 《구름과 장미》, 《꽃의 소묘》, 《타령조 기타》, 《남천》, 《처용》, 《김춘수전집》 등이 있음.

김 수 영 (金洙暎, 1921~68)
6·25 사변 때 의용군으로 끌려갔다가 거제도 포로 수용소에서 석방됨. 모더니스트로 출발, 지성과 감성의 조화를 이룬 작품으로 평가를 받음. 시집에 《달나라의 장난》, 《거대한 뿌리》, 《달의 행로를 밟을지라도》 등과 산문집 《시여 침을 뱉어라》, 《퓨리턴의 초상》 등이 있음.

풍경을 다루고 있다는 느낌이 들기 때문이다.

"넓은 벌 동쪽 끝으로/옛이야기 지줄대는 실개천이 휘돌아 나가고"에서 보이는 비정상적인 표현은 '동쪽 끝으로'라는 데 집약되어 있다. '서쪽 끝'이라고 표현해야만 한국의 농촌풍경이 더 절실해지는 것은 아닐까. 실제로 어느 마을의 실개천이 서쪽으로 흐르느냐 동쪽으로 흐르느냐, 또는 남쪽, 북쪽으로 흐르느냐가 중요한 것이 아니라, 우리나라의 모든 강은 서쪽이나 남쪽으로 흐른다는 의식이 일종의 종족적 원형 심상(種族的 原型 心象)이 아닐까. 남한강은 북향하여 양수리에서 북한강과 만나지만 그러나 강물이 북쪽으로 흐른다는 것은 지리적 사실은 되지만 시적인 인식으로는 부적절하다. 강이 아니라 '실개천'이므로 시인의 고향의 모습을 사실적으로 노래했다는 해석이 물론 가능하지만 '해설피'라는 표현에서 알 수 있듯 저녁 무렵의 풍경이라고 볼때는 동쪽보다는 서쪽이라고 해야 더 적절한 표현이 되기 때문이다.

물론 우리나라 농촌에는 황우(黃牛)와 흑우(黑牛)가 있었고 또 칡소라고 불리웠던 칡덩굴 같은 무늬가 있는 황소가 없었던 것은 아니지만 '얼룩백이 황소'라는 것은 보편적인 한국 농촌의 정서와는 거리가 있는 특수한 상황을 연상시키는 어휘이다. 황소라면 그냥 황소라고 해야 고향에 어울린다. 보편적이 아닌 특수한 상황을 연상시킨다. 아니면 시인의 고향에는 얼룩백이 황소가 황소보다 더 많았을까. '송아지 송아지 얼룩송아지 엄마소도 얼룩소 엄마 닮았네'라는 동요를 불렀던 소년기에 나는 고향에서 얼룩송아지는 본 적이 없었다.

김 종 삼 (金宗三, 1921~84)
1951년 〈돌각담〉을 발표한 이후 시작(詩作)에 전념, 고도의 비약에 의한 어구의 연결과 시어가 울리는 음향의 효과를 살린 순수시를 씀. 작품에 〈시사회〉, 〈민간인〉, 시집에 《십이 음계(十二音階)》 등이 있음.

이 인 원
1952년 대구 출생. 1992년 《현대시학》으로 등단. 시집으로 《마음에 살을 베이다》가 있음.

정지용은 알다시피 우리 현대시사에서 시를 예술작품으로 실현시킨 시인이다. 그에게 있어서 시는 시 그 자체였지 신념이나 수단이나 철학이 아니었지만, 시를 누구보다도 언어의 예술임을 증명함으로써 시인 정지용은 또 누구보다도 탁월한 신념과 철학을 시 속에 구현하게 된 것이다. 그래서 더욱 궁금한 부분이 많은지도 모른다.

시란 무엇일까? 김종삼은 그의 시에서 "누군가 나에게 물었다 시가 뭐냐고 /나는 시인이 못되므로 잘 모른다고 대답하였다"라고 한 적이 있다. 정말 시는 무엇일까?

다음은 얼마 전에 읽은 어느 시인의 작품인데, 이번 달에 육필로 쓴 것을 잡지에서 또 읽었다.

눈독들일 때, 가장 아름답다.
하마,
손을 타면
단숨에 굴러떨어지고 마는,
토란잎 위
물방울 하나.

— 이인원, 〈사랑은 …〉

'사랑이란 무엇일까'를 곰곰히 생각하면서 오랜 밤을 지새웠을 이인원은 사실은 자신도 모르는 사이에 '시란 무엇일까'를 각고의 노력으로서 되묻고 있었던 것이다. 이 작품의 간결하면서도 단호한 시적 깨달음은 단순한 재치나 기교만으로는 획득될 수 없는 놀라운 것이다. 특히 '토란잎 위/물방울 하나'에서 보는 것처럼 그야말로 토란 잎사귀 위에 비온 뒤의 빗방울이거나 또는 아침 이슬이 모여 물방울을 이루는 형상을 무심한 듯 바라보는 시선을 지니고 있음은 참으로 독특하다.

시란 무엇일까? 원주중학교 2학년 2반 오탁번 군. 네 아직 어려서 '사랑은…' 잘 모를테지만, 이 작품에서 짐짓 두어 마디를 빌려서 대답한다면 시는 바로 '토란잎 위 물방울 하나'이다.

어머니의 나라에서 누워 듣던 우뢰

1

굳이 말한다면 나는 무신론자(無神論者)라고 할 수 있다. 하지만 나도 산사(山寺)에서 은은히 울리는 목탁 소리를 들으면서 저녁 공양 마련하는 생솔가지 타는 연기를 보면 눈시울이 저절로 뜨거워지면서 색즉시공 공즉시색(色卽是空 空卽是色)의 부처님의 진리가 실핏줄 마디마다 스며드는 듯한 평온함을 느끼고, 또 붉은 벽돌로 쌓아 올린 교회의 종탑에서 새벽 예배를 알리는 종소리가 이제 막 새로 시작되는 아침을 깨우며 울릴 때면 아기 예수가 태어나는 밤에 별을 찾아가며 경배하는 동방박사들의 서늘한 옷자락이 문득 보이는 듯해서 말할 수 없는 경건함을 느낀다. 그러나 나는 불교도 기독교도 신봉하지 않는 무신론자이므로 교회에 발을 들여놓는 일도 없고 사찰의 내웅선에서 절을 해본 일도 없다. 나는 스님이나 목사님이나 신부님을 특별히 존경하지도 또 미워하지도 않으면서 내가 믿는 하느님을 은연중에 마음 속 깊이 모셔둔 지 오래다. 나의 '하느님'은 혈연적으로 말하면 나의 '어머니'요 어머니가 키운 '나'의 정신이다. 아니 정신이라는 말은 좀 모호하다. 나의 '눈높이'이다. 내 눈이 바라보는 높이만큼 더 높은 높이를 바라지도 않고 또 더 낮은 높이에 유혹당하지 않으면서 살아가는 나의 '삶'이라고 할 수 있다.

큰 스님이 알 듯 모를 듯한 화두를 종종 던져놓는 일이나 추기경이 부활절이나 성탄절 때 이 나라의 정치문제와 경제문제에 대하여 근엄하게 꾸짖는 말씀은 들으나마나 너무나 당연해서 오히려 싱거운 것들이었고 시민대중의 헌금으로 궁궐 같은 절을 짓고 성채 같은 교회당을 짓는 모습도 나는 언제나 못마땅했다. 그러니까 나는 사찰과 교회당의 시각적 심상이나 청각적 운율을 문학적으로 사랑하였던 셈이고, 내가 '나'를 믿는데 뭣하러 절에 가서 불공드리고 교회당에 가서 예배드리느냐 하는 시건방진 생각을 바꾼 적도 없었다. 불교에서 말하는 실유불성(悉有佛性)을 선험적으로 믿고 있는지도 몰랐다. 또 일용할 양식을 고마워하고 미움보다 사랑을 더 보배롭게 생각하는 마음가짐도 기독교의 신앙에서 익힌 것이 아니라, 저 천등산 박달재 사이의 내 고향의 초가지붕을 찾아드는 겨울새의 날갯짓과 굴뚝에서 피어오르는 저녁연기의 모습과도 같은 내 어머니의 백발과 주름살이 나에게 무언으로 일깨워 준 것이었다.

하늘에 계신 나의 어머니는 지금도 나에게 가끔 소식을 전해오신다. 아니, 어머니가 빚어주신 '나'의 귀를 통하여 어머니의 말씀을 늘 수신하고 있다.

'안심하여라. 너는 험한 꼴은 보지 않는다.'

이런 말씀이 지금도 가끔씩 들린다. 비행기를 탈 때나 고속도로를 운전할 때 더 그렇다. 한국전쟁 때 모진 고생을 하며 피난길에 올랐을 때도 나는 죽은 병정이나 죽은 짐승 하나 본 일이 없이 자랐다. 아마도 그런 참혹한 일이 일어난 장소에 다다르면 어머니가 얼른 내 손을 잡고 치마폭으로 얼굴을 가려서 끔찍한 꼴을 보지 않고 귀하게 자라는 자식으로 만들어 주었는지도 모른다.

아직까지 나는 사람이 참혹한 일을 당하는 모습이나 교통사고를 당한 끔찍한 현장을 본 적이 없다. 어머니가 내 팔자를 그렇게 만들어 놓았다고 믿고 있기 때문에 어쩌다가 악천후 속에 이륙하는 비행기 속에서도 나는 태연자약할 수 있다. 과속을 일삼는 고속도로를 낡은 자동차 몰고 여행을 다닐 때도, 나는 전방을 주시하면서 늘 마음 속으로 중얼거린다. 고속도로에 내가 있는 한 내 시야에서는 아무 사고가 일어나지 않을 테니 그래 맘 놓고 밟아라. 하지만 그게 너희들의 뛰어난 운전솜씨나 행운 때문이 아니라는 것을 똑바로 알아라.

또 이런 말씀도 저승으로부터 송신되어 온다.

'아들아, 너한테 못된 짓 하는 사람 미워하지 말아라. 그들 스스로 못되어 간다는 것 다 알지 않느냐?'

그렇다. 나는 어머니라는 유일신을 믿는 광신자다. 정신력이나 염력이 초인간적인 힘만은 아닌 것 같다. 현실에 절망 잘 하고 싫증 잘 내는 나이지만 이상하게도 나에게는 어떤 신통력

프로이트(Sigmond Freud, 1856~1939)
오스트리아의 신경과 의사. 정신분석학의 창시자임. 히스테리증(症) 치료법의 연구에서 무의식의 존재를 확신하고, 카타르시스나 자유연상법을 이용하는 정신 분석의 방법을 발견, 잠재 의식을 바탕으로 한 심층 심리학을 수립함. 저서에 《꿈의 해석》, 《정신분석 입문》 등이 있음.

(神通力)이 있는 것 같다. 저승에 잠들어 계신 어머니와 늘 메시지를 주고받으며 살아가는 나는 그러므로 귀신과 통하는 유일한 사람인지도 모른다.

5월은 어린이 날, 어버이 날, 스승의 날이 연달아 있는 달이다.

며칠 전 어머니 제사를 지내고 산소에 다녀오면서 나는 속으로 많이도 울었다. 어쩌자고 나는 아직도 천애의 고아의식을 가지고 있단 말인가. 부모 앞에서는 환갑을 지낸 아들도 아이와 같다는 말은 흔히 들었지만, 돌아가신 지 20년이 다 되어가는 어머니를 아직도 애타게 찾고 있는 나는 아무래도 중학교 2학년은커녕 초등학교 2학년도 못 된 미발육의 상태에 있는지도 모른다.

프로이트는 성격발달을 다섯 단계로 나누면서 성적 본능의 에너지인 리비도(libido)가 집중되는 신체 부위를 성감대라 불렀다. 구강기(口腔期), 항문기(肛門期), 남근기(男根期), 잠복기(潛伏期), 생식기(生殖期)로 나눈 것은 아주 썩 그럴 듯한 구분이지만 나의 경우는 이 다섯 단계를 아직도 오락가락하면서 퇴행(退行)과 감정전이(感情轉移) 또는 보상(補償)과 승화(昇華)를 일삼고 있을 뿐만 아니라 삶의 본능(life instinct)과 죽음의 본능(death instinct) 사이를 왕래하고 있다. 그런데 프로이트가 미처 생각하지 못한 리비도의 충위가 나에게는 있다. 그것은 다름아닌 어머니 자궁(子宮) 속의 태반(胎盤)과 연결된 탯줄을 끊은 '배꼽'이다. 어머니와 연결되었던 탯줄을 나는 아직까지도 그대로 저승과 이승의 아득한 공간으로 연결시키고 있는 셈이다.

어머니를 땅에 묻던 해 한식날 성묘를 갔을 때의 일이다. 아직 때는 새싹을 틔우지도 못하고 있었는데 황토의 봉분 위에 붉은 산나리 꽃이 한 대궁 올라와 꽃망울을 화사하게 터뜨리고 있는 모습을 보고 나는 깜짝 놀랐다. 나는 그 꽃을 보자 어머니가 꽃으로 다시 환생하여 자식들을 맞이하는 것같이 느껴져서 눈시울을 붉혔다.

그 후 몇 년 걸려서 고치고 또 고쳐서 〈下棺〉이라는 시 한 편을 쓴 일이 있다.

이승은 한 줌 재로 변하여
이름 모를 풀꽃들의 뿌리로 돌아가고
향불 사르는 연기도 멀리 멀리
못 떠나고
관을 덮은 명정의 흰 글자 사이로
숨는다
무심한 산새들도 수직으로 날아올라

김 재 홍 (金載弘)
충남 천원 출생.
1969년 《서울신문》 신춘문예
평론부문에 《한국 현대시 은유
분석론》으로 등단.
주요저서로 《한용운 문학연구》,
《한국현대시인 연구》,
《한국현대시 시어사전》
등이 있음.

무너미재는 물소리가 요란한데
어머니 어머니
하관의 밧줄이 흙에 닿는 순간에도
어머니의 모음을 부르는 나는
놋요강이다 밤중에 어머니가 대어주던
지린내 나는 요강이다 툇마루 끝에 묻힌
오줌통이다 오줌통에 비치던
잿빛 처마 끝이다
이엉에서 떨어지던 눈도 못 뜬
벌레다
밭두럭에서 물똥을 누면
어머니가 뒤 닦아주던 콩잎이다 눈물이다
저승은 한 줌 재로 변하여
이름 모를 뿌리들의 풀꽃으로 돌아오고

— 〈下棺〉

이 작품에 대해서 김재홍이 훤히 꿰뚫어 분석한 글을 보면, "'한줌 재'로 변하여 사라져간 육신에 대한 허무감이 표출되는 것과 함께 '풀꽃들의 뿌리로 돌아가고'와 '뿌리들의 풀꽃으로 돌아오고'의 대응을 통하여 소멸과 생성, 상승과 하강이 되풀이 되는 생명의 인과율과 대자연의 순환질서를 제시하고 있다"는 구절이 있다. 나는 사실 이 작품을 쓸 때 어머니와 나 사이를 이어 주었던 탯줄과도 같은 끊어지지 않는 상징을 애타게 갈구하고 있었는지도 모른다. 그러니까 내가 갈구하는 끈은 바로 저승과 이승의 해후를 의미하고 또 신통(神通)의 상징을 뜻하기도 한다.

신통이라는 것이 초현실적, 초인간적 괴력을 뜻하는 것이 아니라 이 시에 나타나는 대로 어머니를 부를 때의 '나'의 진정한 모습, 즉 '지린내나는 요강', '오줌통', '잿빛 처마 끝', '이엉', '눈도 못 뜬 벌레'이며 어머니가 뒤 닦아주는 '콩잎'이며 '눈물'에 불과한 아주 작고 여린 무력(無力)의 요소들이다. 자궁 속에서 유영하며 탯줄을 통하여 영양을 공급받는 태아였던 '나'가 이 시에서는 '눈도 못 뜬 벌레'로 표현되었는데 왜 그 벌레가 이엉에서 떨어져서 툇마루 끝에 묻힌 오줌통에 빠지는 것일까.

나는 평소에도 삶의 본능보다도 죽음의 본능에 의하여 조종되고 있는지도 모른다. 내가 지금 살아가고 있는 방식은 죽어가고 있는 아름다운 방식을 찾아가는 과정에 불과하고 그 끝에 가면 나는 어머니를 만나 어머니의 태반 속으로 다시 회귀하게 되리라. 하느님이 되신 나의 어머니.

2

내가 하느님이 되신 '어머니'를 만난 것은 지난 여름 인도

테레사 수녀(1910~1997)
인도에서 활동했던 박애가(博愛家) 수녀회장. 세례명은 아그네스. 캘커타의 빈민가에 살면서 빈민, 고아, 나병환자, 죽음만을 기다리는 사람들을 구원하는 데 온몸과 마음을 바쳤다. '사랑의 선교자회'를 1950년에 설립하여 가난에 허덕이는 각국의 사람들에게 사랑의 온정을 베풀었다.

캘커타에서였다.

싱가폴을 떠난 비행기가 벵골만을 가로질러 한밤중에 캘커타에 도착했을 때 밤 비행기에서 내려다 본 도시는 점멸하는 불빛으로 한 폭의 그림같이 곱고 다정해 보였지만, 이튿날 호텔에서 나와서 거리를 잠깐 둘러보자 지난 밤의 야경과는 달리 온통 생애의 찌꺼기란 찌꺼기는 모두 모여서 서로서로 등을 밀고 소리 지르고 땀 흘리는 삶과 죽음이 길바닥에 나뒹굴고 있는 것을 보고 놀랐다. 차창이 다 깨어진 낡은 전차와 버스, 페인트 칠이 다 벗겨진 빌딩과 남루한 행인들의 옷차림은 보기에도 안타까운 정도였다. 동행했던 SK그룹 간부인 내 친구가 인도 사람과 상담을 하러 간 다음 나는 호텔에서 택시를 불렀다. 가이드하는 여성에게 나는 타고르기념관과 강가(Ganga) 강변의 화장터와 대학촌 그리고 테레사 수녀원을 보고 싶다고 했다.

"테레사 수녀의 자비의 집?"

캘커타 대학에서 경제학을 공부하고 결혼하여 아직 아이는 없다고 말한 이십 대 후반의 가이드가 되물었다. 얼굴이 가무잡잡하고 미간에 진홍색으로 빈디를 장식한 여인은 의아하다는 눈길로 나를 쳐다보았다.

"그래요. 테레사 수녀님을 만나고 싶어요."

"관광객들은 찾아가지 않는 곳이거든요. 카톨릭 신자에요?"

나는 고개를 저었다.

찾아간 곳은 흰 벽을 하고 있는 나즈막한 2층집이었는데 조그만 출입문에는 'Mission of Charity'라는 간판이 있고 안으로 들어가자 사진촬영금지 팻말이 보였다. 이층으로 오르는 계단에서 신발을 벗고 맨발로 올라가도록 되어 있었다. 수녀들이 예배를 드리고 있는 홀 왼편 낭하에 놓인 허름한 나무 벤치에는 서양인 노부부가 앉아 있었다. 내려쬐는 땡볕과 후끈후끈한 습기와 흰 수녀복의 눈부심과 찬송소리가 어울려 밤잠을 제대로 자지 못한 나의 의식을 흐리게 만들어주고 있었다. 결혼식에 축하하러 간 것 말고는 서울에서도 성당에 가 본 일이 없는 내가 멀리 인도에 와서 왜 테레사 수녀를 만나는 것일까. 나는 그때 미처 깨닫지 못했지만 그 이유를 나중에야 알았다… 추운 겨울 새벽 미사를 드리는 어느 여인이 주었던 말못할 감동이 그때 나를 테레사 수녀한테로 떼어밀 듯 인도했는지도 모른다.

가이드가 나에게 헌금할 의사가 있느냐고 묻길래 나는 그렇다고 대답했다. 그녀가 사무실로 들어갔다가 나온 후 한참 뒤에 사진에서만 보았던 테레사 수녀가 하얀 수녀복 차림으로 나왔다. 그녀는 맨발이었고 얼굴과 손에 굵은 주름살이 패여 있었다.

— 나는 지금 하느님을 보고 있다!

문득 이런 생각이 들었다. 내가 목례를 하자 테레사 수녀가 내 머리에 손을 얹고 말했다.

— God bless you.

나는 그 순간 어찌된 일인지 눈물이 핑돌고 목이 메었다. 나는 테레사 수녀의 커다란 손을 두손으로 잡았다. 성스러운 느낌이 전율처럼 땀에 젖은 내 목을 스치고 지나갔다. 나와 함께 기다리고 있던 서양인 노부부도 테레사 수녀의 손등에 키스를 하며 눈물을 줄줄 흘렸다.

사람이 살아서도 신의 경지에 오를 수 있다는 생각이 들었다. 서울에서 지나치며 보았던 수녀들과는 영 딴판이었다. 풀먹여서 빳빳한 칼라의 멋있는 수녀복을 입은 수녀들과 금장이 찬란한 신부복을 입고 결혼미사를 집전하는 신부들한테서야 그저 그렇고 그런 느낌밖에는 없던 나였지만 테레사 수녀를 보는 순간 천상(天上)의 신이 내 앞에 강림한 듯한 느낌이 들었다. 사무실에서 나온 여직원에게 헌금을 하고싶다고 하니까 방명록에 이름을 쓰라고 했다. 나는 지갑에서 빳빳한 1백 달러짜리 지폐를 꺼내어 그녀에게 주었다. 여직원은 눈을 크게 뜨더니 감사하다는 말을 되풀이했다. 내가 1백 달러를 헌금하니까 나를 안내하던 인도 여인이 더 놀라는 것 같았다. 나는 지금도 그때 한 5백 달러쯤 헌금하지 못한 나를 아쉬워한다. 하느님을 만난 희열과 공포 때문이 아니라, 인간의 육신을 하고있는 하느님인 테레사 수녀의 주름진 얼굴을 보는 순간 그때는 미처 깨닫지 못했지만, 돌아가신 나의 '어머니'가 다시 환생하여 나타난 것 같은 느낌을 받았던 것이다. 무심(無心)과 무욕(無慾)으로 가장 숭고

한 평화를 맞이하고 있는 주름진 얼굴을 대했을 때 나는 잿빛 처마끝 이엉에서 떨어지는 눈도 못뜬 벌레처럼 나약한 존재가 되어버렸다.

테레사 수녀는 내 머리에 손을 얹고 축복을 해준 다음 수녀복 호주머니에서 명함 크기의 카드를 꺼내었다. 그리고 수녀는 만년필로 축복의 말을 쓰고 싸인을 해서 나에게 주었다. 침묵(Silence), 기도(Prayer), 믿음(Faith), 사랑(Love), 봉사(Service)의 뜻이 마치 불교의 보시(布施), 지계(持戒), 인욕(忍辱), 정진(精進), 선정(禪定), 지혜(智慧)의 육바라밀(六波羅蜜)처럼 이어지는 깊은 뜻의 글귀가 적힌 카드였다.

The fruit of SILENCE is Prayer
The fruit of PRAYER is Faith
The fruit of FAITH is Love
The fruit of LOVE is Service
The fruit of SERVICE is Peace

God bless you
Mother Teresa
M. Teresa MC

타고르 하우스(Tagore House)는 시인의 생가였던 곳으로 지금은 대학 건물이 들어서 있고 건물 앞에 크지 않은 타고르의 동상이 있었다. 기념박물관이 된 별관에는 타고르의 자필 그림과 편지 등이 전시되어 있었지만, 나는 흔히 말하는 시성(詩聖)

타고르(Rabindranath Tagore, 1861~1941)

인도의 시인 · 사상가.
인도의 근대화를 촉진함과 더불어 동서 문화의 융합에 힘씀.
벵골어와 영어로 작품을 발표함. 1913년 노벨 문학상을 받음. 시집으로 《기탄잘리(Gitanjali)》가 있음.

타고르에 압도당하는 기분보다는 더위에 찌들려 있는 저조한 느낌이 무거울 뿐이었다. 조금 전에 하느님이 된 테레사 수녀를 만나고 온 탓일까. 인간의 현실적인 모습이 웬일인지 모두 시덥잖아 보였고 역사 속에 이름을 남긴다는 일이 너무 하찮아 보이기만 했다. 이러한 기분은 강가 강변의 화장장을 찾았을 때도 지워지지 않았다. 근대식 화장터 옆으로 몇 가닥 연기를 아직도 내뿜는 장작더미가 보였고 무표정인 듯한 사람들이 앉거나 서서 무언극의 등장인물처럼 화장장을 에워싸고 있었다. 찌는 듯한 폭양 아래 흐린 물빛의 강가 강은 유유히 흐르며 한 줌 재가 된 인간들의 흔적을 삼키고 있었다.

인육냄새 때문인지 까마귀들이 음흉한 날갯짓으로 날아오르고 있었다. 삶과 죽음이 알맞게 이마를 대고 서로 모여있는 인도는 지구상의 많은 나라 가운데 하나가 아니라 지구상에 유일하게 남아 있는 인간들의 원초적 공간이요 모성적 태반이라는 생각이 들었다.

3

어느 시인의 작품에도 예외 없이 모성심상(母性心象)이 빈번하게 나오고 있지만 김종철의 〈재봉〉(裁縫)에 나오는 '아내의 나라'와 '어머니의 나라'라는 심상은 아주 특이하다.

사시사철 눈오는 겨울의 은은한 베틀 소리가 들리는
아내의 나라에는
집집마다 아직 태어나지 않은 마을의
하늘과 아이들이 쉬고 있다.
마른 가지의 暖冬의 빨간 열매가 繡실로 뜨이는
눈 내린 이 겨울날
나무들은 神의 아내들이 짠 銀빛의 털옷을 입고
저마다 깊은 內部의 겨울바다로 한없이 잦아들고
아내가 뜨는 바늘귀의 고요의 假縫,
털실을 잣는 아내의 손은
天使에게 주문 받은 아이들의 全生涯의 옷을 짜고 있다.
설레이는 神의 겨울,
그 길고 긴 먼 복도를 지내나와
사사철철 눈오는 겨울의 은은한 베틀 소리가 들리는
아내의 나라,
아내가 소유하는 懷孕이 고요 안에
아직 풀지 않은 올의 하늘을 안고
눈부신 薔薇의 알몸의 아이들이 노래하고

김 종 철 (金鍾鐵)
1947년 부산 출생.
1968년 《한국일보》 신춘문예에
시 〈재봉〉으로 당선.
주요 시집으로 《서울의 유서》
등이 있음.

있다.
아직 우리가 눈뜨지 않고 지내며
어머니의 나라에서 누워듣던 雨雷가
지금 새로 우리를 설레게 하고 있다.
눈이 와서 나무들마저 儀式의 옷을 입고
祝福 받는 날.
아이들이 지껄이는 未來의 낱말들이
살아서 부활하는 織造의 방에 누워
내 凍傷의 귀는 영원한 꿈의 裁斷,
이 겨울날 조요로운 아내의 裁縫일을 엿
듣고 있다.

— 김종철, 〈裁縫〉

이 작품은 1968년 그의 데뷔작이니까 약관 21세에 쓴 것인데 어떻게 '아내의 나라'에서 들리는 소리를 귀담아들을 수 있었는지, 그리고 '어머니의 나라에서 누워 듣던 雨雷'까지를 기억해내고 있었는지 놀라운 일이다. 지금이야 딱 그렇지도 않지만 60년대만 해도 신춘문예가 가장 권위있는 등단절차였는데 김종철보다 한 해 먼저 등단한 나는 1968년 대학 졸업을 앞둔 겨울에 김종철의 〈재봉〉(裁縫)을 보고는 입을 딱 벌렸다. 기막힌 시인이 탄생했다! 그 후 나는 그의 시를 말없이 쭉 지켜보고 있는 셈인데 그는 회사로 출판사로 다니며 숨으며 시를 열심히 쓰고 나는 연구실로 낚시터로 처박히고 내빼며 시를 게으르게 쓰고 소설 쓰다가 가위눌리고 하면서, 지금까지 단둘이 커피 한 잔 나누지 않고 지내며 이따금 이러저러한 모임에서 만나면 예의바른 인사를 하는 정도이다. 예의바른 인사, 그렇다. 서울의 문화 중에서 빼놓을 수 없는 것이 바로 이 예의바른 인사이다. 서로서로 속마음에는 부지깽이와 작두를 지녔으면서도 만나면 적당히 예의바르게 인사 정도 나누는 일은 서울시민의 일종의 시민의식인지도 모른다.

물론 그와 나누는 나의 인사에는 부지깽이도 작두도 없다. 문학소년끼리의 동경과 애수에 꼭 맞는 예절에 속하는 귀한 것이다. 나의 이러한 예절 속에 30년 전에 읽은 그의 시 〈재봉〉(裁縫)의 '은은한 베틀소리'가 어제인 듯 또렷하게 남아있다.

이 시는 당시 유행하던 신춘문예 응모작들의 유형과도 판이한 것으로 이 시를 읽고 나면 온 나라가, 온 서울이 일순간에 천사(天使)에게 주문받은 옷을 짜는 아름답고 다소곳한 '아내의 나라'가 되고 '아내의 도시'가 된 듯한 기분이 들 정도였다. 참신하고 고운 심상이 겹겹이 빛나면서 이어지는 눈내린 겨울날 시인이 꿈꾸는 '아내의 나라'는 시인의 상상력이 이루어낸 가장 값진 시적 높이가 아닌가 싶다.

'아직 우리가 눈뜨지 않고 지내며/어머니의 나라에서 누워 듣던 雨雷가/지금 새로 우리를 설레게 하고 있다.'에 나타난 대로 겨울의 설경(雪景)만을 상상하는 것이 아니라, 생명 탄생의 신비를 우주적 근원으로까지 확대시키고 있다. '아내의 나라'는 곧 아이들이 꿈꾸는 미래를 마련하는 '어머니의 나라'와 일치되면서 따뜻한 모성심상이 보석처럼 빛나고 있다. 사랑과 탄생의 신비가 시침바느질하는 아내의 손끝에서 정겹게 형상화되고 있다.

시에 대한 가치 평가가 그날그날의 주식시장의 시세처럼 하루 단위로 매겨지는 것은 물론 아닐 것이다. 또 한 해의 수출실적이나 GNP처럼 1년 단위로 정해지는 것도 아닐 것이다. '이 달의 시'니 '올해의 시'니 하는 월평(月評)와 연평(年評)도 있긴 있지만 시에 대한 종합적인 평가작업은 그 시인의 전작품을 대상으로 지속적으로 이루어져서 시문학사의 일부로 편입되어야 한다는 점을 생각할 때 내가 지금 30년 전의 〈재봉〉(裁縫)을 새삼스레 다시 읽는 이유는 자명한 일이다. 이 작품은 지금도 그 참신성이나 작품성에서 단연 탁월하며 발군의 신인작품으로서도 압권이고 또 시력 30년이 된 시인의 최근작으로서도 손색이 없다. 또 가장 권위있고 객관적인 문학상이 있다면, 그 수상작으로 지금 선정될 만한 작품가치의 탁월함이 아직도 유효하다.

박재삼의 시에 나타나는 '어머니'는 초인적인 상징의 차원으로 빛나는 게 아니라 필부(匹婦)로서의 끈끈한 땀냄새와 따뜻한 체온으로 다가온다. 특히 삶의 메마른 일상에 묻히어 맑고 맑은 진주 남강의 푸른 물빛조차 고즈넉히 바라보지 못하고 새벽이나 밤중에나 보는 '어머니의 마음'을 따라가는 소년의 눈망울이 정말 눈물겹도록 초롱초롱하다.

晋州장터 생魚物전에는
바다 밑이 깔리는 해다진 어스름을,

울엄매의 장사 끝에 남은 고기 몇 마리의
빛 發하는 눈깔들이 속절없이
銀錢만큼 손 안 닿는 恨이던가
울엄매야 울엄매,

별밭은 또 그리 멀리
우리 오누이의 머리 맞댄 골방 안 되어
손 시리게 떨던가 손 시리게 떨던가.

晋州南江 맑다 해도
오명가명
신새벽이나 밤빛에 보는 것을,
울엄매의 마음은 어떠했을꼬,
달빛 받은 옹기전의 옹기들같이
말없이 글썽이고 반짝이던 것인가.

— 박재삼, 〈追憶에서 67〉

"달빛 받은 옹기전의 옹기들같이/말없이 글썽이고 반짝이던 것인가"에 보이는 탁월한 심상은 한국의 현대시 아니 조선의 현대시라는 장르의 지향점을 그대로 증거해주는 것이라고 생각된다. 박재삼은 박용래와 더불어 우리 겨레의 원형적 상징을 이루기 위하여 분투 노력하면서 우리 시의 모태(母胎)를 조성해 낸 시인이다. 현실참여다 실험이다 하는 유혹을 짐짓 모른 체하면서 스스로 더 깊이 고독과 소외의 어둠 속으로 자신을 투사하여 마침내 자연인인 박 아무개를 무화시킨 다음 시인인 박 아무개를 고독 속에서 산출해 냈다고 할 수 있다. 달빛 받아 반짝이는 옹기들이 눈물 글썽이듯 어머니의 마음으로 치환되는 시적 전이는 박재삼과 같이 아주 섬세하고 나약한 시인의 시선이 아니고는 이룰 수 없는 철부지 소년의 눈동자 속에서 가시화되고 있다. 시인은 누구나 '어머니의 나라'를 그리워한다. 어머니의 나라에는 시기와 질투도 없고 오직 무한대의 사랑만 있을 뿐이다. 어물전에서 고기를 팔던 '울엄매'는 지금 어느 천상에서 아름다운 하느님이 되어 평화의 미소를 짓고 있으리라.

채변봉투와 교감주술

1

"나는 아빠가 엄마를 강간함으로써 태어났다."

몇 년 전의 일이다. '문학의 이해' 학기말 리포트를 읽어나가다가 나는 이런 구절을 보고 깜짝 놀랐다.

오랜 세월 동안 학교에서 강의하면서 다람쥐 쳇바퀴 돌듯 의미없는 삶을 살다보면 어떤 학기에는 강의실에 들어가기가 극도로 싫어질 때도 있고 강의하고 난 뒤의 입맛은 소태처럼 쓸 때도 있다. 어떤 학기는 휴강을 밥먹듯 해대면서 시치미 뗄 때도 있고 또 어떤 학기는 누가 시키지도 않았는데 별별 궁리를 다하면서 요모조모 신경을 써서 강의를 할 때도 있다. 학기말 고사 때 문제지 상단에 학생들의 집 주소를 쓰라고 한 학기도 있었는데, 아마 지금 생각해보면 그때 그런 궁리를 한 것은 내 심신의 상태가 매우 양호하였기 때문이다. 나는 그때 시험지를 채점하면서 각 문제의 답안을 꼼꼼히 읽고 나서, 글씨를 깨끗하게 쓸 것, 기본 독서량이 부족함, 문학공부는 공부가 아니라 평소 생각하는 것만큼 되는 것이니까 생각하는 대학생이 되어라, 너는 참 멋진 연애를 할 수 있을 거야 등등 하나하나 개인면담하면서 진로지도하듯 각 문항의 점수와 촌평을 써서 학생들의 주소가 적힌 집으로 모두 우송해 주었다.

문학공부를 몽둥이로 개 잡듯 해야 한다고 투철하게 신봉하는 용감한 학생이 강의실의 다수를 이루고 있어서 도저히 시고 소설이고 전혀 이야기가 통하지 않는 학기, 예컨대 캠퍼스가 최루탄 연기로 자욱하고 머리에 붉은 띠 두른 학생들과 백골빛 헬멧을 쓴 전투경찰의 일진일퇴가 계속되는 학기에는 학생들의 중간고사 점수를 게시판에 내붙이기도 했었다. 지금 나이들어 되돌아보면 그때 그 시절의 열정과 분노가 그래도 밉지 않은 것이 스스로 생각해보아도 대견한 일이다. 그러니까 나는 학교에서 불량교수로 정평이 나 있으면서도 쉽사리 손가락질 할 수도 없게 만드는 아주 묘하게 골치아픈 교수였는지도 모른다.

앞에서 말한 충격적인 구절을 학기말 리포트에서 읽게 된 경과는 이렇다. 그 해에 '문학의 이해'를 한 강좌 맡았는데 교재도 적당한 게 없고 교실의 책상 숫자보다 수강생이 워낙 많아서 출석도 안 부르고 이 애기 저 애기 하면서 한 학기를 보내고 기말고사 때가 되었다. 가르친 것도 없으니까 무슨 딱 부러지는 그럴싸한 문제를 낼 엄두도 나지 않아서 어떤 문제를 어떻게 낼까 하다가 나는 순간적으로 꾀를 내서, '나의 자서전'을 원고지 50매 분량으로 쓰되, 서사문학적인 특성을 살려서 직접

화법도 구사하고 또 소설의 플롯처럼 문학적인 기승전결이 되도록 쓰라고 했다. 그리고 물론 '자서전'이니까 사실과 진실에 입각하여 쓰라고 엄포를 놓았다.

리포트를 제출받아 연구실 책상에 쌓아 놓았더니 한아름이나 되었다. 물론 조교를 시켜서 대강 검토를 시킬 수도 있지만 그때 웬일인지 오후 늦게까지 연구실에서 그 리포트를 하나하나 읽어나가게 되었다. 하나씩 읽다 보니 나도 모르게 학생들의 각양각색의 삶의 이야기 속으로 빠져버린 것이었다. 어떤 학생은 엄마의 자궁 속에서 태아였던 자신이, 또 딸이면 어떻게 하느냐고 소파수술을 해야 한다는 외할머니와 펄쩍 뛰는 어머니가 나누는 대화를 듣는 상황에서부터 자서전을 시작하기도 했다.

"나는 아빠가 엄마를 강간함으로써 태어났다"라고 시작된 어느 여학생의 자서전의 내용은 정말 서사문학적이었다. 생애의 벼랑과 운명의 밧줄이 얼마만큼 비극적이고 또 예술적으로 왜곡되어 있는지를 보여주는 것이었다.

서울에서 대학 다니던 '아빠'가 여름방학 때 농촌으로 봉사활동을 갔는데, 그 곳 국민학교 여교사인 '엄마'와 강제로 관계를 맺게 되었다. 그런데 그 '엄마'는 이미 약혼자가 있는 상태였지만 단 한 번의 관계로 아이가 임신된 것이었다. 임신된 아이가 태어나기 전 부랴부랴 결혼식을 올렸다는 것이다. 나는 리포트를 읽다가 나도 모르게 눈시울이 뜨거워지는 것을 느꼈다. 그 아이가 태어나서 올바로 성장하여 대학생이 된 것이다! 그 아이가 기초교양과목인 '문학의 이해'를 수강하고 우연히 내가 맡은 교실에서 강의를 듣다가 게으른 교수의 이상한 기말리포트 때문에 자기의 생애의 빛과 그림자를 솔직하게 토로한 것이다. 출생의 비밀을 남김없이 털어놓으며 눈물 흘렸을 그 여학생의 알 수 없는 얼굴이 떠올라 나도 눈시울을 적시고야 말았다. 요즘 학생들이 오묘한 상상력이나 몽상은 등한시하고 표피적인 데에만 관심이 있고 실용적인 가치만 중시하는 못된 버릇이 있다고 깔보아온 스스로를 질책하였다.

현대문학 기초과목의 시험에 내가 가끔 내는 문제 중의 하나가 '지금까지 살아오는 동안 가장 치욕적인 체험을 쓰라'는 것이다. 수영장 풀에서 몰래 오줌을 누었다는 것이 가장 치욕적인 체험이라고 쓴 학생은 C학점밖에는 못 받는다. 그 정도의 체험이 가장 치욕적이라고 쓴 학생은 20년 살아온 삶 자체를 스스로 몰가치하게 만든 것이라고 나는 생각한다. 지금까지 아무에게도 이야기하지 않았던 치욕, 자기 자신도 의식 속에서 지워버린 체험, 이따금 꿈 속이나 무의식 속에서 그놈이 고개를 번쩍 들어서 가위눌리게 하는 치욕적인 체험이 누구에게나 있는 것인데, 그것을 숨겨놓고 뻔뻔스럽게 산다는 것은 문학의 교실에서는 가장 비열한 것이다.

그 해 겨울은 유난히 겨울비가 많이 내렸다. 첫눈이 내려야 할 12월 중순까지도 겨울비가 내려서, 이상난동을 우려하는 신문의 특집기사도 났었는데, 나는 종강 다 하고 기말시험 다 보이고, 리포트 읽다가는 늦게 퇴근해서 카페에서 친구들과 어울리며, 오직 문학에만 뜻을 두고 살아온 내 삶의 가소로움과 가엾음에 대해서 스스로 자조하곤 하였다. 그때 출판사를 운영하던 시인이 어느 술자리에서 말했다. 그래도 대학교수가 제일 좋은 직업이다. 일년에 반은 방학이고, 판사의 판결문처럼 교수가 학점을 주고 이론을 주장하는 것은 국법도 어쩔수 없는 최후최종의 권위가 부여돼 있지 않은가. 나는 그의 말을 들으며 고개를 끄덕이다가, '문학의 이해' 리포트를 읽으면서 눈물을 흘리기도 하는 교수의 어떤 일면을 토로하였다. 그랬더니 그가 깜짝 놀라며 리포트 몇 개 골라 책으로 만들면 좋겠다고 제안을 했다. 몇 번 망설이다가 나는 리포트를 몇 편 골라서 출판사에 넘겼다. 리포트를 묶어서 간행하게 된 사정을 책머리에 붙였다.

1990년도 2학기 K대학 '문학의 이해' 강의를 맡았을 때 나는 처음에 당황하지 않을 수 없었다. 수강생이 워낙 많은 데다가 강의실은 터무니없이 좁아서 '배추흰나비처럼 약하디 약한 몽상(夢想)의 날개를 펴고 나의 첫사랑의 꿈과 슬픔이 배인 캠퍼스를 날아다니고 싶다'고 흰소리치곤 했던 나로서는, 강의를 시냇물 흐르듯 조용조용할 수도 나비처럼 사뿐사뿐 날을 수도 없게 된 채 대중연설을 하듯 우렁차게 허풍 섞어서 정략적으로 하지 않으면 안된다는 강박관념이 들었다.

하지만 그것은 나의 기우였다. 학생들이 나의 약하고 보잘 것 없는 상상력을 미리 다 이해한 듯, 문학을 과학처럼 질서정연하게 배우기는 아예 틀려먹었다고 미리 작심한 듯 내가 진행해 나가는 강의도 아닌 횡설수설의 강의를 고분고분 잘 들어주었다. 교실이 좁으니까 수강생은 서로 교대로 박박씩 들어오라는 나의 말이 학생들에게는 사뭇 그럴듯한 초현실적인 문학론으로 이해된 듯 했고, 문학은 무엇보다도 삶에 대한 사랑이며 세계 인식의 방법이라는 엄숙한 거짓말도 다 알고 일부러 속아 넘어가는 것이었다.

이 책에 엮어지는 '스무살의 자서전'은 그때 학기의 학기말 리포트이다. 나는 그 당시 종강하고 나서 이 리포트를 읽느라고 밤늦게까지 연구실에 묻혀 있곤 하였다. 나는 근면성실한 모범교수가 물론 아니지만, 솔직히 말하면 리포트를 자세히 읽지 않고 지정해준 분량이 찼나 안 찼나 매수만 헤아려보고 A, B, C, D, F … 성적을 꼬눌 때도 있었지만, 이 리포트들은 모두 다 읽었다. 어떤 것은 두 세 번 읽으면서 눈시울이 뜨거워진 적도 한 두 번이 아니었다. 학기말 리포트를 읽으면서 눈물을 흘리는 못난이 대학교수가 된 ㅇㅌㅂ교수를 나는 미워한다. 굳이 이 리포트들을 책으로 묶겠다고 고집한 미학사의 시인 사장도 밉다.

《스무살의 자서전》은 그 후 꽤 화제가 되어 잘 읽혀지고, 나는 수록된 학생들에게 일일이 편지를 써서 연구실로 오라고 한 다음 출판사에서 준 원고료와 책을 전해주었다. 어떤 학생은 머리를 긁으며 겸연쩍어했고 또 어떤 학생은 리포트 내고 원고료를 다 받네요 하면서 반백이 된 교수의 무모한 발상이 오히려 신기하다는 표정을 했다.

리포트를 골라서 출판사로 넘길 때 나는 몇 번 생각한 끝에 '나는 아빠가 엄마를 강간함으로써 태어났다'라는 글은 책을 묶는 데서 제외했다. 너무도 소중하고 비밀스러운 '자서전'이기에 나는 나 혼자 곱게 간직하기로 했다. 이 자서전의 주인공은 벌써 졸업을 하고 캠퍼스를 떠났을 텐데 지금쯤 무슨 일을 하고 무슨 꿈을 꾸며 살고 있을까. 그녀의 미래에 신의 가호가 있기를!

2

나는 학교에서 문학을 이야기하며 학생들에게 많이 배운다. 그들이 지닌 순수무구한 생각이야말로 그 어떤 고매한 학술이론보다도 더 생동감있는 문학의 이야기가 된다. 몇 년 전 이유경의 시집 《우리의 탄식》(고려원, 1986)의 해설을 쓰면서 시간 중에 학생들과 이유경의 작품에 대해서 이야기했던 것을 장황하게 소개한 적이 있는데, 아마도 그때 그것을 읽은 많은 시인과 비평가들이 낯이 뜨거워졌을지도 모른다. 이름없는 대학생들이 하는 이야기가 오히려 유명짜한 시인이나 비평가들이 쏟아놓는 시론이나 시적 담화보다도 더 반듯한 분석 비평이었기 때문이다. 그러나 나는 낯이 뜨거워진 시인이나 비평가가 없었다는 것도 다 알고 있다. 낯이 워낙 두꺼우면 뜨거워질 만한 고운 피부를 지니지도 않았을 테니까.

학기말 리포트로 교실에서 다룬 시인의 시 한 편을 골라서 그 작품의 시적 의미와 효과를 분석하도록 했었다. 시에 대한 따뜻한 시선이 잘 드러난 것이 많아서 나는 즐거웠다. 교수랍시고 월급 축내면서 살아가며 오히려 학생들에게 '시'를 배우는 나는 어쩌면 가장 염치없는 사람인지도 모른다. 그러나 학생들에게 배울 수 있는 마음가짐을 지니고 산다는 것이 바보이기는

이 유 경 (李裕憬)
1940년 경남 밀양 출생.
1959년 《사상계》에 시
〈과수원〉이 추천되어 등단.
주요 시집으로 《과수원》,
《하남시편》, 《풀잎의 소리들》
등이 있음.

하되 아주 행복한 바보인데야 또 어쩌랴.

그때 어느 학생이 이유경의 뛰어난 작품인 〈겨울숲에 선 나무의 傳言〉에 대하여 분석한 글을 제출하였는데 나는 이 글을 시집의 해설 속에 그대로 넣었었다. 다음은 학생이 쓴 글의 일부이다.

우리와 함께 살았던 잎들은 모두 저승 멀리 가 있단다
그때 흘렀던 냇물 바다 어디선가 지금 흘러가 있듯이
수없이 죽어가 태어나는 것 있으면 흙이나 물에서 뿐
썩는 향기 그리운 나이에 닿아 우리 여기 숨어
먼저 간 세월 한 올씩 헤기로 하자 그렇게 하자
차가운 비바람 몇날 며칠 밤 저 고사리밭 쓰신 다음
몸살난 뿌리 굵은 새순 내밀 때 우린 악기처럼 만나서
잎들 위에 다른 잎들 썩고 또 새잎 떨어

져 맨 밑에
저승천지 적막 죽은 짐승같이 누웠음 분명하지만
다들 한 알 모래 같은 비료로 돌아가느니 노래하고 싶지
꿈의 허무 서러운 기다림 씻겨 가버린 나이 되면
우리 사랑하던 사람들 넋이나 되자 그렇게 되자
안개 자욱한 봄날 아침 그들 떠나온 도시와 길을 향해
있어도 없어도 좋은 이름으로 우리 나란히 서서

— 이유경, 〈겨울 숲에 선 나무의 傳言〉

시인은 2월, 푸릇푸릇해진 가지에선 금방 잎들이 쏟아져 나올 것 같은 시기에 프랑스 보르도 생활을 시작했다가 그 곳을 떠날 즈음엔 숲에 있는 모든 나무들이 잎들을 떨어뜨리고 서 있었다고 한다. 다시 파리에 와서 그때의 그 숲을 생각하며 이 시를 썼다고 한다. 이 시에서는 흙과 나무는 항상 변함없이 영원한 자연에, 나뭇잎은 찰나적인 인간의 삶에 비유했다. 무궁한 자연에 비해 인간이란 얼마나 미진한 존재라는 것을 노래한 이 시에서 나는 인생에 대한 허무, 생생한 삶에 대한 의욕도 함께 느낄 수 있었는데 그것은 비록 잎들이 떨어지고 또 새 잎이 나고 하는 과정을 반복함으로써 거기에 매달려 있는 잎들이 항시 새롭고 낯설은 것이라 하더라도 변함없이 그 잎들을 키워 내는, 땅 속 깊숙이 뿌리를 박고 있는 나무에 대한 발견 때문이었다. 나무가 흙 속에 발을 뻗고 서 있는 한 인간의 삶은 끊임없이 전개되는 것이다. 나뭇잎이 떨어져 흙 속에 묻혔다 해서 그 생명이 끝나는 것은 아니다. 그 나뭇잎이 썩어, 퇴비가 되어 새로운 잎을 살아있게 하는 원동력이

되는 것이다. 여기서는 불교의 윤회사상을 엿볼 수 있다. 이 시에서 노래하는 죽음은 죽음이 아니다. 끝이 아니다. 다만 새로운 또 한 번의 태어남을 위한 준비 과정이며 모든 인생의 고통과 번뇌에서 벗어나 넉넉한 영혼을 가질 수 있는 평화로운 시간이다.

흙, 나무, 물 등 치밀한 이미지의 대립으로 형상화된 이 시는 우리들이 항상 볼 수 있고 느낄 수 있는 물상들의 이미지 선택으로 읽는 이로 하여금 친밀감을 느끼게 한다. 모두 같은 자연의 일부분이면서도 흙과 뿌리박은 나무와 흘러가는 물과 나뭇잎은— 즉 흙과 흘러가는 물, 뿌리박은 나무와 나뭇잎, 이들의 이미지를 치밀한 대립구조로 형상화시켜 자칫 평이하기 쉬운 이미지를 신선하게 부각시켰다.

'우린 악기처럼 만나서'의 시상이 매우 마음에 든다. 교향악단의 수많은 악기가 저마다의 소리를 내어 만들어 내는 화음은 정말 경이롭다. 그렇게 많은 악기 중 단 하나도 없어서는 안된다. 더우기 하나의 악기에 있어서도 현과 현이 만나고 음이 제자리에 놓여야 제대로의 음을 낼 수 있는 것이다. 인간의 삶도 마찬가지다. 혼자서는 살아갈 수 없다. 각자 자기 소리를 내면서 주위와 화음을 맞추며 살아가야 한다. '우리 사랑하던 사람들 넋이나 되자 그렇게 되자'는 아주 곱고 예쁜 시상이다. '몸살난 뿌리 굵은 새순'에서는 비와 비료로 충분히 자양분을 갖춘 싱싱하고 튼튼한 생명임을 암시해 준다. '수없이 죽어가 태어나는 것 있으면 흙이나 물에서 뿐'은 모든 생명의 근원이 흙과 물임을 묘사하고 있다. 흙이나 물에서 뿐, 그곳에서 태어나서 다시 흙으로 돌아가는 자연의 비법을 잘 나타내고 있다.

〈겨울 숲에 선 나무의 傳言〉은 산문체의 시임에도 불구하고 쉼표나 마침표가 하나도 없다. 이것은 시인이 산문체의 시가 갖고 있는 부담감을 해소하기 위해 의식적으로 한 것이라 생각된다. 구두점을 하나도 찍지 않음으로써 시적 형상화를 더욱 효과적으로 구사했고 끊임없이 돌고 도는 자연의 법칙을 공감각적으로 감지할 수 있게 했다.

이 시가 지니고 있는 특이한 현상 중 또 다른 하나는 시인이 봄날에 겨울나무를 생각했다는 것이다. 모든 것이 새롭게 탄생하는 봄과 모든 것이 사라지는 겨울, 얼핏 보기에는 두 계절이 대립되어 보이지만 봄을 맞이하기 위해, 겨울이 오랜 세월을 인고하고 견딜 수 있는 것이기 때문에 근원적으로 보면 봄과 가장 친근한 계절이 겨울이 아닐까 생각된다. 봄이 되어, 차츰차츰 돋아나는 새순을 바라보며 겨울의 희생을 생각해 보는 것은 어쩜 당연한 일인지도 모른다.

-4년 정은교

또 다른 시간에 '시인학교'라는 제목으로 시 한편을 쓰라는 과제물을 학생들에게 내게 하였더니 어느 학생이 다음과 같은 작품을 제출한 일이 있다. 이 학생의 버릇없는 글도 나는 즐겁게 읽었다. 채변봉투 속에 아무 똥이나 담아서 선생님에게 제출하는 철부지 아이들의 장난끼가 그냥 추억거리로만 제시되는 게 아니라, '시인'이 되는 우리 문화의 어줍잖은 경로를 은근이 야유하고 있는 이 버릇없는 학생의 짓궂음에 나는 저절로 미소를 지을 수밖에 없었다. 쓴 미소! 내가 느끼는 이 쓴맛과 떨떠

름한 기분도 다 운명이라고 믿고 살고 있다.

이 학생은 졸업한 후 비평가도 안 되었고 시인도 안되었지만(못 된게 아니다!) 나는 지금도 이러한 풋풋한 시적 분석력을 지닌 태어나지 않은 시인과 비평가가 이 땅에는 많다고 생각한다. 그래서 나는 늘 마음이 든든하고 또 두렵다. 시가 뭔지도 시인이 뭔지도 모르면서 영롱한 눈빛으로 과제물을 작성하며 밤잠을 줄였을 이 학생은 자기가 이미 시인으로 막 태어나고 있다는 사실을 전혀 모르고 있었을 것이다. 눈치없는 이 학생이 '채변(採便)봉투' 속에 담아서 내 앞으로 쑥 내어민 '생똥'의 냄새나 한번 맡아보기로 하자.

텅 빈 머리 속엔 바람만 휭휭 부는데
제목 주고 소재 주면서 시 한 번 써보랜다고 뭐 나오나
차라리 열흘쯤 굶겨놓고 생똥을 싸라지
그래도 꿩이 털 빠지면 저만 춥다는데
엉거주춤 기마자세로
아랫배에 기를 모아
흡
한 번에 안되면 두 번에
으흡
세 번에
아으흡
아! 생색도 안나는 빈 방귀만 폴폴 날리고 있습니다
멋지게 한 번 써볼까요

아니 멋지게 한 번 싸볼까요
고급 파스퇴르 요구르트에 식이성 섬유음료 마셔가며
빛나는 황금색으로 미끈하게 쫙 뽑아놓을까요
아니면 풀 먹은 덴 파랗게
고기 먹은 덴 거멓게
술 먹은 덴 멀겋게
많이 먹은 덴 굵게
굶은 덴 가늘게
색색이 알록달록 통통히 올록볼록 그렇게 뽑아놓을까요

어린 날 아침
넓은 신문지를 겹겹이 깔고 앉아 학교 늦을까 시계 봐가며
끙끙 한 더미 퍼질러 놓으면 엄마가 도토리 알만큼 퍼내
성냥불로 곱게 지져 주시던 하얀 채변봉투
신주머니에 넣어 달랑거리며 학교에 가면
다들 나만큼이나 고생한 녀석들, 한 손으로 코막고 킥킥거리다
무슨 성스러운 물건처럼 두 손으로 선생님께 바치던
하얀 채변봉투

별 우스운 녀석들도 많았지요
일찍 온 놈들은 화장실로 떼로 몰려가
한 놈 걸로 여섯 개를 만들어오고
나중에 온 놈은 여기저기 화장실을 혼자 헤매다
제일 신선하고 예쁜 걸로 한 덩이

하루종일 종이를 씹어 위조해낸 가짜를 넣고서도 시치미 뚝 떼는 놈
아예 빈 봉투를 내고도 뻔뻔한 놈
해놓고 안 가져 왔다고 우기는 놈
될대로 되라 안 내고 마는 놈

대학 와서도 똑같던데요
아마 그렇게 시인들이 되나봅니다
저의 두 손으로 곱게 바치는 〈시인 학교〉라는 제목의
하얀 채변봉투
회충, 요충, 편충, 촌충, 십이지장충
온갖 더러운 것들 드글드글하는
구충제 스무 알은 먹어야 구제될 나의 숙제

-2년 정호별

3

내가 하버드대학교에 와그너(Wagner) 교수의 초청으로 객원교수로 간 것은 1983년 가을이었다. 그때만 해도 해외여행 자율화 이전이어서 외국에 한 번 나가려면 안전기획부에서 주관하는 교육도 받고 또 국비 파견 교수의 신분이었으므로 정신문화원에 가서 1박 2일 동안 정신교육을 받아야 했다. 또 귀국한 후에 꼭 의무적으로 해외에서 접촉한 중요인사와의 접선 결과

를 문서로 보고해야 한다는 지침도 받았다(나는 물론 귀국 후에 그따위 보고서는 내지 않았다). 매월 문교부에서 1천 달러를 지원 받았으니까 당시로서는 나의 한달 봉급과 맞먹는 액수였다. 해외연구의 기회가 온 것이 행운이라면 행운이었다. 당시의 상황에서는 외국에 나가는 일이 나같이 주변머리없는 사람한테는 정말 어려운 일이었으므로 모처럼 주어진 기회를 내 딴에는 유익하게 쓰리라고 마음 먹고 미국으로 갔다.

신분이야 국문학 교수였지만 그래도 학부에서는 영문학과를 졸업한 처지였으므로 미국의 문화나 언어에 대해서도 남다른 이해를 해야 한다는 강박관념도 있었지만, 나는 그러한 강박관념보다는 그래도 내가 영시를 띄엄띄엄 읽어내는 수준이니까, 그까짓 흰둥이 검둥이들의 말쯤이야 알아들어도 그만 못 알아들어도 그만이라는 생각을 했다. 솔직하고 당연한 고백이지만 미국 땅에 도착했을 때부터 나의 말하기, 듣기는 그야말로 빵점이었다. 그런데 쓰기와 읽기는 빵점이 아니어서 미국 사람들이 눈을 둥그렇게 떴다.

도서관 미술관 구경을 하며 찰스 강변에서 쉬고 옌칭도서관 드나들며 책 찾아보고 하버드대학 이곳 저곳을 돌아다니며 익숙해지기 시작하자 나는 영문학과의 시 강의를 청강해 보기로 하고, 그들이 쓰는 책을 뒤적거리며 강의 진행 방법을 구경삼아 돌아보기로 했다. '시창작법'이 눈에 띄었다. 나는 객원교수였으므로 담당교수 사무실을 찾아가서 미리 말했다. 나보다도 어려 보이는 그 사람은 내가 한국에서 온 문학교수요 시인이라는 말을 듣자 인사치레로 흥미있어 하면서 강의에 참석해도 좋다는 말을 했다. 그런데 사무실을 나오면서 보니까 복도의 게시판에 별로 크지도 않은 공고가 하나 붙어 있는데, 수강허락자 명단이었다. 예비수강신청을 할 때 시를 3편씩 제출하도록 한 다음, 교수가 미리 학생 작품을 읽어보고 수준 미달인 학생은 탈락시키고 일정 수준 이상인 학생만 수강할 수 있도록 한 제도(pre–test)였다. 그러면 그렇지. 외국에서 영문학을 전공하고 돌아온 한국의 영문학 교수들이 대부분 시나 소설에는 그 근본부터가 까막눈인 점이 정말 이상했었는데 그들이 외국학생 신분으로 무슨 수로 창작시를 제출하여 시창작 강의를 신청하고 수강허락을 받을 수 있었으랴.

그는 30대 중반의 독일계 미국인으로 이름이 마이클 블루멘탈(Michael Blumenthal)이었는데 뉴욕주립대와 코넬대에서 철학과 법학을 공부한 후 고교에서 독어교사도 한 적이 있는 촉망받는 시인으로 어느 문화재단의 기금으로 하버드대학에서 시창작을 강의하는 중이었다. 곱슬머리칼에 조그만 눈이 매우 이지적으로 생겼고 아주 냉정해 보였지만 동양에서 온 말더듬이 시인인 나를 신기한 듯 바라보면서 내 작품도 보여달라고 했다. 나는 그때 나의 〈下棺〉을 사전을 찾아가며 번역해서 보여주기도 했다. 좋은 작품이라고 그는 말했지만 나는 그게 그의 인사치레라는 것을 진작에 알았다. 그가 '오줌통'이니 '잿빛 처마끝'이니 '이엉'이니 하는 말을 제대로 이해했을 리 없기 때문이다. 그러나 말은 잘 통하지 않았지만, 시를 이야기하면서 시가 뭔지 정말로 알고 있는 좋은 시인이라는 생각은 확실하게 들었다. 그 후 그의 집에서 함께 포도주도 마시고 빵도 먹으면서 시와 인생에 대해서 많은 이야기를 했다. 그의 시집 《교감주술》(Sympathetic Magic)을 꼼꼼하게 읽어보았다. 그 중에서도 시집의 표제가 된 '교감주술'이라는 시가 참으로 좋았다.

바로 19세기에 남부독일지방에서는 토지의 생산력을 증가시키기 위하여 농부들이 아내를 들로 데리고 가서 밭고랑에서 성행위를 하였는데 이런 행위를 '교감주술'이라고 부른다는 융(Jung)의 말에서 모티프를 취하고 있는 시였다. 풍년을 기원하기 위하여 밭고랑에서 사랑하는 아내와 성행위를 하는 농부의 꿈이 그 옛날 원시인들이 사냥하면서 행했던 주술행위와 맞물려 형상화되어 있는 아름다운 작품이었다.

The corn is planted, the wheat is planted,
and – our best nights of love long gone —
I take your hand and lead you to the fields.
Cicadas, crickets, and locusts rub their legs together.
Fireflies cling to their lamps like Nepalese guides.
Our children sleep in the house, dreaming of harvests.

Imagining melons, I place my hands under your
buttocks, set you into the furrow like a baker
taking fresh bread from his oven. The soil
is cracked and dry, only a hint of weeds rising.
I lower myself beside you, purposeful as a king
without heirs. And then I rise to you, sweet
and ambitious as the first rains of April.

마이클 블루멘탈

독일계 미국인으로 워싱턴에서 성장. 뉴욕주립대에서 문학사 학위를 받았고, 코넬법대에서 법학박사 학위를 받음. 고등학교 독일어 교사, 출판사 편집인, 북 리뷰어, 자유기고가, 연설문 작성작가 등 다양한 경력의 소유자인 그는 최근 '국립 자선기금'(National Endowment of Humanities) 의장의 자문역으로 활동하고 있다.

I think, again, of our nights of love,
your body a trellis beneath me, your lips
mangos on a parched tongue. And as we sway
together, resurrected, in our barren fields
I feel the corn, the wheat, the widening soil
rise to the light of your shuddering body.

— Michael Blumenthal, 〈Sympathetic Magic〉

이 시의 서정적 주체인 '나'는 융의 글에 나오는 남부독일의 순박한 농부이다. 옥수수와 밀을 심은 다음 농부가 아내의 손을 잡고 들로 나가는 행위로 시작되는 이 작품은, 매미와 귀뚜라미와 메뚜기들이 다리를 비벼대고 네팔의 안내인의 램프인 듯 개똥벌레들이 반딧불을 반짝이며 날아다니는 들판이 풍년을 꿈꾸며 집에서 단잠을 자는 우리 아이들(Our children)과 일체화되고 있다. 이미 지나가 버린 달콤한 사랑의 밤을 떠올리며 밭고랑으로 아내를 데리고 가는 농부의 모습이 눈에 선하면서도 매미, 귀뚜라미, 메뚜기, 개똥벌레와 아이들을 동일 심상으로 제시하는 솜씨가 동화의 한 장면처럼 다가온다.

멜론을 상상하며(멜론의 달콤한 물, 그리고 궁둥이처럼 둥근 형태에서 나온 비유겠지만, 만일 한국 시인들이 여인과의 사랑에 관련된 시를 쓰면서 '호박을 상상하며' 또는 '수박을 상상하며'라고 비유했으면 이것은 이상한 발상이 될 것 같다. 서양문화권의 상상력에서는 여자의 성적 이미지를 식물이나 과일로 비유하는 일이 꽤 흔한 것일까. 우리의 상상력은 식물－식물, 동물－동물의 형식일까. 나는 '여자'의 성적 이미지의 무늬가 있는 매재로 잉어, 붕어, 진흙, 항아리, 삼겹살 등을 무의식적으로 생각하고 있다. 삼겹살? 글쎄, 그런 것 같기도 하고 아닌 것 같기도 하다.) 아내의 궁둥이를 손으로 받치고, 오븐에서 갓 구운 빵을 꺼내는 베이커처럼 밭고랑에 아내를 눕히는 농부의 행위는 식물적 상상력과 주식인 빵이 서로 어울리는 서양적인 것이겠지만, 밭고랑에서 성행위를 함으로써 풍년을 기원하는 절대절명의 의식행위이다. 땅은 갈라지고 메마르고 다만 잡초가 솟는 조그만 기미뿐, 지금 당장은 풍년을 기약할 수 있는 것이 아무것도 없다. 그래서 농부는 후계자도 없는 절박한 왕처럼 결연히 아내 옆으로 몸을 구부리고 그리고 아내의 몸 위로 올라간다. 대지를 적셔 새싹을 움트게 하는 4월의 첫 비처럼 사랑스럽고도 열망에 찬 아내와의 성행위.

그리고 농부는 다시 젊은 날의 사랑의 밤을 생각한다. 내 몸 아래로 편안한 시렁처럼 출렁였던 아내의 몸과 목마른 혀에 닿는 망고 같았던 아내의 입술. 불모의 들판에서 소생을 기원하며 성행위를 할 때, 농부는 씨뿌려 놓은 옥수수와 밀과 싹이 트며 확장되는 흙(widening soil)이 아내의 떨리는 몸의 광채 속으로 언뜻 일어나고 있는 것을 느끼게 된다. 이 흙의 갈라지는 아픔은 이제 메마름에서 오는 절망의 형식이 아니라 사랑의 행위에서 오는 쾌락과 기원의 성취가 가져오는 환희의 형식이다.

대지에 씨를 뿌리는 행위는 여성 속에 남근을 넣는 상징이다. 씨를 뿌리고 대지의 영양과 수분을 받아 싹이 트고 줄기와 잎이 생기고 꽃이 피고 열매가 열리는 과정은 그대로 남녀의 성행위와 잉태, 그리고 분만과 성장의 과정이며 동물의 종족번식의 욕망을 나타낸다. 사냥을 나가기 전에 사냥의 성공을 기원하며 바위나 모래 위에 그날 사냥할 동물의 형태를 그림으로 그리고 화살을 쏘는 원시인들의 행위가 농부들에게도 그대로 전이되고 있다. 대지 위에서 농부가 성행위를 함으로써 풍년을 기원하는 것은 인간과 자연의 일치를 뜻한다. 이 시를 조용히 몇 번 읽어나가다 보면 어느새 나도 모르게 아득한 옛날 원시인들이 행하였던 교감주술의 신비한 시간 속으로 회귀하게 된 듯한 느낌이 든다.

그런데 이 글을 마무리할 즈음에 이상한 일이 생겼다. 글을 대강 다 써놓고 그냥 미적대고 있다가 갑자기 목디스크가 재발했는지 심한 견비통에 며칠 시달려야 했다. 동네 병원 물리치료실에서 초음파치료를 받고 돌아와서, 늦게 배달되어 온 《현대시학》 5월호를 뒤적거리고 있었다. 부지런한 시인들이 게으른 시인 야유하듯 시를 잘도 쓰는구나 하면서 스스로 부끄러워 하다가 나는 시 한 편을 읽고 또 다시 읽었다. 마이클 블루멘탈의

〈교감주술〉에 상응하는 시를 뜻밖에도 만난 것이었다. 그 작품은 송재학의 〈그가 내 얼굴을 만지네〉이다. 이 글을 월초에 곧바로 넘기지 않고 미적대고 있다가 견비통이 온 것도 이 시를 읽게 하려는 그 어떤 보이지 않는 주술(magic)의 힘일까. 얼굴도 잘 모르는 시인의 작품을 읽다가 '참으로 좋다' 라는 느낌이 들 때의 심정은 어린 시절 들판을 쏘다니다가 운수 좋아서 개똥참외를 하나 발견했을 때와 같고 찐 감자나 겨우 점심으로 싸들고 갔던 소풍날에 떡갈나무 밑둥이나 소나무 송진이 뜨거운 옹이에서 보물찾기의 쪽지를 찾았을 때와도 같다.

그가 내 얼굴을 만지네
홑치마 같은 풋잠에 기대었는데
치자향이 水路를 따라왔네
그는 돌아올 수 있는 사람이 아니지만
무덤가 술패랭이 분홍색처럼
저녁의 입구를 휘파람으로 막아주네
결코 눈뜨지 못하리
지금 한 쪽마저 봉인되어
밝음과 어둠이 뒤섞이는 이 숲은
나비떼 가득찬 옛날이 틀림없으니
나비 날개무늬의 숨결 따라간다네
햇빛이 세운 기둥의 숫자만큼
미리 등불이 걸리네
눈 뜨면 여늬 나비와 다름없이

그는 소리내지 않고도 운다네
그가 내 얼굴 만질 때
나는 새순과 닮아서 그에게 발돋움하네
때로 뾰루지처럼 때로 갯버들처럼

— 송재학, 〈그가 내 얼굴을 만지네〉

송 재 학 (宋在學)

1955년 경북 영천 출생.
1986년 《세계의 문학》에
시 〈어두운 날짜를 스쳐서〉
등을 발표하며 등단.
주요 시집으로 《얼음시집》,
《푸른빛과 싸우다》, 《그가
내 얼굴을 만지네》 등이 있음.

송재학이 같은 지면에 낸 〈개〉라는 시에서 '팡세는 살결이 흰 외래종 나무 이름 같다'든지 '그 개처럼 팡세를 뒤적인 스무 살부터의 이십 년은 눈감고 돌아보면 금방 구겨지는 은박지 같다'라고 한 신선한 비유도 볼 만하다. 사실 이런 비유의 효과는 그림에서의 원근법과도 같은 기초적인 것인지도 모른다. 그러나 요즘 우리 시단의 구문법의 타성으로 볼진대 이 시인은 참된 시가 무엇인가라는 물음으로 여러 날 불면의 밤을 보낸 후에 이 기초적인 문법을 되찾았는지도 모른다.

〈그가 내 얼굴을 만지네〉는 급히 읽어 보고 한두 마디로 평가하기에는 그 안에 날줄과 씨줄이 아주 고도의 치밀함으로 직조되어 있다. '水路'는 '물길'이면서도 우리 민족신화 속의 영원과 그리움을 상징하는 여인의 모습이며, '돌아올 수 있는 사람이 아닌' 그는 '내 얼굴'을 만지며, 저승으로부터의 사랑을 패랭이 꽃의 꽃빛깔로, 또 저녁 바람으로, 나비떼의 날아오름으로 '나'에게 전해주고 있다. 사랑하는 사람이 떠나고 난 자리, 텅 빈 그 자리에서 '그'를 그리워하는 화자의 곡진한 정서가 기막히게 그려져 있다.

비유와 어조의 팽팽한 장력에 힘입어 '홑치마 같은 풋잠'처럼 일순간에 펼쳐지는 이미지의 전환 속에는 이승과 저승을 넘나드는 우리 민족 고유의 주술적인 소망과 인고가 배어 있다. 또한 초파일날 즈음 하여 사찰 입구에 내걸리는 연등(燃燈)의 불빛도 언뜻언뜻 비치는 이 시는 "그가 내 얼굴을 만질 때/나는 새순과 닮아서 그에게 발돋움하네/때로 뾰루지처럼 때로 갯버들처럼"에서 볼 수 있듯 지금 현실에는 부재하면서도 나를 만지는 '그'를 향하는 '나'의 순결한 희생이 아주 개성적으로 형상화되어 있다. 운명과 인연에 대한 성찰이 돋보이는 아름다운 작품이다.

날개달린 붕어와 허수아비

1

내가 국민학교에 입학한 해는 1950년이었는데 그 해 여름에 6.25전쟁이 터져서 다음해에 다시 입학하여 1학년으로 들어갔다. 1950년 여름에는 북한의 인민군이 마을에 진주하여 한여름 동안 학교 뒷산으로 임간학교를 다니며 김일성 장군 노래도 배웠다. 하늘을 날아가는 미군 폭격기의 굉음을 들으면서 무서워도 했고 또 읍내에서 포격소리가 쿵쿵 울릴 때는 무슨 신나는 구경거리가 생길 것 같은 기대감에서 가슴이 설레기도 했다.

가을이 되자 인민군이 쫓겨가고 다시 국군이 들어왔다. 읍내에 주둔한 미군 병사들이 밤이 되면 우리 마을로 여자 사냥을 나오기도 했다. 어린 나이에 모든 게 무서웠고 전쟁이 어떤 것이라는 게 어렴풋하게 머리 속에 그려지기 시작했다. 한겨울이 되어 다시 인민군과 중공군이 남침해오자 우리 마을 사람들은 모두 남쪽으로 피난을 갔다. 가장 쓰라렸던 기억은 빙판길을 걸어갈 때 맨발바닥에 달라붙던 차가운 돌멩이가 주던 고통이었다. 고무신이 다 닳았고 양말도 구멍이 났으니 겨울 빙판길을 걸어가는 여덟 살 짜리 아이로서는 참을 수 없는 고통의 나날이었다.

어찌어찌하여 피난살이를 끝내고 목숨을 부지하여 이듬해 봄에 돌아온 고향은 완전히 잿더미로 변해 있었다. 집은 불에 타서 흔적도 없이 사라졌고, 파릇파릇 새싹이 자라야 할 보리밭은 모두 다 파헤쳐서 난장판이 되어 있었다. 미군이 주둔하려고 민가를 모두 불태우고 논밭도 다 밀어붙였다가 전선이 다시 북상하는 바람에 그냥 버려두고 떠나간 뒤였다.

집도 식량도 없이 사람들은 절대절명의 조건 속에 그냥 내던져진 꼴이었다. 어른들은 논밭을 다시 일구고 소나무를 베어다가 집을 다시 짓고, 아이들은 산으로 들로 헤매며 먹을 것을 찾았다. 진달래꽃, 풀뿌리, 산나물, 소나무의 어린 가지들도 모두 아이들의 식량이 되었다.

다시 문을 연 국민학교에서는 아침마다 학교 뒷마당에 가마솥을 걸고 흰죽을 쑤어서 학생들에게 먹였다. 공부하러 학교에 다닌 것이 아니라, 아침에 죽 한 그릇을 얻어먹기 위해서 학교에 다녔다.

"아침 먹고 온 놈 손들어!"

학교에 가면 선생님이 매일 이렇게 말했다. 아침 먹고 온 학생은 면장 아들과 지서장 아들 정도였고, 모두 다 굶은 채로 책보자기를 들고 학교로 달려온 것이었다.

'진달래는 먹는 꽃/먹을수록 배고픈 꽃' 이라는 절묘한 심리적 심상이 등장하는 시를 읽은 것은 내가 대학생이 되어서였다. 도서관에서 옛날 잡지와 시집을 뒤적이다가 뜻밖에도 어떤 시 한 편을 읽게 된 것이었다. 허기진 채 진달래꽃을 따 먹으며 산을 쏘다니던 여덟 살 때의 내 모습이 눈물겹게 떠올랐다. 먹을수록 배고픈 꽃! 그렇다. 꽃을 아무리 먹어도 트림이 나오는 포만감은커녕 자꾸자꾸 목마르고 배가 고팠다. 어린 시절의 절망과 기아가 그 후 내 삶을 얼마만큼 비열하게 만들었는지 아니면 강인하게 해주었는지는 자세히 모르겠으나, 나는 지금도 진달래꽃을 따먹을 때의 그 절망적 운명을 잊지 않고 있다. 물론 다음의 시는 '그리움' 과 관계된 정신적 기아에 갈증에 맞닿아 있지만, 문학평론가인 조연현 선생이 젊은 날 이토록 섬세한 서정시를 썼다는 사실에 나는 정말 놀랐다.

진달래는 먹는 꽃
먹을수록 배고픈 꽃

한잎 두잎 따먹은 진달래에 취하여
쑥바구니 옆에 낀 채 곧잘 잠들던
순이의 소식도 이제는 먼데

예외처럼 서울 갔다 돌아온 사나이는
조을리는 오월의 언딕에 누워
안타까운 진달래만 씹는다

조 연 현 (趙演鉉, 1920~81)
프로 문학을 반대하고 반공 민족 문학의 확립에 헌신했으며, 《문예》, 《현대문학》 등의 문예지를 육성하여 문학 창작과 그 발전에 크게 기여했음. 저서에 《문학과 사상》, 《한국 현대 문학사》, 《내가 살아온 한국 문단》 등이 있음.

진달래는 먹는 꽃
먹을수록 배고픈 꽃

— 조연현, 〈진달래〉

휜죽 한 그릇으로 허기를 채운 다음 나무 그늘에 모여 앉아 국어책도 읽고 노래도 배웠다. 선생님은 회초리를 들고 허공을 저으며 말하곤 했다.

"동해물가 시작!"

우리들은 선생님을 따라서 '동해물가(歌)'를 불렀다. 학교에 입학하기 전에 내가 천자문을 어깨 너머로 더듬대며 읽었기 때문일까. 나는 정식으로 음악책이 나오기 전까지는 '애국가'를 '동해물가'로 알고 있었다. 동해물가 시작! 하고 외치던 그 옛날의 선생님이나 어린 학생들이나 모두 전쟁의 상흔이 몸과 마음에 알게 모르게 배어 있는 불구자들이었다.

한낮이 지나면 수업이 끝나 집으로 돌아왔다. 해가 질 때까지 들로 산으로 쏘다니면서 풀뿌리를 캐고, 열매를 따고, 개울에서 송사리를 잡았다. 그때의 우리 모습은 대학살 당시의 캄보디아

소년들 모습과 닮았고, 지금 소말리아에서 굶어 죽어가고 있는 소년들의 모습과 꼭 같았다. 눈이 퀭하게 뚫렸고 올챙이처럼 하복부가 튀어나오고, 팔다리의 관절만 꼴사나운 죽음 직전의 형상이었다.

그 후 반세기도 더 흘렀다. 모든 것이 엄청나게 변했다. 정말 많은 시간이 흘러간 뒤 그 자리에 '나'만 그대로 남아 있다는 생각이 들 때가 많다.

지금 아이들은 먹을 것이 남아돌아서 비만증에 시달린다. 시골 아이들도 산딸기나 앵두는 먹을 생각도 않는다. 아이스크림이나 초콜릿만 좋아한다. 우유와 쥬스와 요구르트 같은 것들은 이제 냉수 마시듯 아무 때고 맘 내키는 대로 마신다. 성장하기 위해서 그리고 목숨과 건강을 유지하기 위해서 먹는 것이 아니라, 먹는 것을 즐기는 것이다. 풍요로운 삶은 더 이상 양식을 식품으로 수용하지 않고 삶의 차별화에 이용한다. 식도락의 경지를 넘어서서 양식이 풍요와 기호의 상징이 되고 여가 선용의 부산물이 되었다.

그런데 나는 아직 우유를 못 마신다. 먹어버릇을 안 했기 때문인지 나의 위와 장이 나빠서인지, 아니면 어릴 때부터 우유는 부잣집 아이들이나 먹는 것으로 경원시해서 그런지 몰라도, 우유를 마시면 금방 설사가 난다. 아직도 '나'는 굶은 채로 학교에 가서 흰죽을 얻어먹던 1951년도의 어느 날 아침 햇살 아래 홀로 서 있다. 나는 개인소득 1만달러 시대의 어엿한 중산층이면서도 내 정신 속에는 아직도 기아에 시달리며 진달래꽃을 따먹던 어린 소년이 그대로 눈을 뜨고 살아 있다. 그러니까 나는 아직도 1950년대의 빈궁과 절망 속에 그대로 방치되어있는 셈이다. 내 힘으로는 어쩔 수 없는 이 불확실한 생애의 벼랑 끝에서 균열하는 자아의 정체성(正體性)을 어쩔 것인가.

이번 여름에는 우유를 마시는 '나'가 되고 싶다. 넥타이 매고 자동차 몰고 다니는 대학교수가 우유 한 잔도 못 마신다는 것은 정말 창피한 일이니까, 무슨 굉장한 연구 논문 작성하듯 이 궁리 저 궁리하면서 우유 마시는 사람이 꼭 되고 싶다. 그러나 이런 다짐은 벌써 한두 번이 아니다. 나의 오장육부가 어찌나 자기고착적이고 퇴행적인지 아무리 1950년대를 팽개치고 1990년대의 풍요한 시대 위에 올라서고 싶어도 아주 막무가내여서, 우유를 한 잔 마시고 나면 화장실로 곧바로 달려가는 일이 또 되풀이될지도 모른다.

2

나는 낚시를 좋아해서 자동차 트렁크에 낚시가방을 아예 챙겨 넣고 다니곤 한다. 내 생활의 리듬이 늘 들쑥날쑥이고 또 강의가 없는 날에는 학교에 꼬박꼬박 안 나갈 때도 많으니까, 어느 날 어떤 상황에서 불현듯 낚시하고 싶은 마음이 생길지 나 스스로도 잘 모를 때가 많아서 자동차 안에 낚시 도구를 준비하고 다니다가는 아무 때고 가까운 낚시터를 찾아가곤 한다. 붕어가 많이 잡혀서 어느 낚시터가 지금 한창 재미본다는 정보와는 무관하게 내 멋대로 한적한 낚시터를 불쑥 찾아가곤 하는데 어떤 때는 피라미 한 마리도 못 잡을 때도 있고 또 어떤 때는 뜻밖에 꽤 재미를 볼 때도 있다. 도시 생활에서 찌들리다가 더 이상 참지 못하고 도피하는 나의 이와 같은 낚시 버릇은 실은 낚시랄 것도 못되는 그저 물을 찾아나서는 목마른 나들이 정도에 불과한 것이다. 항상 일상 생활에서 일탈을 꿈꾸면서도 그동안 얽혀온 잡다한 세속의 일에서 놓여나지 못하다가 낚시터를 찾아서 떠날 때의 홀가분한 심정은 정말로 큰 위안이 되곤 한다.

서울을 벗어날 처지가 못되는 날이면 잠실 나루터 옆 강변으로 나간다. 붕어도 낚고 누치도 낚는다. 커피와 아이스크림을 팔러 다니는 행상 여인들한테서 그들 나름대로의 부지런한 삶의 지혜도 간혹 들으면서 노을지는 한강의 저녁 햇빛을 즐긴다. 잠실대교와 영동대교 위로 수없이 오가는 자동차들의 모습을 안타까운 마음으로 바라본다. 무엇을 위하여 저토록 분주하고 재빠르게 사람들은 오가는 것일까. 이런 바보 같은 생각도 해보면서 일상의 거미줄에 매여 숨넘어가는 나의 모습을 스스로 되돌아보기도 한다.

낚시터에 다녀온 날 저녁이면 몸은 더 피곤하지만 정신은 아주 맑아진다. 물론 유원지가 되어버리는 주말이나 휴가철의 서울 근교 낚시터에는 아예 갈 생각을 안한다. 서로 떠들고 술주정하고 난리법석을 떠는 그런 낚시터에는 이미 오물더미가 코를 막게 하고 주변 경관도 난장판이 다 되어서 갈 궁리도 안 내지만, 그러나 어쩌다가 한적한 저수지를 찾았을 때의 그 평화로움은 정말로 값진 일탈의 꿈을 실현시켜 주곤 한다. 붕어 몇 마리 잡았다가 돌아올 때는 도로 물에다 풀어주니까 나는 붕어의 씨알이나 마릿수를 즐기는 낚시꾼이 아니다. 그저 산수(山水)가 좋아서 찾아갔다가 몸과 마음을 휴식시키고 돌아오는 이름없는 유랑 시인의 행로를 흉내내고 있는지도 모른다.

몇 년 전 여름의 일이다. 밤낚시를 갔다가 아주 희한한 경험을 했다. 뜻밖의 대어를 낚았다던가 낚을 뻔 했다던가 하는 낚시꾼 특유의 허풍이나 거짓말이 아니라 밤낚시 가서 본 개똥벌레에 관한 이야기이다. 요즘은 농촌에도 농약 때문에 메뚜기나 여치 보기가 어렵고 또 반딧불을 깜박거리며 여름밤을 수놓으며 날아다니는 개똥벌레도 거의 사라졌기 때문에 우연히 밤낚시터에서 본 개똥벌레의 모습은 정말 아름답기만 했다.

내 고향은 충북 제천인데 제천시에서도 큰 고개를 넘어가야 되는 아주 산골 마을이다. 여름방학이 되어 성묘도 할겸 해서 고향 형님댁에 갔다가 저녁 때가 되어서 나혼자 자동차를 운전하여 가까운 저수지를 찾아나섰다. 그 저수지는 낚시안내 지도에도 표시가 잘 안되는 이름없는 조그만 저수지이므로 낚시를 한다기보다는 시원한 고향산천의 여름밤 공기를 실컷 마시고 싶은 마음이 더 간절했다. 이미 어둑어둑해져서 도착한 저수지에는 예상했던 대로 낚시꾼 하나 보이지 않았고 저수지 상류쪽의 마을에서 비치는 흐릿한 불빛만이 보였다. 저수지 제방 옆으로 난 좁은 길 옆에 자동차를 세우고 대낚시 두 대와 릴낚시 하나를 꺼내어 물가로 내려갔다.

아주 어두워지기 전에 서둘러서 낚시대를 펴고 지렁이와 떡밥을 미끼로 해서 낚시를 던져 놓았다. 낚시꾼들의 심리로서는 낚시터에 도착하여 낚시대를 펼칠 때가 가장 조바심나고 긴장

되는 순간이지만, 나야 애당초 붕어를 잡는다는 생각보다는 고향의 여름밤을 나혼자 호젓하게 즐기고 싶은 마음이 더 났었으니까 조바심이 날 것도 없었다. 형님댁 울타리 밑에서 잡아온 살찐 지렁이가 내뿜는 지독한 냄새도 고향의 흙냄새와 어울려 그다지 싫지 않았다. 가지고 간 소주병 마개를 따서 우선 술을 한 잔 했다. 저수지는 그다지 크지 않았지만 향긋한 물냄새와 어울린 주변의 풍경은 정말로 평화로웠고, 한낮의 뜨겁던 더위도 다 사라지고 시원한 바람이 불어오고 있었다. 날이 곧 어두워졌으므로 나는 야광찌를 매달아서 낚시를 던져놓았다. 릴낚시에는 떡밥을 야구공만큼 큼직하게 달아서 멀리 저수지 한복판으로 던졌다.

그리고 나는 소주잔을 기울이며 낚시의자 등받이를 뒤로 젖히고 편한 자세로 앉았다. 어느새 밤하늘에는 별이 총총 빛나기 시작했다. 별이 너무나 눈부시게 반짝거렸기 때문에 가슴이 찡해올 정도였다. 그동안 서울생활에서 잊고 지냈던 여름밤의 별들이었다. 별들이 너무나 또렷하게 빛나고 있어서 가히 숨이 막힐 것 같은 기분을 순간적으로 느껴야 했다.

바람이 심한 것은 아니었지만 물결은 제법 일렁거려서 수면위의 야광찌가 까닥까닥 움직였지만 붕어의 입질이 아니라는 것을 알고는 나는 소주를 한두 잔 더 마셨다. 풀섶에서 개구리가 펄쩍 뛰어서 물로 들어가는 소리와 여치가 우는 소리기 어울려서 내가 찾아온 여름밤 고향의 저수지는 더할 나위 없이 정겹기만 했다. 풀섶 위로 개똥벌레의 반딧불이 몇 개 날아다니는 모습도 한폭의 그림처럼 아름답기만 했다. 이제 무더운 하루를 끝내고 초저녁의 안온한 어둠 속으로 첫잠이 든 저수지 주변은 옛날 내가 자라던 농촌의 모습을 그대로 간직하고 있는 듯 했다.

이 때 갑자기 야광찌가 공중으로 솟았다. 나는 깜짝 놀라서 월척 붕어라는 생각에 낚시대를 재빠르게 당겨올렸다. 그러나 빈 낚시 뿐이었고 개똥벌레가 반딧불을 깜박이며 날아가고 있을 뿐이었다. 소주 몇 잔의 취기 때문이기도 했겠지만 야광찌가 빠르고 힘차게 공중으로 솟아오르는 순간 "월척이다!"하는 소리가 나도 모르는 사이에 나왔다. 또 연이어서 '날개달린 붕어다!' 하는 기상천외의 생각이 떠올랐다. 그러나 빈 낚시뿐이었다. 허망했다. 혼란스러워진 머리를 흔들고 곰곰히 생각에 잠겼다. 미끼를 갈아끼워 낚시를 다시 던지고 나서 나는 가만히 관찰을 하였다.

개똥벌레들이 낚시줄의 야광찌를 보고 또 날아들기 시작했다. 그제서야 개똥벌레가 야광찌의 형광불빛을 제 짝으로 알고 날아들고 있다는 것을 알았다. 개똥벌레는 밤이 되면 제 몸 속의 화학 에너지를 발산하여 반딧불을 빛내며 사랑을 나눌 짝을 찾는 신호를 보낸다는 사실이 생각났다. 월척 붕어? 날개 달린 붕어? 나는 순간적으로 내 머릿속에 떠올랐던 생각이 우스워졌다.

인간도 사랑하는 사람을 갈망할 때 개똥벌레처럼 사랑의 반딧불을 켜는 것은 아닐까. 사람들 사이에서는 서로 눈에 띄지 않지만 하느님의 시선으로 보면 다 훤히 보이는, 사랑의 불을 켜고 사랑하는 사람을 찾아서 방황하고 있는 것은 아닐까. 사람들끼리라도 서로 볼 수 있게 '사랑의 등(燈)'을 이마나 눈썹쯤에 켜고 반딧반딧 반짝이면 차라리 좋으련만! 그래야만 거짓 사랑을 하는 사람은 아무리 그럴싸한 사랑노래를 불러도 사랑의 등이 깜박이지 않고, 남몰래 부끄러워하면서도 진실한 사랑을 하는 사람들의 이마나 눈썹에서는 영롱한 사랑의 등이 깜박이게 되어 지나가는 행인들이 목례를 하며 축복할 수 있을 테니까.

나는 그 후 이날 밤의 체험을 살려서 〈개똥벌레〉라는 시를 한 편 썼다.

마늘쫑처럼 싱싱한 여름 저녁 기울고
소쩍새 울음따라 물빛 더욱 일렁일 때
세 칸 반 낚시대에 지렁이 꿰어 던졌다
야광찌 물빛에 어려 어둠을 부르고
별빛이 너무 찬란하여 울고 싶었다
송장메뚜기도 콩잎 뒤에 숨고
담뱃불에 달라붙던 하루살이 모기도
하루의 양식을 다 채웠다는 듯 자취를 감췄다
별과 어둠의 정적 속에서 밤여치 울 때
물 위의 야광찌만이 홀로 눈뜨고 있다
물결 일렁일 때마다
내 마음 엿보는 듯 까불대면서
입질 받으면 물 속으로 곤두박질한다
애타는 그리움 달래려고 밤낚시 온 나를

죽은 나무 그루터기 어둠의 덩어리로 알고
저 혼자 까닥대며 하늘로 물로 고개젓는다
밤이슬 견디기 어려워 비옷 뒤집어쓰고
사랑하는 사람 눈빛 잊으려고 찌만 노려보았다
아아 어디로 갔느냐 어디에 숨었느냐
타는 저녁놀가에 내 몸 다 불살라 놓고
어둠 속으로 눈 감으며 떠난 그대여
— 이 때 갑자기 야광찌가 공중으로 솟았다
월척붕어? 찌가 공중으로 날아간다아!
날개달린 붕어다!
호들갑떨며 낚시대를 당겨올리자
개똥벌레 몇 마리
반딧불 깜박이며 날아가 버린다
밤이 되면 사랑의 욕망을 화학에너지로 바꾸어
짝을 찾는 신호를 보내는 개똥벌레들이
야광찌에서 반짝이는 형광불빛을 보고
제짝 비로소 찾아냈다는 듯
반딧반딧 사랑의 등 깜박이고 있다

— 〈개똥벌레〉

낚시를 소재로 해서 쓴 시가 몇 편 더 있지만, '낚시' 그 자체의 정보와는 상관없는 내 나름의 이야기가 늘 앞서는 것 같다. 낚시 좋아한다는 소문은 다 나서 어느 낚시 잡지에서는 글을 써달라고 조를 때도 있지만, 나는 그야말로 '꾼'은 아니기 때문에 그러한 전문적인 낚시 수필은 아직 쓸 엄두를 못낸다. 그런데 낚시를 하면서 몇 가지 심상이 내 마음 속에 자리잡기 시작했다. 월척붕어나 잉어는 영락없는 소녀의 나체(裸體)를 연상시킨다. 왜 그럴까? 우주와 삶에 대한 처녀성(處女性)을 그대로 간직하고 펄쩍펄쩍 뛰는 잉어의 몸이나 던져준 떡밥에 꿰인 채 한사코 빼튕기며 물 속으로 달아나려고 하는 붕어의 막무가내의 고집은 풋사랑의 손을 뿌리치는 소녀의 앙큼한 내숭처럼 황홀하고 아름답다.

3

몇 년 전 국도변에 마네킹으로 만든 허수아비 교통경찰이 서 있던 때가 있었다. 실물대의 크기에 스피드 건을 들고 과속차량을 단속하는 모습이 꼭 진짜 교통경찰 같아서 깜짝깜짝 놀랄 때가 많았다.

갑자기 늘어난 자동차를 도저히 감당할 수 없게 된 도로가 몸살을 앓는 지경이 된 것은 이미 어제 오늘의 일이 아니다. 명절이나 연휴 때뿐만이 아니라, 주말이 아닌 평일에도 고속도로는 고속도로대로 붐비고 국도는 국도대로 붐벼서 모든 도로가 주차장처럼 변했으니까 제한속도 이상으로 차를 운전할 수 있는 경우가 그리 많지도 않다. 그러나 어쩌다가 도로가 붐비지 않을 때는 이차선 국도에서 100키로 이상이 보통이고, 중부고속도로에서는 아예 130키로 이상으로 달려야 되지, 그렇지 않고 제한 속도인 110키로로 운전하다가는 뒤에서 오는 차들이 상향등을 번쩍번쩍 켜고 클락션을 울리고 심지어는 욕설에다가 팔뚝질까지 하는 경우를 종종 맞게 된다.

이런 지경이다 보니까, 목적지까지 최단시간 내에 부랴부랴 운전을 하게 될 수밖에 없는 운전자들의 고충도 고충이려니와, 교통경찰들의 업무도 뒤죽박죽이 될 수밖에 없다. 대부분의 차량이 규정속도로 달리고 있을 때 몇몇 차량들이 속도를 위반한다면 그들을 단속하기도 쉬우련만, 모든 사람들이 서로 경쟁이라도 하듯 과속으로 질주하는 마당에야 교통경찰인들 속수무책일 수밖에 다른 도리가 없을 터이다.

교통경찰의 주된 임무는 도로교통을 원활하게 하고 규정을 어기는 사람을 단속하는 일이겠지만 도로는 도로대로 막히고 운전자들은 또 그들대로 서로 먼저 가려고 아귀다툼을 하는 마당이니 교통을 원활하게 하여 운전자를 보호 계도하는 본래의 임무는 뒷전이 돼버린 감이 없지 않다. 교통경찰이 단속 실적을 올리기 위하여 함정단속을 한다든가 심지어는 단속을 빌미로 돈을 받는다거나 하는 일이 생긴다는 것 자체가 운전자와 교통경찰의 악순환적인 관계를 단적으로 증명해 주는 일이다.

허수아비는 가을 들녘에서 익어가는 곡식을 참새떼로부터 보호해 주는 우리 농촌 전래의 탈인데, 작대기로 양팔을 쫙 벌리게 만들고 짚으로 몸통을 만든 다음 낡은 헝겊으로 칭칭 감아 사람의 인형을 만들어서 논바닥에 세워 두면 참새떼들은 그것이 진짜 농부인 줄 알고 놀라서 날아간다. 그러나 이 허수아비에 한두 번 속아넘어간 참새들은 그 다음에는 꾀가 나서 아예 허수아비의 밀짚모자나 팔뚝에도 아무런 망설임 없이 앉아서 낱알을 쪼아먹는 일도 생기게 마련이다. 요즘도 시골길을 지나다보면 논밭 가운데 서 있는 허수아비를 볼 때가 있다. 곡식을 망가뜨리는 참새떼를 쫓지 못하는 농부야 속이 상하겠지만, 도시인이 어쩌다가 농촌길을 여행하면서 가을 들녘의 허수아비를 바라볼 때 느끼는 향수(鄕愁)와 평화로움은 정말 소중한 것이다.

그런데 몇 년 전 우리 나라 국도에 서 있던 교통경찰 허수아비는 이러한 향수와 평화로움을 주기는커녕 개운치 않은 맛과 불쾌감을 동시에 주었다는 데 문제가 있지 않을까 싶다. 세금 꼬박꼬박 내면서 아들 딸 낳고 살아가다가 한푼두푼 저축해서 장만한 자동차를 운전해서 고향 나들이를 가다가, 버젓이 스피드건까지 들고 서 있는 허수아비 교통경찰을 보고 느끼는 심정은, 교통법규를 반드시 준수해야겠다는 생각보다 순간적인 경악심과 불쾌감 쪽에 더 가까웠다고 생각된다.

농경민족으로서 천인합일(天人合一)의 고상한 정신을 최고의 미덕으로 삼고 살아온 우리 민족이 다시 되찾아야 할 것은 하늘의 때를 기다리는 조용한 인내심이 아닐까 한다. 가뭄이 들면 하늘을 우러러 기우제를 지내면서 하늘의 뜻을 받으려고 노력하는 은근하고도 진실된 마음가짐이 가장 소중한 것인데, 비가 안 온다고 하늘을 욕하고 소리친다고 해서 문제가 해결되는 것이 아니다.

기다릴 줄 아는 마음을 다 잊어버리고 모두들 서둘고 밀치면서 나혼자만 빨리 가려는 이기다툼을 하는 마당에서는 교통질서는 물론이요, 사회생활을 영위하는 문화예절도 발붙일 곳이 없게 된다. 말을 타고 짐승을 쫓으며 활을 쏘는 민첩성은 수렵민족의 특성인데 어찌하여 농경민족의 후예들이 이토록 앞뒤 가리지 않고 서두르게 되었는가. 차례를 기다리지 않고 줄을 서지 못하며 새치기를 일삼는다. 1차선에서 2차선으로, 또 갓길에서 대각선으로 핸들을 돌려 1차선으로 뛰어들며 곡예운전을 일삼는 사람들은 허수아비 교통경찰 앞에서 기겁을 할 수밖에 없는 참새 같은 부류라고 하겠다. 이러한 나쁜 습성의 사람들을 순간적으로나마 놀라게 해주고 경각심을 일깨워 준다는 의미에서는 국도에 서 있던 허수아비 교통경찰은 그 나름의 의미를 지닌다고 할 수 있다. 그 후 얼마 지나지 않아서 국도변의 허수아비 교통경찰은 하나 둘씩 사라지기 시작하더니 이제는 거의 다 없어졌다. 반짝 아이디어로 끝나버린 촌극인 셈이다.

쇼윈도 안에 서있는 마네킹이 진짜 사람인 줄 알고 말을 붙여 보았다는 시골 노인의 이야기는 이미 아득한 과거의 일인데, 21세기를 코앞에 둔 시점에 국도 가에 서 있는 허수아비 교통경찰을 보고 놀라서 속도를 줄인 운전자들은 영락없는 우리 모두의 자화상이었는지도 모른다. 그 자화상은 열등감과 패배감으로 얼룩진 모습이었다. 허수아비 교통경찰이 상징하는 허상과 허위의 세계가 능률을 내세우는 현대사회의 어쩔 수 없는 요소로만 치부된다면 예로부터 인본(人本)을 중시한 우리 민족의 정서와는 너무 동떨어진 아주 괘씸한 반짝 아이디어의 표상이 아닐 수 없다.

청소년 출입금지의 유흥업소 정문에는 중고등학교 교사의 허수아비를 만들어 세우고, 부동산 투기를 일삼는 복덕방 앞에는 세무서 직원의 허수아비를 세우고, 또 그 세무서 직원의 책상 앞에는 감사원 직원의 허수아비를 만들어 세워야만 법치국가가 된다면, 이미 그러한 국가는 눈치와 요령만이 판을 치는 세상이 된다.

자동차를 운전하는 사람들이 제한속도를 지키고 법규를 준수하는 일은 이러한 허수아비식 발상으로는 쉽게 달성할 수 없는 것이다. 스스로 사람을 중시하고 나보다 남을 앞세우는 양보의 정신을 소중히 생각하지 않고 한낱 허수아비에 놀라서 일시적으로 법을 지키는 굴종과 비하(卑下)의 정신상태에 젖어있는 국민이라면, 그들 스스로의 열성(劣性)에 의해서 자초한 허수아비 앞의 참새떼의 운명에서 벗어날 수가 없다. 허수아비의 사회, 허수아비의 엄포를 단연코 거부하는 길은 우리 스스로가 사람으로서의 제 구실을 주체적으로 실천해 나가는 데서 찾아야만 한다.

내가 지금 허수아비 교통경찰의 이야기를 하는 의도는 분명해진다. 우리의 문화예술계, 좁게는 문단 또는 시단의 '고속도로'와 '국도'에 대해서 생각해 보자. 한때는 참여다 순수다, 노동이다 해체다, 주체사상이다 자본이다 하면서 문단의 들녘에 어줍잖은 허수아비를 세우고 법석을 떨었다. 또 무슨 패다 무슨 잡지다 하면서 문단의 논밭에 허수아비가 세워지곤 했다. 자기의 작품세계를 투철한 예술혼과 고뇌로 개척하면서 유명의 속도대로 운전해가야 할 시인들조차 이 허수아비의 허상에 놀라 속도를 줄이고 멈칫거리고 있는 것은 아닌가. 허수아비인 줄 뻔히 알면서도 그 논밭을 경작하는 주인의 눈치를 보고 비위를 맞추느라고 입 다물고 눈 감고 참새처럼 짹짹거리며 몰리고 쏠리고 있는 것은 아닌가. 정치 권력에만 권모술수가 있는 것이 아니다. 더 해독스러운 것은 인간의 정신과 영혼을 움직이는 예술의 터전에 허수아비의 술수가 극심한 폐해를 끼치고 있다는 데 있다. 이 땅의 무수한 시인들과 민첩한 비평가들이 스스로 가만히 생각해 보는 날이 하루라도 있다면 허위와 허상의 허수아비들이 어느 들녘, 어느 밭두둑에 서 있는지는 다 자명해지는 법이다. 그러나 그들은 대부분 단 하루도 스스로 가만히 생각해 보지 않으리라. 허수아비의 허세 때문에 이리저리 날아가는 참새들은 생각할 머리는 애당초 없고 그저 참새의 전망만이 있을 테니까.

사막의 꿈과 자지감자

1

그녀는 네 살 때의 꿈이 20년이 훨씬 지난 지금도 때때로 기억난다고 했다. 아니 기억만 나는 게 아니라, 그때 그 꿈을 요즘도 밤이면 다시 꿀 때가 있다고 했다. 그녀가 말하는 꿈의 장면은 너무나 아름답고 환상적이어서 정말 '한 폭의 그림 같다'라는 느낌이 저절로 든다. 정태적인 그림이 아니라 움직이는 그림, 말없는 무언(無言)의 경과이면서도 수많은 언어가 꿈의 모서리마다 스며 있는 한 폭의 그림과도 같은 그녀의 꿈이야기를 들으며 나는 알 수 없는 신비한 기분에 휩싸였다.

"사막이 끝없이 펼쳐져 있는데 모래의 빛깔이 주홍빛이에요. 사막이 일렁거리듯 움직이고 있는데 그 속으로 제가 빠져 들어가는 듯한 기분이 들어요. 사막에 제 모습이 등장하는 것도 아닌데, 사막의 꿈을 꾸면서 제가 사막 안으로 빨려 들어가는 듯한 기분이 드는 거예요. 그 꿈은 네 살 때부터 꾸기 시작했어요. 밤이면 두렵기도 하지만 한편으로는 초초하게 사막의 꿈을 기다리게도 돼요. 사막의 끝까지 따라가 보고 싶다는 생각이 들 때가 있어요. 사막의 꿈은 저에게 고통만이 아니라 자꾸만 자지러지는 듯한 희열을 가져다 주곤 해요. 사막을 한 번도 본 적이 없는데 꿈에 나타나는 사막의 붉은 모래의 빛깔과 전신이 빨려 들어가는 듯한 기분은 네 살 때나 지금이나 똑같아요. 주홍빛 사막으로 끝까지 가봐야겠다는 생각이 들어요."

그녀는 결혼한 지 1년도 채 안되는 신혼의 여인이다. 생필품의 가격이 치솟았다든지 아파트 청약예금에 들었다든지 하는 이야기가 아니라 인간이 살아가면서 아무도 모르게 꿈꾸며 가위 눌리는 이야기를 옛 선생 앞에서 담담하게 말하는 그녀가 마치 소설의 여주인공처럼 초현실적인 인물로 나에게 다가왔다. 이야기를 다 듣고 나서 내가 말했다.

"남편한테도 꿈 이야기를 했어요?"

"아뇨."

그녀의 대답은 아주 간결했다. 꿈꾸는 듯한 눈빛으로 나를 바라보며 말했다. 그러니까 나는 속성(俗性)에 근거하여 말했는데 그녀는 신성(神性)으로 내 언어를 수용한 셈이었다. 그녀의 간결한 대답을 들으며 나는 어쩐지 정신이 아득해졌다. 흔히 말하듯 깨가 쏟아지는 신혼의 방에도 이렇듯 남편과 아내가 건너지 못하는 사막이 가로놓여 있는가.

지난 해 나는 은혼(銀婚)을 맞았다. LA에 처제가 살고 있기도 해서 나들이 삼아 아내와 함께 미국여행을 다녀왔다. 그때 나는 아내와 이십 일 동안 스물다섯 번쯤 충돌했다. 모텔을 잡을 때도, 지도를 보고 길을 찾을 때도, 맥주를 마실 때도 아옹거렸다. 그랜드 캐년의 그 음흉스러운 저녁 나절 흩날리는 눈발 속에서 전망 좋은 객실로 방을 바꾸는 문제를 가지고도, 가타부타 언성이 높아지곤 했다. 서로 이해할 수 없는 남자와 여자가 25년 동안 함께 용케도 살아왔다는 생각이 들었다. 아주 사소한 것을 역사적 대사건인 듯 과대하게 생각하기도 하고 1달러를 아끼려고 반시간을 허비하기도 하는 아내를 보면서 나는 속이 끓었다. 아들 딸 낳고 잘 살면서, 25년 동안 무사고 운행으로 인생의 길을 달려와 이제 아늑한 휴게소에서 노을 비낀 산허리를 보며 평화에 잠길 만도 하건만, '이해할 수 없는 여자'를 아내로 둔 벌로 귀국하는 비행기 안에서는 완전히 녹초가 되어 잠에 곯아떨어졌다.

'나의 아내는 요즘 무슨 꿈을 꾸고 있을까. 나도 모르는 사이에 사막의 꿈이나 빙하의 꿈을 꾸고 있는 것은 아닐까.'

사막의 꿈을 꾸는 그녀의 이야기를 들으며 나는 문득 나의 아내가 생각났다. 남몰래 꾸는 그녀의 꿈이 신비할 뿐만 아니라, 아내와 남편과의 의사소통의 미로에 대한 여러 가지 층위를 내포하고 있었다. 누구에게도 쉽게 말하지 못하는 인간의 꿈을 저마다 지니고 살아가고 있는 비밀스러운 삶의 패러다임이 무섭다는 생각이 들었다.

나는 지금 나이 들어 어줍잖게 부부론(夫婦論)을 피력하는 게 아니다. 같은 집에서 같은 침대를 쓰며 살아가는 부부 사이에도 건너지 못하는 강과 사막이 무서울 만큼의 깊이와 광활함으로

김 은 자 (金恩子)
1948년 경남 충무 출생.
1975년 《한국일보》 신춘문예에 시 〈초설〉(初雪)이 당선되고 1981년에는 《동아일보》 신춘문예에 문학평론 〈꽃과 황금의 상상력 구조〉가 당선됨.
시집으로 《근심하는 나의 별에게》, 《떠도는 숨결》 등이 있음.

놓여 있다는 생각이 스스로 두렵기 때문에 자기고백의 의식을 스스로 치루고 있는 것이다. 은혼의 시간을 맞았는데도 나는 아내의 꿈은커녕 평소의 생각조차 전혀 이해 못하고 있는지도 모른다. 한때는 희떱게도 "서울 땅을 모두 주어도/바꿀 수 없는 아내,/내가 소실 몇 얻어도/울지 않을 아내,/착한 김은자"라고 시를 쓰기도 했었다. 지금 생각해 보니 나는 아내의 꿈의 궤적을 전혀 이해할 생각을 안 하고 그냥 혼자서 웃고 떠들었다는 생각이 든다. 혼자서 아내의 꿈까지도 이해하고 소유하고 있다고 믿고 있었는지도 모른다.

며칠 전에 읽은 이성부의 시에서 뜻밖에도 아내에 대한 넉넉하고도 담백한 자기고백을 접하게 되었다. 가까이 있는 '산'을 시침 뚝 떼고 아내에 비유하는 꾸밈없는 어조 속에 시인의 원숙함이 아름답게 표출되고 있다. '가까이에서 더 모르는 산'과 '내 것이면서 내가 잘 모르는 산'이야말로 아내의 신비스러운 모습이 아닐까. 아내에 대한 몰이해야말로 진정한 이해가 되는 것은 아닐까. 몰이해를 억지로 이해하려고 우격다짐을 하는 것은 '아내'의 신비한 시공간을 도외시하는 일이 된다. 보지도 못한 사막을 밤마다 꿈꾸는 '아내'의 불가사의한 몽상이 가장 아름다운 아내의 모습인지도 모른다.

가까이에 있는 산은
항상 아내 같다
바라보기만 해도 내 것이다

오르면 오를수록 재미있는 산
더 많이 변화를 감추고 있는 산
가까이에서 더 모르는 산
그래서 아내 같다
거기 언제나 그대로 있으므로
마음이 놓인다
어떤 날에는 성깔이 보이고
어떤 날에는 너그러워 눈물 난다
칼바위 등걸이나 벽이거나
매달린 나를 떠밀다가도
마침내 마침내 포근히 받아들이는 산

서울 거리 어디에서도
바라보기만 하면 가슴이 뛰는 산
내 것이면서 내가 잘 모르는 산

— 이성부, 〈삼각산〉

이 성 부 (李盛夫)
1942년 광주 출생.
1961년 《현대문학》에 시 〈소모의 밤〉, 〈백주〉, 〈열차〉가 추천되어 등단.
주요 시집으로 《백제행》, 《평야》, 《빈 산 뒤에 두고》 등이 있음.

베노이트 만델브로트(Benoit Mandelbrot)가 자연의 형상에 대하여 몽상과도 같은 관념의 유희를 즐기기 시작한 것은 1960년대부터였고 70년대 종반에 와서야 그는 프랙탈(fractal) 개념을 만들어냈다. 유클리드 기하학에서는 공간은 3차원이고, 평면은 2차원, 선은 1차원, 그리고 점은 0차원이지만 만델브로트는 0, 1, 2, 3차원을 초월하는 소수(小數) 차원까지 생각했다. 먼 거리에서 보면 실뭉치는 0차원인 하나의 점에 불과하지만 가까이에서 보면 실뭉치는 구(球)를 채우고 있는 3차원이며, 더욱 가까이에서 보면 꼬인 실은 선에 불과한 1차원 물체의 연속이 된다. 실뭉치를 가까이에서 보면 세 개의 숫자가 필요하지만, 더 가까이에서 보면 한 개의 숫자로 족하다. 즉 실 위의 어느 한 위치는 꼬인 실을 일직선으로 펼쳐 놓거나 또는 공속에 엉켜 놓거나 간에 유일무이하다. 실뭉치는 3차원이 기둥에서 1차원이 섬유로 분해되고 섬유는 또 0차원의 점으로 분해된다. 그러나 3차원에서 1차원으로 변화하는 분명한 경계는 없다. 차원전환의 이와 같은 모호성에서 만델브로트는 차원에 대한 새로운 사고를 얻어냈다. 즉 규칙적인 불규칙성, 불확실성의 확실성에 대한 것으로 자연의 기하학을 새로 정립하게 되었다.

각 변의 길이가 1피트인 정삼각형을 가지고 특수하면서도 잘 정의되고 쉽게 반복할 수 있는 법칙, 즉 '마음의 눈'으로 사물을 보는 프렉탈을 생각해 낸 것이다. 각 변을 삼등분하여 중앙의 1/3에 모양이 동일하며 한 변의 길이가 원래의 정삼각형 한 변의 1/3인 새로운 삼각형을 붙이면 그 모습은 '다윗의 별'(왼쪽에서 두번째 그림)이 된다. 즉 한 변이 4인치인 12개의 변이 생겨난다. 뾰족한 점은 3개에서 6개로 늘어난다. 12개의 각 변에서 중앙의 1/3에 더 작은 삼각형을 붙이는 변형을 계속해 나가면 변의 길이의 합은 3×4, 3×4, 3×4 …로 무한대가 되지만 그 면적은 원래 삼각형의 외접원의 면적보다 작다. 즉 무한히 긴 선이 유한한 면적을 둘러싸게 되는 이른바 코흐곡선(Koch curve)이 생겨난다.

유클리드 기하학의 단순한 1차원 선은 공간을 전혀 채우지

못하지만 유한한 면적에 무한한 길이를 가지게 되는 코흐 곡선은 공간을 채운다. 그것은 1차원 이상이지만 2차원 이하이다. 만델브로트는 소수 차원을 정확하게 계산하여 코흐곡선은 무한히 4/3로 늘어나는 1.2618차원이라고 정의했다.

불확실하게 보이는 자연의 모습을 규명하기 위한 과학자들이 이야기를 읽으며 나는 인간들의 보이지 않는 마음의 행로에 대하여 생각한다. 코흐 곡선처럼 무한하면서도 눈으로는 볼 수 없는 변형의 행로가 있을지도 모른다. 우리의 시야로는 어느 한 부분 또는 한 점만을 볼 수밖에 없다. 지금 서로 마주보며 살아가고 있는 우리들의 꿈과 상상은 '다윗의 별'의 12개의 변에서 시작되는 어느 점에서 비롯되고 있는 것인가. 주가의 등락폭의 곡선은 주기적으로 어떤 패턴이 있을 수 있지만, 인간들의 꿈과 상상력의 무한한 곡선은 유한한 시야와 시력만으로는 볼 수 없는 어느 순간의 한 점에 불과할지도 모른다. 붉은 사막의 꿈을 꾸며 그 꿈의 정체를 찾아나서고 싶다는 그녀는 코흐 곡선 어느 점에 위치해 있을까. 무한히 긴 선이 유한한 면적을 둘러싸는 코흐 곡선의 신비한 영원성 어느 지점에서 이 세상 아내들의 몽상은 비롯되는 것일까. 아내의 '이해할 수 없는' 몽상을 이해하게 되어 더이상 아옹다옹 싸우지 않아도 될 '마음의 눈'은 금혼(金婚) 때쯤에야 비로소 뜨게 되는 것일까.

유클리드 기하학의 차원으로 아내를 이해하려고 하면 안 된다. 만델브로트가 창안한 프랙탈 개념에 입각하여 코흐 곡선의 무한한 가능으로 이해해야만, '아내'도 비로소 '나' 앞에서 '마음의 눈'을 뜨게 될지도 모른다.

2

7월 초에 다시 중국에 다녀왔다. 몇 년 전 초행 때는 이국 풍경에 마음이 설레기도 해서 자금성이나 만리장성, 그리고 천안문광장을 둘러보며 대륙(大陸)과 반도(半島)의 지리적 개념과 의의를 뼈저리게 느끼면서 이토록 큰 국가가 바로 황해 바다 건너 엎드려 있었다는 사실이 새삼 놀라웠었다. 북경에서 비행기로 두 시간쯤 거리에 있는 연변 조선족 자치주의 연길에 내렸을 때는 갑자기 시야에 들어오는 30년대의 한국 농촌과 흡사한 풍경에 놀랐다. 내가 태어나기도 전인 30년대의 농촌풍경이 이태준이나 김유정의 소설의 한 장면인 듯 신기해 보였다. 그때 동행했던 다른 시인들도 그랬지만 나 역시 갑자기 애국자가 된 듯 분단의 비극을 가슴 아파했고 연변의 조선족이 중국에 사는 소수민족으로서의 중국인이라는 사실을 까맣게 잊고 오직 한핏줄 한겨레로서만 느껴져서 눈시울이 붉어지기도 했었다.

이번의 북경과 연길의 나들이는 요즘 흔히 있는 효도관광의 하나였다. 우리집은 4남 1녀인데 내가 막내이다. 위로 세 분의 형님과 한 분의 누나가 있는데 지난 봄 가족모임에서 장조카가 이번 여행을 제안하고 주선해서 이루어진 여행이다. 내 자식들은 아직 학생 신분이지만 큰 집, 작은 집의 조카들은 모두 취직을 해서 돈벌이를 한다. 일흔 살이 다 된 큰 형님 내외를 비롯한 우리 집안 식구 열 명이 왁자지껄하니 북경행 비행기에 올랐다.

두 번째 찾아간 중국은 한족이건 조선족이건 모두들 돈독이

이 태 준 (李泰俊, 1904~?)
호는 상허(尙虛). 인물 성격의 내관적(內觀的) 묘사로 토착적인 생활의 단면을 부각시켜 완결된 구성법(構成法)과 함께 한국 현대 소설의 기법적인 바탕을 이룩함. 해방 이후 월북함. 작품에 〈그림자〉, 〈가마귀〉, 〈복덕방〉, 〈밤길〉 등이 있음.

김 유 정 (金裕貞, 1908~37)
농촌 생활을 토속적이고 유머러스한 필치로 그려냄. 대표적 작품에 〈봄 · 봄〉, 〈동백꽃〉, 〈따라지〉 등이 있음.

오른 듯 한국 관광객들이 뿌리는 돈을 긁어 모으느라고 분주해 보였다. 연길의 조선족들에게 하루 3백여 명씩이나 찾아오는 한국 관광객은 더 이상 그리운 동포가 아니라 그들에게 상대적 좌절감과 열등감을 주는 필요악이 되어 있는 듯 했다. 떼를 지어 몰려와서 웅담과 녹용을 싹쓸이하고 안마사가 있는 사우나탕과 가라오케를 휩쓸고 하룻밤을 지낸 다음 갑자기 단군성조의 적자(嫡子)가 된 듯 백두산 천지를 향하여 우루루 몰려가는 한국 관광객들의 모습은 소수 만족으로서 한족(漢族) 사이에서 평생을 살아온 조선족들의 눈에 어떻게 비치고 있는 것일까.

연길에서 아침 여섯 시에 우리들은 소형버스를 타고 백두산을 향하여 출발하였다. 조양(朝陽)과 안도(安圖)를 지나서 신합(新合)과 양강진(兩江鎭) 그리고 이도백하(二道白河)를 지나 장백산(長白山) 입구에까지 이르는 동안에 나는 창 밖으로 펼쳐지는 농촌 풍경과 무성한 원시림을 하염없이 바라보았다. 시골 학교의 붉은 벽돌담에 〈尊師重教〉

라는 표어가 흰 페인트로 크게 쓰여 있는 모습이 아주 인상적이었다. 지금이야 빈곤에 시달리지만 이 엄청난 대륙의 인구가 모두 개화되어 문명화되는 날에는 우리의 반도는 너무나도 보잘것없는 공간이 될지도 모른다. 지금이야 개발독재로 일컬어지는 60~70년대의 역사적 유산으로 물질적 풍요를 누리고 있지만, 머지않아 중국대륙의 상혼이 세계를 지배하게 되는 날에는 우리는 고도의 기술과 민주적인 창의로 재무장하지 않으면 한 때의 풍요를 추억으로 간직하는 소국으로 전락할지도 모를 일이다. 나야 우리나라의 장래를 걱정할 만큼 애국자도 아니고 이렇다 할 경륜이 있는 것도 아니지만, 연길 시내를 횡행하는 한국 관광객들의 허풍끼있는 차림새를 보면서, 그리고 백두산 가는 길에 무한대로 펼쳐진 넓고 넓은 중국의 땅덩어리를 보면서 자꾸만 이러한 생각이 들었다.

한창 옥수수가 자라고 있는 들판의 한 켠에는 이제 막 감자꽃이 핀 감자밭이 넓게 펼쳐져 있었다. 그 중에서도 눈길을 끄는 것은 자줏빛 꽃이 막 피어난 자지(紫芝)감자밭이었다. 경상도에서 왔다는 할머니 한 분이 말했다.

"자지감자 보래이. 옛날 생각이 절로 난다야. 우리나라엔 자지감자 없어진 게 언젠고? 정말 여기는 조선땅 그대로다."

감자알이 기름하고 껍질은 푸른 자줏빛을 띠는 감자가 자지감자이다. 고향에서 농사를 짓는 둘째 형님에게 왜 자지감자가 없어졌느냐고 하니까, 재래종 자지감자는 수확도 적고 해서 이제는 다 사라져 버렸다고 한다. 똑같은 품종을 그대로 계속해서 심으면 점점 퇴화되어서 감자알이 작아지므로 신품종 개량을 해야 한다. 퇴화된 자지감자를 지력(地力)이 떨어진 땅에 심어 봐야 알도 자꾸 작아지고 병충해에도 약해서 아예 심으려는 농부가 없다고 한다.

흰감자보다 감자알이 길쭉한 것이 꼭 남자의 자지같이 생겼다는 할머니 말에 모두들 웃어버렸지만 내가 어릴 적 텃밭에서 본 자줏빛 꽃을 곱게 피운 자지감자의 모습이 그리운 추억처럼 눈 앞에 맴돌았다.

연길 기념품 상점에서 우연히 산 요령성 민족출판사에서 펴낸《圖們江》제1집에 실린 조선족 시인 리천록이 쓴〈백두산 기행〉을 비포장길을 덜컹거리며 달리는 버스에서 읽었다. 몇 년 전에 보았던 백두산 천지를 다시 떠올리며 조선족 시인의 눈에 비친 성산(聖山)의 모습이 자못 궁금해졌다.

> 우리는 도보로 백두산정에 오르기 시작했다. 이곳부터는 백두산의 岳樺林帶였다. 허리굽은 고산보리수밭에 백두 두견이 방긋 피어 있어 명산의 황홀경에 또 하나의 이채를 돋구어주고 있었다.
>
> 산정에 올라서니 맑고 푸른 천지가 한눈에 안겨들었다. 16기봉을 허리에 두르고 해와 구름과 하늘을 한 품에 안고서 세계의 동방에 호젓이 누워 있는 백두산 천지, 지상의 희로애락을 굽어보며 마음의 그 격정을 거세찬 폭포수로 쏟아붓는 백두산 천지, 실로 백두산 천지는 천하의 거울이요, 땅에 펼쳐진 하늘이 아닌가 싶다.
>
> 나는 백두산의 늪에 대해 천지라고 이름지은 것이 얼마나 신통한가를 새삼스레 깨달았다. 본시 시재가 없는 나였건만 천하절경

이 못견디게 충동질하여 즉석에서 시랍시고 한 수 읊었다.

구름우에 올라앉은 백두산천 굽어보니
거울같은 룡담수에 천산만악 비꼈구나
푸른 늪엔 푸른 정기, 흰산엔 흰넋이라
천하일경 어디 있나 다시 묻지 말어라.

시를 읊고 돌아서서 멀리를 바라보니 일망무제한 림해가 아득히 펼쳐있고 천산만악이 뉘연히 줄져 있어 저도 몰래 가슴이 탁 틔였다. 백두산에 처음 오르고 보니 신기한 것도 많은지라 나는 백두산에서 사냥과 채벌로 한생을 살아왔다는 염로인을 보고 봉우리 하나를 가리키며 물었다.

— 로인님, 저쪽 사람의 척추처럼 펼쳐나간 령을 무엇이라 부릅니까?

— 로예령이라 하네. 저 령을 척추에 비기는걸 보니 자네도 눈썰미가 괜찮은걸.

그러면서 로인은 나한테 백두산전설 한 토막을 들려주었다.

— 옛사람들은 백두산을 일컬어 우리 민족을 낳아기른 녀신이라고들 하였다네. 천지를 둘러싼 뭇봉우리는 백발이 성성한 녀신의 머리이고 방금 묻던 저 로예령은 녀신의 등뼈일세. 그리구 저 아래쪽에 볼록하게 솟은 내두산은 녀신의 유방이고 내두하는 그 젖줄기이며 칠성봉은 그의 자손들이라네. 흘러가는 저 뭇강들은 그의 피줄기요, 밀림의 나무들은 그의 모발일세. 그리구 땅에 묻힌 광물은 그의 오장륙부라네.

염로인의 이야기를 들으면서 백두산을 둘러보니 아닌게 아니라 女身의 형체를 방불케 하였다.

— 리천록, 〈백두산 기행〉

백두산의 일기가 워낙 변덕이 심하여 쾌청하다가도 이내 비바람이 불고 안개가 껴서 천지를 구경하지 못하는 경우가 허다하다는 말을 많이 들었지만, 이번에도 나는 맑게 개인 백두산 하늘과 짙푸른 천지를 볼 수 있었다.

백두산 천지(白頭山 天池)에 오르는 동안 발 아래 펼쳐진 운해(雲海)와 수해(樹海)는 역시 장관이었다. 수목한계선 지나 피어 있는 온갖 야생화의 모습도 정말 고왔다. 푸르르다 못해 무서움마저 일으켜 주는 천지의 물빛과 태고적부터 적막 속에 싸여 있던 산봉우리들이 하늘과 땅의 경계를 지우며 말없이 내 앞에 다시 나타났다. 백두산 천지 순례의 한나절이 눈깜짝할 사이에 지나가고 있었다. 그러나 나는 백두산이 단순한 여신의 척추나 유방이라는 생각보다는 모성적인 숭고한 사랑을 전해 주는 할머니의 쭈그러진 젖가슴과 주름진 이마같이 느껴졌다. 아직도 잔설이 남아있는 봉우리가 단군 할아버지의 흰 수염처럼 두렵기도 했다.

몇 년 전 백두산 천지를 다녀와서 나는 혼신의 힘을 기울여 시 한 편을 쓴 일이 있는데, 부끄러워서 차마 입을 열 수는 없으나, 그 시를 쓸 때 내 마음 속에는 먼 후일을 기약하는 간절한 희구가 있었다. 《동서문학》 1994년 겨울호에 발표했었는데 이 땅의 시 독자들은 이 시를 아는지 모르는지 궁금하다. 그래서 이 시를 생면부지의 독자들에게 다시 읽어주고 싶다. 국어사전과 고어사전을 수십 번 들춰보고 백두산에 자생하는 식물도감을 찾아서 야생화 이름과 나무 이름을 샅샅이 조사하고 새벽에 홀로 깨어 스스로 암송하며 운율을 다듬으면서, 신이 지핀 듯 쓰고 지우고 쓰고 또 지우고 한숨 쉬면서 쓴 작품이다. 이번에 백두산에 오르면서 나는 이 시를 다시 마음 속에서 읽고 또 읽으며 고쳐보려고 했으나 한 글자도 고치지 못했다.

1

하늘과 땅 사이가 너무 가까워 장백소나무 종비나무 자작나무 우거진 원시림 헤치고 백두산 천지에 오르는 순례의 한나절에 내 발길 내딛을 자리는 아예 없다 사스레나무도 바람에 넘어져 흰 살결이 시리고 자잘한 산꽃들이 하늘 가까이 기어가다 가까스로 뿌리 내린다 속손톱만한 하양 물매화 나비날개인듯 바람결에 날아가는 노랑 애기금매화 새색시의 연지빛 곤지처럼 수줍게 피어있는 두메자운이 나의 눈망울따라 야린 볼 붉히며 눈썹 날린다 무리를 지어 하늘 위로 고사리 손길 흔드는 산미나리아재비 구름국화 산매발톱도 이제 더 가까이 갈 수 없는 백두산 산마루를 나 홀로 이마에 받들면서 드센 바람 속으로 죄지은 듯 숨죽이며 발걸음 옮긴다

2

솟구쳐오른 백두산 멧부리들이 온뉘 동안 감싸안은 드넓은 천시가 눈앞에 나타나는 눈깜박할 사이 그 자리에서 나는 그냥 숨이

두메자운
홍자색(紅紫色) 꽃이 피고 12~30센티미터 정도까지 자란다. 꿀이 많아서 양봉 농가에 도움을 주는 여러해살이 풀이다. 꽃말은 '미인' 이다.

산미나리아재비
대개 군락을 이루어 자라며 7~8월에 노란색 꽃이 핀다. 40센티미터 정도까지 자라는데 독을 빼내고 나물로도 먹으며 한방 약재로도 쓴다. 꽃말은 '개구리 화원' 이다.

막힌다 하늘로 날아오르려는 백두산 그리메가 하늘보다 더 푸른 천지에 넉넉한 깃을 드리우고 메꽃은 우레소리 지나간 여름 한나절 아득한 옛 하늘이 내려와 머문 천지 앞에서 내 작은 몸뚱이는 한꺼번에 자취도 없다 내 어린 볼기에 푸른 손자국 남겨 첫 울음 울게 한 어머니의 어머니 쑥냄새 마늘냄새 삼베적삼 서늘한 손길로 손님이 든 내 뜨거운 이마 짚어주던 할머니의 할머니가 백두산 천지 앞에 무릎 꿇은 나를 하늘눈 뜨고 바라본다 백두산 멧부리가 누리의 첫 새벽 할아버지의 흰 나룻처럼 어렵고 두렵다

3

하늘과 땅 사이는 애초부터 없었다는 듯 천지가 그대로 하늘이 되고 구름결이 되어 백두산 산허리마다 까마득하게 푸른 하늘 구름바다 거느린다 화산암 돌가루가 하늘 아래로 자꾸만 부스러져 내리는 백두산 천지의 낭떠러지 위에서 나도 자잘한 꽃잎이 되어 아스라한 하늘 속으로 흩어져 날아간다 아기집에서 갓 태어난 아기처럼 혼자 울지도 젖을 빨지도 못한

다 온 가람 즈믄 뫼 비롯하는 백두산 그 하늘에 올라 마침내 바로 서지도 못하고 젖배 곯아 젖니도 제때 나지 못할 내 운명이 새삼 두려워 백두산 흰 멧부리 우러르며 얼음빛 푸른 천지 앞에 숨결도 잊은 채 무릎 꿇는다

— 〈白頭山 天池〉

정지용은 〈白鹿潭〉에서 한라산의 정상을 노래하였지만 나는 백두산의 '천지'에서 백두산의 높이를 시로 쓰고 싶었다. 〈白鹿潭〉의 화자인 '나'는 식민지 상황의 개인적 체험을 토로했지만, 나는 〈白頭山 天池〉에서 우리 민족 최초의 시공(時空) 앞에 몰입한 '나'를 꿈꾸었다.

산장에서 묵고 이튿날 용정의 대성중학교로 윤동주 기념관을 방문하고 곧바로 북조선과 마주하고 있는 두만강가의 도문(圖們)을 향하여 출발하였다. 옥수수밭과 자지감자밭이 끝없이 이어져 있었다. 자줏빛 꽃이 예쁘게 핀 자지감자밭은 보면 볼수록 아름다웠지만 그 아름다움의 공간이 관광객의 눈요기를 위한 꽃밭이 아니라 조선족이 땀흘리며 일하는 생존을 위한 노동의 공간이라는 생각이 떠올라 부끄러웠다.

이기영의 소설 〈두만강〉에 나오는 민초들의 후예들이 지금 도문의 국경지대에서 이제는 한국에서 온 관광객들에게 싸구려 기념품을 팔고 있다는 생각이 문득 들었다. 봉건주의의 압제와 식민치하의 수탈에서 뿌리 뽑혀 고향을 등지고 신천지를 찾아 두만강을 건넜던 〈두만강〉의 주인공들의 혼이 지금 두만강 어느 물굽이에서 탁류가 되어 흐르고 있을까. 유랑과 빈곤에서 벗

산매발톱

7～8월에 밝은 하늘색 꽃이 피는 미나리아재비과의 여러해살이 유독성 식물. 장백폭포의 폭포수가 떨어지는 벼랑 끝 화산암 난간에서 아침 이슬을 달고 햇살을 받아 피어나는 모습은 아름답기 그지없다. 차분히 고개 숙이고 매미의 날개 모양으로 짙은 하늘색의 꽃받침을 가지런히 접어 얌전한 모습이지만 꽃의 꿀주머니의 꼬부라진 모양은 앙칼진 매의 발가락이 병아리라도 낚아채는 듯이 매섭게 보이는 꽃이다. 이 때문에 매발톱이라고 부르게 되었다고 한다. 꽃말은 '위급'이다.

어나는 날을 기다리며 진정한 인간적인 해방을 꿈꾸면서 두만강을 건넜던 '씨동'이의 후예들은 지금 무엇을 생각하며 살아가고 있을까. 이미 퇴화되어 수확량이 줄어버린 탓에 한국에서는 이제 심지조차 않아 자취를 감춰 버린 자지감자처럼 중국 대륙의 모서리에서 가장 조선적인 특색만을 지닌 채 다만 '깃대종(種)'(flag species)의 구실밖에는 못하며 살아가고 있는 것은 아닐까.

서북편으로 멀리 보이는 백두산 줄기의 장엄한 밀림지대는 하늘가에 시커먼 선을 긋고 섰다. 장산의 높은 봉우리가 하얗게 눈에 덮인 것이 삼림 위로 아련히 드러나 보인다. 협곡에서 불어오는 강바람은 더욱 거세게 물어서 고지의 나뭇가지를 뒤흔든다.

"그만 돌아들 가거라!"

씨동이는 돌쳐서서 두 소녀를 보며 말한다.

"아니 난 저 밑에까지 길을 가르쳐 드릴 테요"

옥이는 오솔길을 타고 앞장을 서서 산

밑으로 내려간다.

"오빠! 그럼 잘 다녀오세요."

분이는 내려갈 생각을 하지 않고 산잔등에서 잔별인사를 하였다. 그것은 옥이가 씨동이를 좋아하는 눈치를 알아챘기 때문에……

"오냐! 넌 할머니와 어머니를 잘 모시고 아버지 시중을 잘 모아 드려라!"

"네……"

분이는 이렇게 대답하자 눈물이 글썽해서 치마 앞자락으로 얼굴을 가리우고 돌아선다.

씨동이는 발길을 돌리었다.

그가 산 밑으로 내려가서 강물을 가리켜주는 방향으로 건너가려 할 때였다. 옥이는 서운한 표정으로 작별인사를 하였다.

"분이 오빠! 잘 다녀와요. 언제쯤 돌아오시나요?"

"건 가봐야 알겠지만 될 수 있는대로 속히 올테야. 아버지두 앓으시구 하니……"

"그럼 안녕히……"

옥이는 공손히 머리를 숙인다.

"그럼 잘 있어!"

씨동이는 그 길로 돌쳐서서 강을 건너갔다.

두 소녀는 그 자리에 오도카니 섰다. 분이는 산 위에서, 옥이는 강가에서 — 씨동이가 두만강 격류를 무사히 건너갈 때까지 그들은 먼 빛으로 바라보고 있었다.

— 이기영, 〈두만강〉

볼품없는 두만강 너머로 보이는 북조선의 산하는 카메라 렌즈에 잡혀지는 무의미한 배경이 되어 있었다. 지형이나 산세만 표시된 채 지명은 표시되지 않은 하얀 암역지도(暗射地圖)처럼 북조선의 산하는 인적이 끊긴 채 텅 비어 있을 뿐이었다.

이 기 영 (李箕永, 1896~?)
호는 민촌(民村).
1924년 《개벽》지 현상 문예에 〈옵바의 비밀편지〉가 당선되어 문단에 데뷔함.
카프 동맹원으로 활동했고, 해방 이후 조선 프롤레타리아 문학동맹을 조직하고, 곧 월북함.
작품에 〈서화(鼠火)〉, 〈고향〉, 〈인간수업〉 등이 있다.

꿈같은 이야기와 깊은 나무

1

학교의 내 연구실에는 정확히 25년이 된 고물 선풍기가 하나 있다. 지금까지는 그런 대로 쓸모가 있었는데 이번 여름부터는 효용이 없어져버려서 안타깝다. 연구실에도 에어컨을 설치한 교수들이 많아서 학교에 나가는 날이면 내 연구실은 비워두고 이 방 저 방 시원한 방으로 돌아다니며 잡담을 하게 된다. 선풍기 틀어놓고 여름을 지내면서도 부지런히 책도 읽고 원고도 썼었는데 이제는 더위도 더위려니와 다른 교수 연구실에는 에어컨이 있다는 데서 오는 상대적 빈곤감 때문인지 여름방학 동안의 내 연구실은 그대로 폐문상태가 되어 있다.

결혼해서 첫 장만한 살림인 금성선풍기는 모양은 투박해도 그동안 고장 한 번 안 나서 아직까지 버리지 못하고 있다. 그런데 이젠 고물 선풍기 가지고는 여름을 나기가 어렵게 되었다.

나중에 딸을 시집 보낼 때 아빠 엄마가 처음 살림차렸을 때 장만한 그 선풍기를 기념품으로 주려고까지 했던 내 마음도 차츰 무너져 버린다.

더위에 시달리기는 집에서도 마찬가지였다. 이번 여름이 워낙 덥기도 하려니와 밤이면 애틀란타 올림픽 경기 중계방송을 보느라고 열대야 속에서 잠을 설치는 날이 비일비재하였다. 몇 년 전까지만 해도 내가 사는 아파트 맞은 편의 매봉산 나무숲 바람이 창문으로 불어 들어와서 아무리 덥다덥다 해도 그저 선풍기 틀어놓으면 여름을 지낼 만했지만, 이제는 더위를 견디는 데 한계가 닥쳤다는 생각이 든다. 날로 늘어만 가는 자동차의 배기가스와 집집마다 에어컨을 달고 뿜어내는 열기가 매봉산 나무숲 바람을 달구고 있으니까 아무리 더위를 견디려고 애를 써도 소용이 없다.

며칠 전에는 잠을 자다가 새벽에 깼는데 목덜미에 땀이 흥건했다. 아침이 되자 나는 곧바로 아크리스백화점으로 전화를 걸어서 위니아 에어컨을 할부로 살 궁리를 하고야 말았다. 부채 하나 들고 평상에서 지내는 여름밤이 아련히 추억처럼 그리워도 현대문명이 스스로 자초한 열대야 속에서야 나도 어쩔 수 없이 문명의 이기에 무릎 꿇을 수밖에는 별 도리가 없다. 도시의 숲은 거의 모두 주택지로 바뀌고 길이란 길도 모두 포장이 되어 여름의 뜨거운 열기를 흡수할 데가 없으니 불볕더위는 점점 기승을 부려서 사람들을 꼼짝 못하게 만들어 버린다.

금메달 집계로 각국의 순위를 매김하는 텔레비전의 중계방송도 짜증이 나고 또 금메달을 따고 나면 으레껏 축전을 치는 YS

의 얼굴이 나올 때마다, 열대야의 더위는 정말 짜증이 났다. 페널티킥과 코너킥도 구분 못하는 어휘능력을 가진 그가 우리 국민의 축하메시지를 독담하고 있다는 생각은 차츰 자기혐오감으로 바뀌고, 강풍 약풍에다 타이머까지 부착된 선풍기면 됐지 무슨 놈의 에어컨이냐고 스스로 다짐하던 건전한 시민정신이 흔들리면서, 소나타 Ⅲ도 할부로 샀는데 에어컨까지? 이런 생각이 고개를 들기 시작했다. 이봉주 선수가 마라톤 경기에서 아깝게 은메달을 땄을 때 금메달보다도 더 귀한 그의 스포츠정신에 반해버렸다. 은메달의 뜻은 단순히 2위라는 등위에서 끝나는 것이 아니라 좌절과 영광을 동시에 지니고 있는 값진 것이었다. 그가 금메달을 딴 흑인 선수를 실력있는 선수라고 축하하면서, 최선을 다했으므로 은메달에 만족한다는 취지의 소감을 말하는 인터뷰를 보면서 나는 더위도 잊고 힘껏 박수를 쳤다. 그가 결승점에 들어오는 장면이 방영될 때 나는 그의 삼촌이나 된 듯 흥겨웠지만 YS가 축전을 쳤다는 보도가 나오자 즉각 채널을 바꿔버렸다. 나는 땀을 흘리며 더운 서울을 증오하였다.

여름방학이면 더위에 짓눌려 살아갈 뿐만 아니라 어느 때보다도 심한 잡념에 시달리곤 한다. 적의를 숨기고 뻔뻔한 예의를 차리는 우리 문화계의 몹쓸 풍토가 새삼 나를 고문하기도 하고 백묵 잡으며 버티어 온 지나간 인생이 한낱 자기기만이며 허장성세였다는 자책감 때문에 괴롭고 부끄럽기도 하다. 한 학기 동안 이산가족처럼 다 흩어져서 생활하던 식구들이 방학이 되어 한 집에 모이면 둘러앉아 회희낙락할만도 하긴만 집안 공기는 무겁고 덥기만 하다. 우리집 구성원들은 각각의 주제와 플롯이다 다르기 때문에 가장(家長)인 나는 무더위 속에서 맥못추는 선풍기처럼 쓸모없는 존재가 되어 버렸는지도 모른다. 중국에서는 에어컨을 공조(空調)라고 부른다. 공기를 조절하는 것이니까 참으로 정확한 말이라는 생각이 들었다. 아무렴, 한 집안의 공기를 조절할 책임은 나에게 있으렷다. 이미 한국에서 가장이 부채 부치며 화문석 위에 목침 베고 누워서 뽐내던 권위는 사라진 지 오래고 이제는 선풍기 틀어놓고 지내며 집안을 온통 덥고 끈적끈적한 열기로 채워 놓은 채 위엄을 부릴 수도 없게 된 것이다.

작년 가을 나는 큰 마음 먹고 25만 원을 주고 중국제 접는 자전거를 한 대 산 일이 있다. 남들은 테니스를 한다 골프를 한다 하면서 운동을 하건만 나는 학생시절 이후 운동 한 번 한 일이 없이 잘 지내고 있다가 작년 가을에 탈장수술을 받은 다음부터는 건강에 적신호가 켜졌다. 그래서 궁리 끝에 접는 자전거를 사서 차에 싣고 다니며 동네 슈퍼마켓에 갈 때나 강변에 나갈 때 운동삼아 자전거를 타려고 마음먹었다. 그런데 아파트 근처에서 자전거를 타면 사람들이 이상한 눈초리로 보았다. 자전거 타는 내 모습을 본 아파트 경비원은 재미있다는 듯이 웃었다. 문제는 이웃들의 눈초리가 아니라 자전거 타이어가 일주일이 멀다하고 자꾸 바람이 빠지는 것이었다. 자전거를 타고 싶으면 자전거포를 찾아가서 펌프를 빌려서 바람을 넣어야 하는데 여간 성가시지 않았다. 길가에 잠깐 주차해 놓아도 주차 위반 딱지를 받기 십상이었다. 어느 날 송파구 쪽으로 자동차를 몰고 가다가 자전거포가 보여서 그 앞에 차를 세웠더니 구청에서 관리하는 도로변 유료주차공간이라며 관리인이 다가와서 주차딱지를 떼려고 했다. 그래서 나는 자전거 바람을 넣을 테니까 잠깐만 편리를 봐 달라고 했다. 그랬더니 제복을 입은 그 남자는 나를 이상하다는 듯 쳐다보더니 말했다.

"알았소. 그런데 아저씨, 그까짓 펌프를 하나 사면 되지 바람이 빠질 때마다 자전거포에 옵니까?"

나는 그 순간 깜짝 놀랐다. 그리고 나서 곰곰이 생각했다. 나는 자동차 트렁크에서 자전거를 꺼내려다가 말고 자전거포로 들어가서 펌프가 있느냐고 물었다.

"예, 만 원입니다."

"하나 주쇼."

나는 무슨 큰 횡재나 한 것처럼 두말 없이 만 원을 주고 펌프를 샀다.

자전거 펌프를 내가 직접 사다니! 정말 꿈같은 이야기다. 나는 그때 이렇게 생각했다. 어린 시절 우리 집엔 자전거도 없었지만 어쩌다 옆집 자전거를 얻어타다가 바퀴에 바람이 빠지면 면사무소가 있는 장터까지 힘겹게 끌고 가서 자전거포나 양조장집에 사정사정해서 펌프를 빌려 바람을 넣던 일이 떠올랐다. 그러니까 내 마음 속에는 자전거 펌프는 결코 살 수 없는 금기의 물건으로 무의식중에 자리잡고 있는 셈이었다. 고소를 금치 못하면서도 나를 속박하고 있는 무의식적 관습에 스스로 놀랐다. 목화 밭에서 딴 목화를 물레에 감아 실을 뽑아 뜬 무명양말을 신고 여름이면 베틀에서 짠 삼베로 만든 옷을 입고 자란 나는 요즘 컬러 TV다 컴퓨터다 하는 문명의 이기 앞에서 완전히 주눅이 든 상태였으니 정말 꿈에도 자전거 펌프를 살 생각이 나지 않는 것은 어쩌면 당연한 일인지도 몰랐다. 카페에서 술은 한번에 5만 원어치씩 마셔대고 자동차는 벌써 몇 대째나 바꾸면서도 어째서 자전거 펌프를 살 생각은 나지 않았던 것일까. 세상에 적응하지 못하고 늘 옛 방식에 얽매여 곧이곧대로 살아가는 '나'의 무지와 몽매를 새삼스럽게 깨닫게 되었다.

또 몇 년 전의 일이다. 연구실 전화가 교환에서 직통으로 바뀌고 나자 그 편리함이란 이루 말할 수가 없었다. 전화기는 부잣집이나 지체높은 집에만 있는 문명의 이기라는 고정관념으로 청춘을 보낸 나에게 아무 때나 수시로 외부와 통화할 수 있는 전화기가 내 연구실의 고유번호와 함께 생겼다는 것은 정말 꿈같은 이야기였다. 교환원을 통해서 전화를 걸 때는 생각하지 못했던 사사로운 잡담을 친구와 나눌 수도 있다는 것은 정말 신나는 일이었다. 연구실 전화기가 직통으로 바뀐 지 얼마 뒤에는 연구실마다 컴퓨터 통신망이 설치되었다. 아직도 수동식 타자기를 한 손가락으로 치면서 원고를 쓰는 나는 컴퓨터를 배울 엄두도 못 내고 있는데 컴퓨터 통신망에 개인 컴퓨터를 연결하면 연구실 책상에 앉아서 온갖 정보를 다 얻을 수 있다는 것이었다. 요즘이야 인터넷이다 홈쇼핑이다 하여 컴퓨터의 실생활화가 급속도로 이루어지고 있지만 아무튼 참으로 편리한 세상에 살고 있다는 생각이 들었다. 그런데 연구실 전화가 직통으로 바뀐 다음부터 웬일인지 잘못 걸려 오는 전화가 가끔씩 있어서 웃지 못할 일이 벌어지기도 했다.

어느 날 강의를 끝내고 연구실 문을 열고 막 들어서는데 전화벨이 울리고 있었다. 나는 어느 반가운 소식이 오나 보다 하고 얼른 수화기를 들었다. 그 때 수화기에서 들리는 목소리를 듣고 정말 놀랐다.

"비뇨기과죠?"

나는 기가 찼다. 아니라고 대답했더니 대뜸 욕지거리가 튀어나왔다. 그 순간 나는 알 수 없는 생애의 늪으로 빠져 들어가는 듯한 패배감을 느끼며 정신이 아득해졌다. 이것을 소재로 시 한 편을 쓴 것은 그 학기가 다 저물 때였다. 그때부터 편리하고 자랑스러웠던 연구실의 직통전화는 나를 놀라게 하며 적의를 번뜩이는 무서운 존재가 되어 버린 느낌이었다.

몇 년 전에 연구실 전화가 직통으로 바뀌었다
꿈같은 이야기다
올 학기초에는 연구실마다 컴퓨터 통신망이
설치되었다 정말 꿈같은 이야기다
버튼 하나 눌러서 중앙도서관의 논문을
편히 앉아서 뽑아볼 수도 있고
버튼 한두 개 두드려서
미국 의회도서관의 자료도 신청할 수 있다
연구실에 앉아서 모두 모두
뽑아볼 수 있다
그런데 나는 아직 컴퓨터를 못 샀다
컴퓨터 다루는 법을 듣기만 해도 겁이 난다
어릴 적 교장선생님이 되는 꿈을 꾸었을 때처럼

아주아주 신이 나지만 그러나 두렵다
연구실 전화가 직통으로 바뀐 다음부터
잘못 걸려오는 전화가 이따금 있다
대학부속병원이죠?
아닙니다 잘못 걸었습니다
대학병원 맞죠?
아뇨
오늘 2교시 창작론 연습시간 끝내고 왔을 때
연구실의 전화벨이 따르릉 울렸다
비뇨기과죠?
뭐요? 여긴 연구실인데요
비뇨기과 아니라구요?
글쎄 잘못 걸었다니까요
씨팔 비뇨기과 아닐리가 없는데
나는 전화를 끊었다
잠깐 생각에 잠겼다
어제 오후 옛사랑의 여자를 몰래 만나서
추억으로 흐려진 손을 잡고
낙엽진 가을 길을 걷고 있을 때
그 옛날 무모했던 나의 욕망이 또 일어섰다
나는 정말 부끄러웠다
옛사랑의 여자를 울리다가 지치면
밤거리에서 손쉬운 여자를 손목시계와 바꾸고
젊은 시절의 부끄러운 욕망은

비뇨기과 어두운 계단에서 무너졌다
나의 젊은 꿈은 실험대상이 되어
현미경 아래 유리판 위에서
알콜불에 숨을 거두었는데
그때의 꿈과 치욕을 아직도 다 버리지 못한
나의 슬픈 마음을 누가 다 알고 있다는 듯
저 멀리 어디서 누가
나의 연구실로 직통전화를 걸어서
비뇨기과죠? 비뇨기과죠?
이렇게 말하는 것일까?
가만히 앉아서 세상의 모든 자료를 뽑아보듯
전화벨 소리 저 너머에 누가 앉아서
나의 옛사랑의 모든 자료를 뽑아보는 것일까
정말 꿈같이 두려운 일이다
모두다 뽑아볼 수 있는 꿈은 싫다
생각나지 않는 꿈
꿈꿀 수 없는 꿈이면 좋겠다

— 〈꿈같은 이야기〉

이처럼 문명의 이기는 편리하면서도 또 엉뚱하게 인간의 슬기와 꿈을 기계의 부속품 쯤으로도 왜곡시키는 것은 아닐까. 모름지기 한 집안의 가장은 집안 공기를 조절할 수 있는 능력이 있어야 하거늘, 나는 선풍기면 됐지 무슨 놈의 에어컨이냐고 흰소리만 쳐온 셈이다. 에어컨을 사다가 거실에 놓으면 우리집에

꽉 찬 끈적끈적한 열대야의 공기를 시원하게 식혀주다가도 나도 까맣게 잊고 살아온 내 기억의 어느 모퉁이에 있는 '나'를 내 얼굴에 들여대며 또 주눅들게 하는 것은 아닐까. 인공지능 에어컨이 내가 나쁜 짓하고 돌아온 날에는 냄새나는 뜨거운 열기를 내 얼굴에 쏟아붓는 것은 아닐까.

2

백담사에서 열리는 시인학교에 참석하기 위해서 늦은 아침을 드는 둥 마는 둥 하고 집을 나섰다. 일행은 아침 일찍 전세버스 편으로 떠났지만 나는 자동차를 운전해서 산천구경 삼아 천천히 출발하기로 했다. 떠나기 전에 지도를 펴고 어느 길로 가는 게 한적할까 생각하다가 나는 남한산성 – 광주 – 곤지암 – 양평 – 횡성 – 홍천 – 인제로 가는 길을 골랐다. 설악산 한계령이나 미시령길은 여러 번 나다녔으므로 눈에 설지 않았지만, 8월 초가 피서철이었으니까 고속도로는 피해서 시골길을 일부러 골라서 가기로 한 것이었다. 생각대로 교통량은 많지도 적지도 않았다. 급할 것도 바쁠 것도 없었으므로 느긋하고 한가한 마음으로 운전을 할 수 있었다. 요즘 각 잡지사나 문화센터에서 여름마다 유행처럼 벌이고 있는 '시인학교'와는 달리, 주간을 맡은 K교수가 한용운 문학을 전공한 터라 특별히 '만해시인학교'라는 간판을 걸고 〈님의 침묵〉의 산실인 백담사에서 시인학교를 개설한 것이었는데 나보고 '좋은 시란 무엇인가'라는 제목으로

한 시간 강의를 해달라는 주문이었다.

좋은 시가 무엇인지 내가 어떻게 알까마는 K교수는 아마도 내가 '좋은 시가 아닌 시는 알아내는' 사람으로 보였는지, 여러 사람이 모인 곳에서 점잖은 이야기하는 것을 아주 싫어하는 내 성미를 잘 알면서도 이런 부탁을 한 것이었다. 내 이야기는 다음 날 오전에 하기로 되어 있었으므로 백담사에는 그날 안으로만 도착하면 되었기에, 가면서 휴게소마다 들려서 커피도 마시고 감자부침도 먹고 또 캔맥주도 마셨다. 쉬엄쉬엄 시속 60키로 정도의 속도로 운전해 가면서 무더운 여름 한낮의 드라이브를 내 딴에는 즐겼다. 휴게소에서 차를 마시면서 몇 년 전에 썼던 〈우주적 심상〉이라는 내 짧은 글을 다시 꺼내어 읽어보았다. 만해야말로 좋지 않은 시인은 아니다,라는 생각이 들기도 하고 〈님의 침묵〉이 과연 만해가 쓴 작품일까 하는 엉뚱한 생각도 들었다. 간드러지다 못해 색정에 목이 마른 듯한 이 끊임없는 만해의 어조는 무엇일까. 불가사의한 상상력과 마치 우주의 탄생을 증거하는 듯한 심상, 그리고 1920년대 당시는 물론 지금까지도 도저히 용납되고 이해될 수 없는 만해의 곡해(曲解)를 근저로 하는 사물에 대한 이해의 정체는 무엇일까.

흔히 만해시의 수사적 특징으로서 역설적인 화법으로 이룩된 변증법적 조화를 들게 된다. 님은 갔지만 나는 님을 보내지 아니하였다는 식의 문법이 도처에서 발견되는 〈님의 침묵〉의 수사는, 일단은 역설과 변증법적 조화라는 개념으로 쉽게 분석될 수 있는 것도 사실이다. "님만 님이 아니라 긔룬 것은 다 님이다"라는 시집 서두의 〈군말〉의 첫문장으로 '님'의 정체가 다시 제자리로 돌아온 다음에 필연적으로 당도하게 되는 만해시론의 궤적은 언제나 오리무중일 수밖에 없다.

〈거문고 탈 때〉에 나타난 심상은 〈님의 침묵〉 전체의 심상운동의 한 본보기에 해당한다. 불교에서는 움직이지 않는 고정체의 사물로서 대상을 인식하지 않고 끊임없이 움직이는 사건으로 이해한다. 이 작품에 나타나 있는 화자도 모든 사물을 끊임없이 유동하는 과정으로 보고 있다.

> 달 아래에서 거문고를 타기는 근심을 잊을까 함이러니 첨 곡조가 끝나기 전에 눈물이 앞을 가려서 밤은 바다가 되고 거문고 줄은 무지개가 됩니다
>
> 거문고 소리가 높았다가 가늘고 가늘다가 높을 때에 당신은 거문고 줄에서 그네를 뜁니다
>
> 마지막 소리가 바람을 따라서 느티나무 그늘로 사라질 때에 당신은 나를 힘없이 보면서 아득한 눈을 감습니다
>
> 아아 당신은 사라지는 거문고 소리를 따라서 아득한 눈을 감습니다
>
> — 한용운, 〈거문고 탈 때〉

'밤 – 바다'와 '거문고줄 – 무지개'의 변용은 시간과 공간, 존재와 형상의 비교를 통하여 끊임없이 움직이며 변화하는 우주의 진동을 그대로 보여주고 있다. 특히 거문고 소리의 고저 위에서 '그네를 타는 당신'은 〈님의 침묵〉에 흐르는 보이지 않는 영원한 기조를 이루는 대상이 된다. 그러나 그 대상은 자연인의

상식이나 논리로는 도착할 수 없는 신비한 시적 성격일 뿐, 거기에 다가갈 수도 만져볼 수도 없다. 그는 말하자면 우주적 무도(舞蹈)를 추고 있는 불가시적 대상이다.

높은 에너지의 우주선(宇宙線)들이 지구의 대기에 부딪힐 때 공기와 충돌하며 새로운 입자들이 탄생하고 이 새로운 입자들은 다시 충돌하여 붕괴되며 또 새로운 입자들이 탄생한다고 한다. 끊임없는 에너지의 유동이 창조와 붕괴의 율동적인 무도를 통하여 다양한 모형을 만드는 것과도 같이 〈거문고 탈 때〉의 '당신'은 생성과 소멸의 순환을 겪는다. 거문고 줄이 무지개가 된다는 것은 지상의 것이 천상의 것으로 치환되는 일차적 변용 방식을 거쳐서 변하지 않는 대상이 가장 손쉽게 생성 소멸하는 대상으로 바뀌었다는 데 그 의의가 있다. 사라지는 것, 없어지는 것을 통하여 있는 것과 생겨나는 것을 더 극명하게 노래하고 있는 이 작품의 '무지개 그네를 타는 당신'은 거문고 소리가 들릴 때만 현현되는 우주의 작은 존재이다.

이와 같은 만해의 시적 상상력은 〈님의 침묵〉에 나타난 모든 작품에서 반복된다고 해도 과언이 아니다. 흔히 님의 부재를 통한 세계 인식이 만해의 시의식이라고 한다면 지금 시 속에는 언제나 님이 부재중이어야 하겠지만, 시에는 오히려 언제나 님이 존재한다. 물론 그 님은 나의 몸 속에 온존하는 것이 아니라 거문고 줄에서 그네를 타면서 존재한다. 시인이 그리워하는 '님'은 오히려 우주의 음악과 별을 낳는 생산자의 이름이다. '님'은 우주의 중심이며 근원이 된다. 그러므로 '님'은 짝이 있을 수 없고 언제나 독자적인 존재이며 '님'과 대등하다고 생각

프리초프 카프라(Fritjof Capra)
빈 대학교에서 물리학 박사 학위를 받은 후, 유럽의 여러 대학에서 물리학 교수로 있다가 미국에 건너가 캘리포니아 대학의 교직에 있으면서 '로렌스 버클리 연구'(Lawrence Berkeley Laboratory)에서 오랫동안 소립자 연구를 계속하였다. 그는 대학에 있으면서도 동양사상과 물리학을 비교하는 많은 강연과 논문을 발표하였고, 그 스스로 동양적 명상 수련을 실천하였다.

하며 한없이 기다리는 '나'는 언제나 '님'의 그림자에 지나지 않는다. 그러므로 〈님의 침묵〉의 구성에는 지엽적인 존재가 중심을 향하여 움직이는 과정이 잘 나타나 있다고 할 수 있다. 우주의 음악과 별을 탄생시키는 '님'은 힌두교의 무도의 신 시바(Shiva)의 심상과도 일치한다. 모든 생명은 탄생과 소멸, 죽음과 재생의 거대한 율동적인 과정의 한 부분이다. 끊임없는 윤회를 상징하는 시바의 무도는 이 우주의 진리를 나타내 준다.

카프라(F. Capra)가 〈현대물리학과 동양사상〉이라는 글에서 무도의 신 시바가 춤을 추는 동안에 지속되는 현상들에 대하여 다음과 같이 말했는데, 만해의 불가사의한 어조와 심상의 생성과정을 빗대어 놓은 것과도 같은 느낌이 든다.

> 물질 또한 그의 주위를 둘러싸고 영광스러운 모습을 나타내며 춤을 추고 있다. 시바는 춤을 추면서 자연의 다종다양한 현상들을 지속시킨다. 시간이 다하면 그

는 여전히 춤을 추면서 불로써 모든 형상과 명칭들을 소멸시키고 새로운 휴식을 주고 있다. 이것은 시이면서도 과학이다.

만해시에 나오는 '님'은 거대한 우주의 한복판에 존재하면서 모든 것을 다스리는 절대자로 형상화되고 있다. 불교적인 윤회사상이나 색(色)과 공(空)의 핵심에 자리잡고 앉아서, 바람도 없는 공중에 수직의 파문을 내면서 떨어지는 오동잎같이 현상계의 관습적인 시각을 가진 이들을 혼란에 빠뜨린다.

그러나 그 반복을 되풀이해서 읽다 보면 비로소 '님'의 정체는 우주의 한 중심에서 끊임없이 무도를 계속하면서 모든 대상에게 각각의 명칭을 부여했다가는 또 즉각 소멸시키는 절대자라는 것을 알고 새삼 놀라게 된다. 이러한 전율을 겪은 이야말로 〈님의 침묵〉에 나와있는 '침묵의 소리'에 귀기울일 수 있게 된다. '님'을 향하여 한결같은 속도로 모든 명칭과 모든 지엽적인 존재들이 움직이며 춤추는 우주의 틀을 옮겨 놓고 있는 것이 〈님의 침묵〉이다.

만해시를 일단 이렇게 이해하자고 마음 먹은 것이 벌써 몇 년 전인데, 지금와서 또 생각해 보면 이해가 아니라 곡해에 지나지 않는다는 생각도 얼핏 든다. 아주 틀리지는 않았지만 그렇다고 완전히 맞아 떨어지지도 않는, 이 수수께끼 같은, 사물을 구부러뜨리고 비틀고 거꾸로 보며 억지를 부리는 만해시의 정체를 놓고 깊은 생각에 잠겨본다.

위상기하학(位相幾何學, Topology)은 모양이나 크기가 아닌 형태와 형태 사이의 관계를 연구하여 구부리거나 늘여당기거나

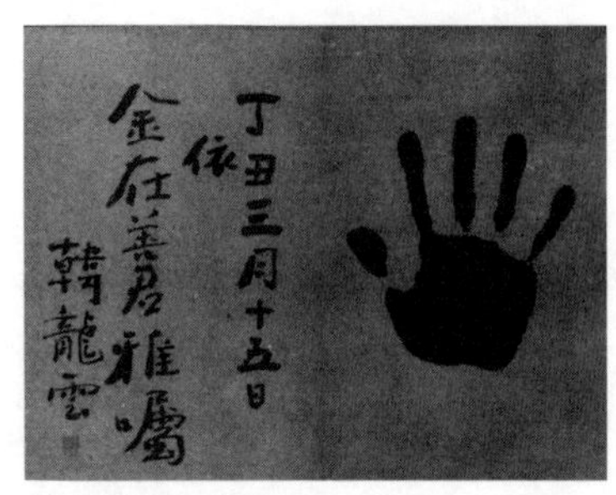

만해선생의 손바닥과 필적

비트는 경우와 같이 물체의 형태가 어떠한 모습으로 계속 변화하고 있음에도 불구하고 여전히 불변인 기하학적 요소를 찾아내는 학문이다. 즉 구(球)란 무수한 점(点)의 집합체이므로 이론적으로는 구면(球面)의 한 쪽으로부터 그 맞은 쪽을 향하여 계속 힘을 가하면 겉과 속이 뒤바뀐 또다른 종류의 구체를 만들 수 있다. 물론 이 경우에는 구면의 소재를 잘게 부수거나 갈갈이 찢지 않고 대상 물체를 변화시켜야 하는데, 라이얼 왓슨(Lyall Watson)은 《생명조류》(生命潮流, Life-tide)라는 아주 재미있는 책에서 베니스(Venice)에서 만난 다섯 살짜리 소녀가 테니스볼을 만지작거리다가 눈 깜짝할 사이에 양말 뒤집듯이 구면의 겉과 속을 치환하는 광경을 자세히 이야기하고 있다. 소녀의 크고 검은 두 눈은 항상 주위의 사람들을 당황하게 할 만큼 무엇인가를 뚫어지게 쳐다보고 있다. 마치 바라보기 위해서 이 세상에 태어난 것 같은 느낌을 주는 소녀는 눈길 닿는 것마다 하나하나 분해하여 각 부분들을 속속들이 파악한 뒤 장차 쓸모있는 요소들만을 차곡차곡 정리 보관한 다음 다시 내면세계로 몰입해 들어가는 일을 반복한다. 라이얼 왓슨은 비술(秘術, occult)에 관한 연구로 권위를 인정받은 학자였는데, 다섯 살짜리 소녀가 연노랑색을 띤 곡면 위로 봉합선이 보기좋게 드러나 있는 털복숭이

볼을 가만히 응시하며 쓰다듬다가, 포도주병의 코르크 마개를 뽑을 때 나는 안으로 잦아드는 듯한 흡입음이 들리는 순간 테니스 볼의 모습을 변환시키는 광경을 보았던 것이다. 테니스 볼은 완전히 구면의 겉과 속이 뒤바뀌어져 있었다. 겉과 속이 뒤바뀐 볼은 압축공기에 의하여 탱탱하게 부풀어 있고 여느 공처럼 잘 튀어올랐다. 나이프로 공을 찌르자 압축공기가 빠져나오고 거죽의 희미한 봉합선을 따라 잘라 보았더니 그 속에는 보통의 테니스 볼의 표면과 똑같은 털복숭이 고무바탕이 있었다.

꽃도 없는 깊은 나무에 푸른 이끼를 거쳐서 옛 塔위의 고요한 하늘을 스치는 알 수 없는 향기는 누구의 입김입니까

— 한용운, 〈알 수 없어요〉에서

만해가 이렇게 내설악 백담사에서 노래한 것은, 백담사 주위에 하늘을 찌를 듯한 기세로 서 있는 소나무와 전나무숲을 보통 사람들의 시각으로 바라본 것이 아니라, 상수리 가지와 똑같은 높이에서 지상을 내려다 보았기에 가능한 비술이다. 높다란 나무가 아니라 '깊은 나무'가 되는 이 마법과도 같은 시적 인식은 테니스 볼의 겉과 속을 순식간에 뒤집어 놓음으로서 테니스 볼이라는 현실을 직시한 소녀의 능력과도 상통한다. 시각적인 인습에 전혀 물들어 있지 않은 인디언이 그린 곰 그림은 그 피부와 골격, 내장, 주위의 정황등이 두루 묘사되어 있고 오스트레일리아 원주민들의 물고기 그림도 X레이와도 같은 시각으로 그려져 있다고 한다. 만해는 깊은 산중에서 사물을 볼 때마

다 그 내면을 직시함으로써, 표현되어진 현실이 실제의 현실 자체는 결코 아니라는 점을 테니스 볼을 뒤집어버리는 다섯 살짜리 소녀처럼 한 순간에 밝혀 냈는지도 모른다. 색이 공이 되고 공이 색이 되는 이 기막힌 언어의 모순 속에 자신의 영혼을 순간적으로 던져넣은 것이었다.

우리가 관찰할 수 있는 우주(cosmos)는 반경이 약 130억 광년으로 대폭발(Big bang) 이후 지금도 은하계는 사자자리를 향하여 시속 130만 마일로 팽창해 가고 있다. 우리가 지금 길들여져 있는 세계는 우주의 차원에서 보면 결코 길들여질 수 없는 상황과 운명에 놓여 있다. 코스모스의 모든 내용물이 전방향으로 확산되고 있으므로 까마득한 옛날에는 이 내용물 모두가 서로 밀착되어 있었을 것이다. 그러므로 대폭발이 시작된 150억 년 전의 우주는 하나의 점이었다. 테니스볼의 겉과 속을 간단하게 치환하는 소녀나 '깊은 나무'의 푸른 이끼를 보는 만해의 상상력은 우주가 팽창하기 직전의 한 순간의 고요 속에서 절대적 적막에 귀 기울일 수 있고 무서운 속도로 팽창하는 우주의 전체적인 공간을 투시할 수 있는 능력 때문에 획득되었는지도 모른다.

백담사에 도착하여 참가한 시인들과 인사를 나누고 저녁이 되자 손전등을 들고 계곡으로 나가서 옷을 훌훌 벗고 알몸으로 계곡의 차가운 물에 몸을 씻었다. 계곡 건너 숲 속에 있는 백담산장으로 가서 밤 늦게까지 술을 마시고 돌아오는 어두운 숲길에서도 만해의 굴절된 시적 상상력의 마술에 대하여 문득문득 생각해 보았다. 이튿날 오전에 좋은 시란 무엇인가에 대하여 허풍 섞어서 50분쯤 이야기했다. 만해나 미당의 시를 이야기하면서 어린 아이의 시선을 회복하는 길이 시의 유일무이한 방법이라고 한 다음, 전기밥솥에 쌀을 앉히는 주부도 밥솥 속의 낟알이 되어 밥솥이라는 현실과 가정이라는 세계를 바라볼 수 있어야만 '밥'이라는 시를 잘 쓰는 좋은 시인이 된다고 말했더니 경청하던 '시인학교'의 나이든 학생들이 까르르 웃었다.

그날 오후 늦게 몇 사람의 시인이 뒤늦게 도착했다. 그때 송수권을 처음 만났다. 인사만 하고 별다른 이야기도 나누지 않았지만 남도에 사는 시인은 참 행복하다는 생각이 문득 들었다. 남도 시인의 시에는 아주 아무렇지도 않은 듯 휘청거리는 가락이 있고 입술 앙다무는 시치미도 있으며 삼베 적삼 적시는 땀과 눈물이 배어난다. 송수권의 시에서는 특히 남도의 기쁨과 슬픔 그리고 이 한반도의 설움까지가 아주 잘 정제된 심상과 율조로 살아서 숨쉰다. 그래서인지 그를 처음 만났는데도 처음 만난 것 같지가 않았다. 기억을 더듬어 보니 벌써 오래전에 내가 어느 시 잡지의 시월평에서 〈등꽃 아래서〉를 언급하면서 굉장한 시작 연륜을 쌓은 것으로 보인다고 한 적이 있다. 일상의 사소한 이야기를 다루면서도 초탈감이 그 밑바닥에 깔려 있다는 인상을 토로한 적이 있는데 그 후 그의 시를 지속적으로 읽으면서 그 초탈감 속에는 단순한 허무나 비애가 아니라 생에 대한 따뜻한 애정과 무엇보다도 우리말의 살결을 곱게 하는 각고의 노력이 배어 있음을 알게 되었다.

그의 데뷔작인 〈山門에 기대어〉를 처음 본 20년 전에는 의고체(擬古體)인 듯한 언어가 어쩐지 서정주나 박재삼의 어조와 맞

송 수 권 (宋秀權)
1940년 전남 고흥 출생.
1975년 《문학사상》 신인상에 시 〈산문에 기대어〉 외 4편이 당선되어 등단.
주요 시집으로 《산문에 기대어》, 《꿈꾸는 섬》 등이 있음.

닿아 있다는 생각이었는데 이제 그는 우리나라의 숲과 새들처럼 가까운 이웃에게 사랑받는 가장 빼어난 서정시인이 되어 내 앞에 나타났다. 〈지리산 뻐꾹새〉나 〈우리나라의 숲과 새들〉 또는 〈한국의 江〉이나 〈燃臂〉 같은 작품이 지니는 광활한 시적 상상력은 '며느리밥풀꽃'과 같은 세밀한 정서와 조화를 이루면서 절정의 수준에 이르고 있다.

그의 〈燃臂〉라는 작품을 백담사의 곡차 한 잔 마시듯 기쁜 마음으로 읽어 보고 싶다. '연비'는 불교에서 수행자들이 계를 받고 나서 팔뚝에 불을 놓아 문신처럼 자국을 내는 의식을 말하는데, 시 전편을 흐르는 시정신의 고매함과 치열함이 유난히도 처절하고 아름답다. 그야말로 뜨거운 연비 몇 방울처럼!

木魚가 울 때마다 물고기들의 싱싱한 비늘이 떨어지고
雲板이 자지러질 때마다 날짐승들마저 숨죽이며 날았다

어떤 침묵 하나가 이 세상을 여행 와서 더 큰 침묵 하나를
데리고 그림자처럼 지난다
문득 희나리의 불꽃더미 속에서 祖室 스님의 흰 팔뚝
하나가 불쑥 떠올라왔다. 그 흰 팔뚝에서 아롱진
연비 몇 방울이 생살로 타면서
얼음에 갇힌 꽃잎처럼 나의 감각을 흔들었다

사람이 죽으면 하늘로 가 구름 되고 비가 되어
칠칠한 숲을 기르는 물이 되고 햇빛 되는 걸까
그후, 나는 고개를 꺾으며 못된 습에 걸려
무심히 핀 들꽃, 날아가는 새에서도
조실의 흰 팔뚝을 떠올리며 어린애처럼 자주 길을 잃고
헛기침 끝에 온몸을 떨었다.

아니다, 아니다, 祖室은 가지 않았다
어떤 믿음의 확신 하나가 이 세상에 다시 와서
나는 참으로 몹쓸 病을 꿈에서도 앓았다
눈보라치는 섣달 겨울 어느 날, 그의 방문을 열다가
평상시와 다름없이 웃목에 놓인 매화분의 등그럭에서
빨간 꽃망울 몇 개가 벌고 있음을 보았다
뜨거운 연비 몇 방울이 바야흐로 겨울 하늘에서 녹아 흘러
꽃들은 피고 있었다.

— 송수권, 〈燃臂〉

뙤약볕 같은 놋쇠 요령과 저울눈

1

미당 서정주(未堂 徐廷柱) 선생의 오랜 시력과 빛나는 시적 고도는 이제 살아있는 전설과 고전이 되었으므로 새삼스럽게 논의할 것도 없을성 싶다. 나야 그 분의 문하에서 시를 배운 것도 아니어서 평소에 그저 먼 빛에서 모셔온 입장이지만, 미당의 시를 읽을 때마다 참으로 기막힌 작품이라는 경탄은 좀체로 마다할 수 없다. 학교에서 시를 이야기할 때도 무심결에 예로 드는 시인이 늘 미당이다. 소월(素月)과 지용(芝溶), 그리고 만해(萬海)야 이미 저승 쪽으로 주소를 옮긴 시인이지만, 귀신 곡할 만큼 신비로운 작품을 쓰는 미당은 지금 오존농도가 심한 서울의 하늘 아래서 숨쉬고 있으면서 현대시사(現代詩史)의 가장 중요한 본문(本文)을 지금 이 시간에도 작성하고 있는 것이다.

80년대 학생운동의 탁류가 대학을 그대로 삼켜버릴 것 같았

예이츠(William Butler Yeats, 1865~1939)
아일랜드의 시인, 극작가. 아일랜드의 자연과, 거기에 출몰하는 그 시대의 모습을 그리면서, 그것을 사상(事象)으로 받아들여 시적 명상에 따라 거기에 비장된 새로운 의미를 지적, 작품화했다. 1923년에 노벨문학상을 수상.

던 때도 나는 미당의 시를 강의실에서 변함없이 이야기했다. 시를 공부하는 시간에는 '시' 그 자체에만 입각해야 한다는 이야기를 되풀이 하니까 나를 아예 현실을 외면한 교수로 오해하는 모양이었다.

"선생님. 지금 다른 대학 강의실에서는 미당시를 별로 다루지 않는답니다."

물론 그 학생의 말은 민중이다 해방이다 하는 당시로서는 유행병처럼 번지던 시류를 외면하고 소월과 지용, 그리고 미당의 탁월한 서정시만을 중시하는 나를 근심해 주는 말이었다. 나는 웃으면서 말했다.

"너희들이 좋아하는 아무 아무 시인들의 작품은 그 시정신의 치열성은 의의가 있다손 치더라도 대자보의 격문과 다를 게 없다. 미당의 시에는 우리 민족의 한숨과 눈물이 배어 있고 하늘과 땅의 빛깔이 스며 있다. 미당은 이미 애란의 국민시인인 예이츠의 수준을 능가한 살아 있는 고전이다."

그러나 학생들은 내 말을 곧이 듣지 않는 모양이었다. 그래서 나는 학교에서 늘 외로웠다. 시 비평을 전문적으로 한다는 사람들도 미당의 시세계가 지니는 큰 힘을 외면하고 그때그때 시단의 유행에만 영합할 뿐이었다. 시인의 현실적인 족적과 시적 성취를 불가분의 관계로 파악하는 입장만이 필요 이상으로 강조되어 우리의 시문학사 전체를 오직 하나의 잣대로서 재단하는 저의에는 또 다른 독재의 유혹과 배척의 본능이 자리잡고 있는지도 모르는 일이었다.

미당의 시를 읽으면 내가 한국인이라는 게 늘 자랑스럽다. 신라와 백제, 그리고 고려와 조선의 피가 흐르고 있을 나의 약한 가슴이 정말로 따뜻해져온다. 20년 전 쯤일까, 미당의 시를 읽다가 뜻을 알 수 없는 어휘에 부딪혔다. 방언 사전을 찾아봐도 되련만 나는 전화번호를 찾아서 미당에게 전화를 걸었다. 시 애독자라고만 말했다.

"〈西風賦〉에 나오는 '개가죽 방구'가 무슨 뜻인지요?"

"풍물 놀 때 땅바닥에 놓고 치는 커다란 북 모르는가? 개가죽으로 만든 북일세."

생면부지의 독자가 당돌하게 묻는 말에 미당은 간밤에 잠을 설쳤는지 가래소리가 섞인 목소리로 대답했다.

그때 나는 대학 조교수였지만 전화를 끊고 나서 어린애처럼 가슴이 한동안 뛰었다.

'나도 미당선생과 전화를 했다!'

미당시에 대한 비평과 논문이 수도 없이 많지만 미당시의 핵심을 꿰뚫고 있는 것은 의외로 찾기 어려운 것 같다. '미당'이라는 이름에 억눌려서 옥이나 수정처럼 빛나는 미당시에 덧칠을 해놓은 것도 있고 또 미당시의 본질은 꿰뚫지 못하고 역사의식을 거론하며 왜곡시킨 것도 있다.

언젠가 나는 미당의 《질마재신화》를 꼼꼼히 읽다가 〈上歌手의 노래〉에 나오는 '뙤약볕 같은 놋쇠 요령' 소리를 듣고 '똥오줌 항아리'를 본 다음 미당 시의 핵심이 바로 이 작품에 숨어있다는 생각이 들었다.

질마재 上歌手의 노랫소리는 답답하면 열 두 발 상무를 젓고, 따분하면 어께에 고깔쓴 중을 세우고, 또 喪輿면 喪輿머리에 뙤약볕 같은 놋쇠 요령 흔들며, 이승과 저승에 뻗쳤습니다.

그렇지만, 그 소리를 안 하는 어느 아침에 보니까 上歌手는 뒤깐 똥오줌 항아리에서 똥오줌 거름을 옮겨 내고 있었는데요. 왜, 거, 있지않아, 하늘의 별과 달도 언제나 잘 비치는 우리네 똥오줌 항아리, 비가 오나 눈이 오나 지붕도 앗세 작파해 버린 우리네 그 참 재미있는 똥오줌 항아리, 거길 明鏡으로 해 망건 밑에 염발질을 열심히 하고 서 있었습니다. 망건 밑으로 흘러내린 머리털들을 망건 속으로 보기좋게 밀어 넣어 올리는 쇠뿔 염발질을 점잔하게 하고 있어요.

明鏡도 이만큼은 특별나고 기름져서 이승 저승에 두루 무성하던 그 노랫소리는 나온 것 아닐까요?

— 서정주, 〈上歌手의 노래〉

천지창조신화에서 똥은 이 산천을 만들어 낸 신의 거대한 배설물로서 신성한 것으로 등장하고 있다. 이 시에서 '뙤약볕 같은 놋쇠 요령' 이라는 절묘한 비유와 '똥오줌 항아리' 가 내포하고 있는 시적 의미는 현대시사에서 그 유래를 찾을 수 없는 가장 탁월한 심상이다. 뙤약볕 같은 놋쇠 요령! 이러한 심상은 시각적이니 청각적이니 하는 구분을 초월하여 그야말로 뙤약볕처럼 따갑고 맑고 영롱한 울림을 전해 줄 뿐만 아니라 이승과 저승의 기호를 통합하는 절대적인 시적 요소가 된다.

'똥오줌 항아리' 를 '명경' (明鏡)으로 치환하는 시인의 비유는 바로 우리 민족의 세계 인식 방법을 가장 단적으로 함유하고 있다. 똥오줌 항아리에 하늘의 별과 달이 항상 잘 비친다는 표현에서 알 수 있듯 우리 민족은 천상의 세계를 바로 우리들 인간의 배설물이 고여 비와 눈이 그대로 섞인 항아리를 통하여 인식하였던 것이다. 똥오줌 항아리를 밝은 거울로 삼아 염발질을 하는 질마재 상가수의 얼굴이 별과 달과 더불어 '똥오줌 항아리' 에 비친다는 것은 우주와 인간이 하나가 되어 영원한 탄생의 모태를 이루는 모성심상의 좋은 본보기가 되는 것이다.

상가수의 노랫소리와 요령소리는 이승과 저승을 넘나드는 우주적 통합의 심상이 된다. 미당시가 지니고 있는 정서가 편협되고 폐쇄적인 닫힌 정서가 아니라 민족정서에 뿌리내리고 있는 열린 정서로서의 민족혼을 형상화하고 있음을 알 수 있다. 이러한 비유의 특성이야말로 미당시가 지닌 민족시적 형질이자 또한 세계적인 수준을 반증하는 것이라고 할 수 있다. 그러므로 이 시에서의 '뙤약볕 같은 놋쇠 요령' 과 '똥오줌 항아리' 는 별과 달과 비와 눈을 포함하고 있는 신화적인 요령이며 항아리라고 할 수 있다. 그리고 이승과 저승을 넘나드는 노래소리는 우리 민족의 가장 원형적인 시적 어조요 율조라고 할 수 있다.

이와 같이 미당의 시세계는 '할머니'(〈할머니의 인상〉)가 지닌 원초적 비유에서 우러나는 대모성(大母性)의 심상으로부터 '누님'(〈국화옆에서〉)의 비유가 함유하고 있는 현존적 모성의 심상, 그리고 '눈썹'(〈冬天〉)의 비유가 지니고 있는 초월적 모성의 심상이 정치한 비유 방식에 의하여 순환되면서 궁극적으로는 '똥오줌 항아리=별과 달과 비와 눈'이라는 우주적 심상으로 승화하고 있다. 상가수의 노랫소리가 그대로 이승과 저승에 가득한 민족시의 영원한 모성심상으로 자리잡게 되는 것이다.

《질마재 신화》의 시편들이 다 그렇듯이 미당시에는 애시당초 시 속에 잘 응축된 '이야기'들이 알게 모르게 스며 있다. 고도의 비유와 율조에 의존하면서도 시의 구조는 늘 일종의 서사적 짜임을 바탕으로 하는 경우가 많다. 초기의 〈自畵像〉이나 〈문둥이〉에서부터 이야기 시로서의 특징이 배어있는데, 이러한 이야기는 어린이의 단순명료한 시선과 또 신화와 전설의 틀을 통하여 시치미 뚝 떼고 형상화되고 있다. 특히 어린이의 순진무구한 시선과 장난기, 그리고 천진스러움이 듬뿍 배여있는 시일수록 미당시의 중심에 자리잡고 있다. 가을 들녘의 정경을 도화지에 연필화 그리듯 아주 간결하게 형상화시킨 다음의 작품을 보면, 어린이(童子)를 가리켜 하늘과 내통하여 한 무리가 되는 것(與天爲徒)이라고 한 옛 성인의 말씀이 문득 생각난다. 〈가을의 벼논〉에 나타난 바와 같이, 시의 본질에 아무런 꾸밈이나 격식도 없이 그냥 투신하는 시인의 기막힌 솜씨를 보면 미당이 시를 쓸 때 얼마나 '천진한 어린이'가 되었는가를 잘 알 수 있다.

가을 논에서
노랗게 여문 볏모개들이
"좀 무겁다"고 머리 숙이면
"좋지 뭘 그렇냐!"고
메뚜기들은 톡톡
튀기며 날고,

그 메뚜기들의
튀어나는 힘의 등쌀에
논고랑의 새끼붕어들은
후다닥딱
헤엄쳐 다니고,

그게 저게 좋아서
논바닥의 참게들이
고욤나무밑 논둑까지
엉금엉금 기어나가면,

— 서정주, 〈가을의 벼논〉

이 시를 알고 있는 독자들의 눈에는 지금 ?가 반딧불처럼 깜박일 게다. 시를 인용하면서 왜 ""얼씨구 절씨구 지화자자 좋다"고/농군 아저씨는 어느 사인지/열두 발 상무를 단 패랭이를 쓰고서/그 기인 열두 발의 상무를/하늘에다 대고 마구잡이로 내어젓는다"로 된 마지막 4연은 끊어냈느냐고 분개하는 사람도 있을 법하다. 그러나 나는 미당의 〈가을의 벼논〉은 위의 1, 2, 3연으로 그 작품으로서의 황금분할적인 아름다움이 완벽하게 성취되었다고 믿고 싶다. 나의 이러한 말을 다른 사람은 다 못 알아들어도 아마 미당만은 알아듣고 빙긋 웃을지도 모른다. 물론 〈冬天〉이 왜 더할 수 없이 완벽한 작품인가를 이해할 수 있는 사람도 나의 뜻을 알 수 있을 것이다.

〈가을의 벼논〉에는 가을 들녘의 넉넉하고 평화롭고 따스한 느낌은 물론이려니와 식물과 동물의 천진스러운 문답을 통하여 드러내 보인 우리 민족의 따뜻한 정서와 자연을 바라보는 알맞은 높이의 시선이 잘 나타나 있다. 머리 숙인 벼이삭, 톡톡 튀는 메뚜기, 달아나는 새끼 붕어, 엉금엉금 기어가는 참게가 눈에 잡힐 듯, 살갗이 간지러워질 듯, 손가락이 미끈미끈해질 듯, 손바닥 안에서 뭔가 꼼지락거릴 듯 생동하고 있다. 이제 처음으로 크레용을 손에 잡고 흰 도화지 위에 엄마 몰래 그림을 그리는 어린 아이의 티없는 손자욱이 묻어나는 이 작품은 미당 시의 가장 중요한 틀과 짜임새로 자리잡고 있다.

2

시작품의 비의(秘義)를 정확무비하게 꿰뚫어 보는 비평가를 꼽으라고 하면 나는 언제나 주저없이 김종길(金宗吉) 시인을 든다. 내가 영문과 학생이었을 때의 잊을 수 없는 스승이기도 한 그 분은 옆사람이 주눅들 정도로 언제나 시작품이 숨기고 있는 오묘한 비밀, 그 작품을 쓴 시인마저도 의식하지 못하고 있는 시적 의미를 정확한 유추와 직감으로 밝혀 내곤 하였다. 내가 그의 글을 통하여 이해하고 공감하는 것은 비단 우리 한국시뿐만이 아니었다. T. S. 엘리엇이나 W. B. 예이츠나 딜런 토머스의 시작품도 사실은 김종길 선생을 통하여 이해하였기 때문에 간혹 다른 이가 번역하고 해석해 놓은 것을 볼 때면 시작품이나 시적 담론이라기보다는 영문학의 문화적 배경론이거나 영어 어휘의 난삽한 번역같이 느껴지기도 했었다.

아주 가난했던 대학시절의 영시강의 시간은 과연 문학으로 내 인생의 뜻을 세우느냐 마느냐 하는 기로에 선 나를 아주 혹독하게 시인의 길로 나서게 해 주었지만 나의 시재가 선생의 기대를 간신히 채운 것은 대학 3학년이던 1967년 중앙일보 신춘문예에 〈純銀이 빛나는 이 아침에〉가 당선되고부터였다. 그 후 대학을 졸업하고 1년 후에 대학원 국문과로 진학하여 현대시를 전공하게 되었지만 시보다는 소설을 더 쓰게 되면서부터는 알게 모르게 세파에 밀려 옛 스승과 만나는 일이 뜸해지고 말았다.

《現代詩》 동인지에 이따금 몇 편씩 시를 발표하는 것 말고는 고의적으로 시를 멀리하면서 내 핏속에 숨어 있는 시의 악령을 저주하기도 했다. 오직 나의 꿈은 시인이 되는 것이라고 굳게 믿고 있던 청년시인인 내 눈에 비친 당시의 시단의 모습은 실망과 허탈뿐이었다. 시를 하나의 신앙처럼 떠받들고 있던 내 눈에는 한국의 시인이라는 이름이 내가 꿈꾸던 신비롭고 아름다운 것이 아니었다. 오히려 노동이 확연히 요구되는 소설 쪽의

엘리엇(Thomas Sterns Eliot, 1888~1965)
미국에서 태어나 영국에 귀화한 시인 · 비평가. 자기 자신을 문학적으로는 고전주의자, 정치적으로는 왕당파, 종교적으로는 영국 국교도로 규정하였음. 대표적 작품에 시 〈황무지〉, 시극(詩劇) 〈칵테일 파티〉, 시론(詩論) 〈비평론집〉 등이 있음. 1948년 노벨 문학상을 받음.

모습이 훨씬 솔직하게 나를 사로잡았다. 시를 전혀 모르거나 또 아예 선천적인 사시안(斜視眼)으로 시를 난도질하는 사람들이 드나드는 시단을 보면서 나는 차라리 내가 시인이라는 사실에 혐오감을 느낄 때도 있었다. 그러나 내 피와 살 속에는 악마처럼 시의 귀신이 달라붙어서 좀체로 떨어져 나갈 기미를 보이지 않았다. 나는 시가 무서웠다. 그래서 1973년 나의 첫 시집을 자비로 낸 다음부터는 시를 발표할 생각마저 버렸다.

그러나 어린 소년시절부터 나의 영혼을 사로잡았던 '시'를 아주 버릴 수는 없었다. 강의노트 한 구석에 시를 써놓기도 하고 시험 감독하면서 답안지에다 시를 쓰기도 했지만 곧 찢어버리기가 일쑤였고 그래도 남는 놈들은 서랍 속에 묻어 두었다. 그 후 오랜 세월이 흐른 다음 다시 또 한 두 권의 시집을 내면서 나는 탕아가 고향에 돌아온 듯 시 속으로 차츰 파묻히게 되었다. 시단의 풍경이 바뀌어서가 아니라, 세상의 혼탁한 모습조차도 모두 용납하고 '시'와 더불어 살면서 홀로 견디기로 한 것이었다. 그 무렵 이상하게도 '시'가 자꾸 나를 흔들어 깨웠다. 소설이다 강의다 논문이다 하면서도 내 정신의 핵심에는 언제나 '시'가 있었음을 스스로 자백할 수밖에 없었다. 몇 년 전부터 이제 힘에 겨워 소설을 좀 쉬게 되면서 시가 자꾸만 씌어지는 희한한 체험을 하게 되었다.

나는 지금 어줍잖게 '나'의 문학적 자서전을 쓰려는 것은 아니다. '나'와 '시', 이 숙명적인 관계 속에는 언제나 김종길 선생이 알게 모르게 개입되어 있다는 점을 말하고 싶은 것이다. 그의 시분석의 통찰력은 현대문학사가 시작된 이래 아무도 뒤따를 자가 없다. 최재서나 김기림도 아니다. 아무아무개 씨나 모모 교수가 그 옆이나 뒤쯤 어디에 있을까. 솔직히 말해서 나는 그가 지닌 유교적 가치관이나 강직함에 불편을 느끼면서도 그가 김소월과 이육사의 시세계를 엿보면서 현대시의 비의를 정확히 다는 저울눈을 지니고 있다는 사실을 언제나 부러워하였다. 언젠가는 그 저울을 내가 차지할 날이 올지 모른다는 생각도 남몰래 가슴 속에 지니고 있었다. 그러나 그냥 술이나 좋아하는 게으른 시인으로 무심한 옛 제자로 지내다 보니 선생은 어느새 정년퇴직을 하고 나도 반백이 되어, 어차피 나의 꿍꿍이 속이 죽도 밥도 안된 느낌을 지울 수 없게 되었다.

어느 날 인사동 카페에서, 이제 한적한 마음으로 인생과 문학의 노을빛을 받고 있는 김종길 시인을 만났을 때, 옛 스승에 대한 반가움보다는 시의 비의를 밝히는 신비한 저울의 주인에 대한 외경심이 앞섰다.

딜런 토머스
(Dylan Marlais Thomas, 1914~53)
영국의 시인. 삶과 죽음, 성(性)과 사랑을 주제로 삼아 풍부한 상상력과 참신한 이미지로 특이한 시재(詩才)를 발휘함. 시집 《18편의 시》, 《사랑의 지도》, 《죽음과 인구》 등이 있음.

"이젠 연로하셨으니까 섬세한 저울 눈이 얼마쯤 흐려졌을지도 모른다."

나는 그날 맥주를 마시면서 이렇게 생각했다.

《현대시학》 편집실 바로 옆에 있는 카페에서 천양희와 정진규, 그리고 박의상과 함께 술이나 마시며 시화(詩話)를 나누기로 된 날이었는데 거기에서 뜻밖에 옛 스승을 만난 것이었다. 별다른 약속이 있는 것도 아닌 듯한, 스님이 절간을 나서서 그냥 부도(浮屠) 옆에 서서 저녁연기 피어 오르는 사하촌(寺下村)을 바라보듯 시인들이 드나드는 인사동 골목을 고즈넉이 바라보는 듯했다. 나를 만나자 이육사의 〈광야〉에 대한 이야기를 했다. 〈광야〉의 기본적인 해석을 국문학 교수들조차 제대로 하지 못하고 있다는 점을 새삼 강조하는 어조에서 그 옛날 강의실의 목소리를 다시 듣는 듯했다.

"까마득한 날에/하늘이 처음 열리고/어데 닭 우는 소리 들렸으랴"를 '어디에서도 닭 우는 소리가 들리지 않았다'로 해석하는 것은 잘못된 것이고, 이것은 '어디선가 닭 우는 소리가 들렸으리라'로 해석해야 한다는 그의 이론은 이미 오래 전에 발표된 이육사론에서 제기된 것이어서 새삼스러운 것이 아니었지만, 아주 진지하게 당신의 지론을 강조하였다. 그는 이번 여름 어느 잡지의 '한국의 민족시인'이라는 특집에서 다시 이 문제를 명확하게 거론하고 있다.

> 내가 생각하기에 흔히 잘못 읽혀지고 있는 것은 특히 이 작품의 셋째 행과 끝 연의 첫 행이다. 즉 '어데 닭 우는 소리 들렸으랴'를 닭이 울지 않았다고 읽는 것과 '다시 천고의 뒤에'는 조국의 해방을 내다 보는 것으로는 너무 아득하다고 보는 읽기가 그것이다. 이 두 가지 오독은 어형(語形)과 어의(語義)에 너무 얽매인 데에 기인하고 있지만 한편 작품 전체의 시적 의미에 대한 이해가 부족한 데에도 그 원인이 있다.
>
> 첫째, '어데 닭 우는 소리 들렸으랴'의 '…으랴'라는 종결형은 '…을까'와 같은 어형을 보이고 있는 것이 사실이다. 게다가 이 문장의 첫머리에는 '어데'라는 강조하는 부사까지 곁들여 있어 이 문장만을 떼어놓고 보면 '어디 닭 우는 소리 들렸겠느냐'라는 이른바 수사적 의문으로 읽혀지기 십상이다. 그렇다면 이 문장의 뜻은 '닭 우는 소리는 절대로 들리지 않았다'는 것이 된다.
>
> 그러나 이 행을 그렇게 읽으면 이 작품의 첫 연은 논리적으로나 운율적으로나 어주에 있어서 우스꽝스러울 정도로 부자연스러워진다. 그것은 '까마득한 날에/하늘이 처음 열리는' 천지개벽의 순간에 닭이 울지 않았다는 사실을 갑작스럽게 강조하기 때문이다. 그렇게 읽는 분들은 천지개벽의 순간에 닭은 없었을 터이

최 재 서 (崔載瑞, 1908~64)
호는 석경우(石耕牛).
1934년부터 문학 평론을 시작, 종래의 경향(傾向) 문학 비평이나 인상주의적 비평에 대하여 주지주의적(主知主義的)인 비평을 시도했음. 셰익스피어 연구에 공이 컸음. 저서에 《문학원론》, 《셰익스피어 예술론》, 《문학과 지성》 등이 있고, 역서에 《아메리카의 비극》, 《주홍글씨》, 《햄릿》, 《포 단편집》이 있음.

니까. 그 순간의 정적을 나타내기 위하여, 또는 이 작품에 있어서의 '광야'는 신성한 공간이기 때문에라고 자기들의 읽기를 정당화한다.

일견 논리적으로 보이는 이러한 해석은 너무나 사실의 차원에 얽매인 것에 불과하다. 이 첫 연과 작품 전체의 운율과 어조를 섬세하게 저울질할 때 그 행은 '어데선가 닭 우는 소리가 들렸으리라'라고 읽는 것이 훨씬 더 자연스러운 읽기가 된다. 닭 울음소리는 우리에게는 꼭두새벽을 알리는 신호이기 때문에 천지개벽의 순간에도 어디선가 닭 울음소리가 들렸으리라고 생각하는 것이 자연스럽고도 아름다운 시적 상상이다.

둘째, '다시 천고의 뒤에'가 민족의 해방을 위해 싸워 온 이 시인으로서는 뜻밖의 소리를 하는 것처럼 생각하는 것도 너무 사실의 차원에 얽매인 읽기이다. 이 작품은 직접 조국의 해방을 염원하는 작품이라기보다는 한 혁명가의 원대한 이상을 유구한 시간과 공간 속에 설정한 작품이다. 따라서 하늘이 처음 열리던 '까마득한' 과거에 대해 '천고의 뒤'는 까마득한 미래를 가리킬 뿐 조국의 광복과는 직접적인 관련은 없을 것이다.

그러므로 '광야'는 매우 역동적이면서도 스케일이 큰 작품이며 육사의 상상력이 최고도로 발휘된 작품이다. 그리고 그것은 한 혁명가 시인이 자기의 이념 내지 이상을 가장 숭고하게 표현한 최후의 작품, 이른바 '백조의 노래(swan song)'이다.

주제가 무엇인가를 놓고 설왕설래하는 비평이나 시인의 전기적 사실에 대한 평가가 작품 평가보다 웃도는 비평이 대부분인 오늘의 실정에서 본다면 시 해석의 논의를 아주 미시적 수준으로 이끌어 가고 있다는 점에서 이러한 해석방법은 매우 값지다고 할 수 있다. 특히 대강대강 돼지고기의 근수를 다는 식으로 시의 의미를 꼬누는 요즘의 시단 사정을 염두에 둔다면 더욱 그러하다. 시의 가장 신비하고 섬세한 부분을 바르게 해석하기 위하여 고심하는 면모가 잘 나타나고 있는 글로서 재삼 음미해 볼 만하지 않은가. '작품 전체의 운율과 어조를 섬세하게 저울질' 하면서, 천지개벽의 순간에도 어디선가 닭 우는 소리가 들렸으리라고 해석하는 그의 분석력 앞에서는 전혀 다른 말이 용납되지 않는다.

그러나 이 글은 이미 오래 전부터의 지론을 다시 정리한 것이니까, 아마 지금쯤은 이렇게 날카로운 비평의식은 이제 기의 사라졌을지도 모른다는 생각도 한편으로 들었다. 이제는 연로하니까 시 해석을 하다가도 좀 옆길로 빠지고 연세에 걸맞게 눈빛이 흐려지기를 은연중에 바라는 마음이 나에게 있었는지도

김 기 림 (金起林, 1908~?)
호는 편석촌(片石村). 우리 나라에서 최초로 한국적 모더니즘 문학 운동을 선언, 그 이론에 입각한 시의 시도를 꾀했음. 6 · 25 사변 때 납북됨. 시집으로 《바다와 나비》, 시론집으로 《시의 이해》, 《시론》 등이 있음.

천 양 희 (千良姬)
1942년 부산 출생. 1965년 《현대문학》에 〈화음〉, 〈아침〉이 추천완료되어 등단. 주요 시집으로 《신이 우리에게 묻는다면》, 《마음의 수수밭》, 《사람 그리운 도시》 등이 있음.

모른다. 그래야만 옛 제자인 '나'가 나서서 그를 일으켜 세울 수 있을 테니까. 그러나 나는 이번 가을에 미당 서정주 특집이 실린 어느 잡지에서 그의 글을 읽고 깜짝 놀랐다. 시의 운율과 어조는 물론 그 안에 숨어 있는 원형적 심상까지 섬세한 저울로 달아 올리는 글이었다. 내가 그를 일으켜 세우기는 커녕 그는 아직도 그야말로 천부적이랄 수밖에 없는 정확무비한 저울추를 저울대 끝에 매달고 늠름하기만 했다.

미당의 〈映山紅〉이 은유적 사고와는 관계 없는 인과관계의 형식을 취하고 있음을 지적하면서, '소금발이 쓰려서/우는 갈매기'가 사실과는 무관하지만 필연과도 같은 시적 진실과 그것을 매개한 시인의 상상력에 경탄하게 된다고 한 후, 그는 '갈매기'가 '기러기'였더라면 더 효과적이었을 것이라고 했다. 왜냐하면 갈매기보다 더 높이 날으는 기러기의 울음이 '소금발'과 관련됨으로써 그 관계 설정은 더욱 대담해지고 오묘해질 수 있을 법하기 때문이라고 했다. 이 작품에서 '갈매기'는 '슬픈 소실댁'의 비유적 심상이라는 점을 생각한다면, '기러기'라는 말이 생소하게 들릴 수도 있을 터이다. 그러나 시비평가이면서 동시에 시인이기도 한 그는 작품이 지닌 모습을 있는 그대로만 조명하는 것이 아니라 그것을 다시 빚어서 더 밝은 광채를 내게 하기 위한 새로운 비평 방식을 지향할 수도 있는 것이다.

이보다도 더욱 명확하게 원형적인 이미지는 1946년 6월 20일 저녁 종로 YMCA에서 열린 '청년문학가협회' 주최의 '문학의 밤'에서 낭독되고 같은 달에 나온 《신문학》에 처음 활자화된 〈견우의 노래〉에 보이는 '검은 암소'이다.

눈섭 같은 반달이 중천에 걸리는
七月 七夕이 도라오기까지는,

검은 암소를 나는 먹이고
織女여, 그대는 비단을 짜ㅎ세.

여기 보이는 '검은 암소'가 원형적 이미지임은 노자(老子)의 《도덕경》(道德經) 〈설덕〉(說德) 편에 나오는 불멸의 생명이요 천지의 근본인 '현빈'(玄牝; 검은 암컷)이 원형적 이미지임과 같다. 설사 미당이 노자의 원형을 빌어서 썼다 하더라도 그것은 적어도 동아시아 문화권에서는 원형적 이미지임에는 틀림이 없다. 게다가 견우와 직녀 전설의 신화적 맥락 속에서 견우가 먹일 소로는 소 가운데서 가장 아름답고도 신비로운 검은 암소가 가장 어울리는 것이다. 만약 그 문맥 속에 그것 대신 '누른 황소'를 두어 본다면 시적 효과는 반감할 것이다. 그 문맥 가운데서 '검은 암소'를 선택한 것도 시인이 의식해서가 아니라 무의식으로 이루어진 것이다. 이처럼 의식과 무의식을 넘나드는 미당의 시재(詩才)는 거의 타고난 것으로 보인다.

언뜻 보아 아무렇지도 않게 보이는 〈검은 암소〉 한 마리가 날카롭게 원형적 심상으로 그 실체를 규명당하자마자 이 작품의 가장 지배적인 요소로 떠오르고 있다. 견우가 먹이는 암소가 천지창조의 모성적 심상으로 살아나 그 빛나는 검정털을 달빛 아래 반짝이고 있지 않은가. 시인의 타고난 시재(詩才)를 알아 보고 그것을 섬세하게 분석하여 실체를 밝혀내는 김종길 시인의 녹슬지 않는 '시의 저울'은 너무도 눈부셔서 그 크기와 무게를 헤아릴 길 없다.

정 진 규 (鄭鎭圭)
1939년 경기도 안성 출생.
1960년 《동아일보》 신춘문예에 시 〈나팔서정〉이 당선.
주요 시집으로 《마른 수수깡의 평화》, 《매달려 있음의 세상》, 《몸시》 등이 있음.

박 의 상 (朴義祥)
1943년 만주 출생.
1964년 《서울신문》 신춘문예에 시 〈인상〉이 당선되어 등단.
주요 시집으로 《금주에 온 비》, 《바위는 저의 깃을 가로막는다》, 《내 안에 사랑이》 등이 있음.

3

'창작론연습' 강의가 개설되는 2학기에는 내 마음이 어느 때보다도 평화롭다. 나이도 잊은 채 철부지 학생처럼 즐겁다. 학기 초가 되면 벌써 오래 전부터 만들어 오고 있는 '창작론연습 공책'의 앞 부분 몇 쪽을 복사하여 학생들에게 나누어 주고 이런저런 이야기를 두서없이 하면서 1주일을 보낸다. 그 다음에는 학생들에게 작품을 한 편씩 내게 하여 시간마다 강평을 하는 시간을 갖는다. 그럴 때면 나는 담배도 피워 물고 학생들 이야기를 듣다가 내가 끼여들 자리가 생기면 한두 마디 해주기도 한다. 강의하다가 커피 생각이 나면 학생을 시켜서 밀크커피를 한 잔 뽑아오게도 한다.

이번 주에는 〈슬픔은 등뼈에서 흐르고〉라는 어느 여학생의 작품을 발표시켰다.

> 우리의 희망은 어디에서 오는가
> 태양의 쓴 가루를 입안에 가득 털어놓고
> 미지근한 물 같은 낮잠을 삼킨다

시를 쓴 여학생이 시작동기를 말했다. 치열한 정신으로 삶을 영위하는 게 아니라 그냥저냥 하루하루를 보낸 날들에 대한 자기반성과 고뇌를 시로 표현했다고 이야기하자 어느 남학생이 질문을 했다.

"나는 〈슬픔은 등뼈에서 흐르고〉라는 제목을 보고 정말로 병원신세를 진 체험에서 쓴 것으로 알았는데 뜻밖이다. 정말 등뼈가 아파서 쓴 게 아닌가?"

학생들이 와 웃었고 그 웃음이 끝나자 내가 담배를 피워 물며 끼여들었다.

"작품을 쓴 학생이나 질문한 학생이나 다 맞는 말이다. 시에 표현된 의미는 '시' 그 자체이고 또 그것을 독자가 최종적으로 어떻게 받아들이냐에 있으니까."

다른 학생들이 한두 마디씩 질문을 하고 나자 그 남학생이 또 짓궂게 말했다.

"왜 '태양의 쓴 가루를 입안에 가득 털어넣고'라는 특이한 표현을 했는가?"

시를 쓴 여학생이 아주 난처하다는 듯 얼굴을 붉혔다. 별걸 다 묻는다는 표정도 보였고, 자기가 한 표현이 수준 이하임을 지적받았다는 듯한 당황한 빛도 보였다.

"그동안 나는 '햇빛'에 대하여 여러가지 표현을 생각해 본 적이 있다. 가령 '햇빛이 살갗에 박힌다'는 등도 내가 가진 노트 속에는 있는데, 이것도 그 중의 하나일 뿐 별다른 의도는 없다.

이 쯤이 되면 내가 끼여들 때가 되었다. 제법 쓸 만한 시적 표현을 한 학생도 그러한 표현이 지향하는 시적 의미가 무엇인지를 모르는 경우도 많은 것이다. 마치 솜털이 보송보송한 앳된 소녀의 발그레한 볼이 얼마나 아름다운지를 소녀 자신은 모른 채 좋아하는 남학생 생각하며 거울 앞에서 불안해 하는 정경과도 같은 것, 나는 이러한 풋내기들의 풋풋한 아름다움과 서툰

자기표현을 귀하게 여기고 있다.

"이것은 바로 봉지에 든 가루약을 입 안에 털어 넣고 물 마시는 것의 비유가 아닐까. 일상언어를 시적인 역동력으로 감싸 안기 위하여 '가루약'을 '태양빛'으로 전이시킨 상상력이 아주 제법이다."

내가 이렇게 말하자 시를 쓴 여학생도 눈을 동그랗게 떴다. 한참 후에 학생들이 고개를 끄덕거렸다. 시는 일상적 언어를 수수께끼 같은 말로 바꾸는 데 그 특성이 있는 것이 아니라, 말을 바꾸는 그 궁리와 상상 속에 있는 것 아닐까. 학생들의 연습작품을 보면 어떤 놈은 남의 흉내만 내다가 제 모습을 잃어버려서 영양실조가 되어 있기도 하고 또 어떤 놈은 제법 살아서 팔팔 움직이며 게으른 담당교수를 정신차리게 하기도 한다. 제가 쓰는 시가 상당한 수준인데도 불구하고 그런 사실은 땅띔도 못하는 바보가 많을수록 강의실에는 웃음이 넘치고 눈동자가 반짝인다.

'창작론연습'이라는 강의를 맡는 학기에는 나는 교수라기보다는 스스로 습작생이 된 듯한 기분으로 강의실에 드나든다. 창문 쪽의 자리는 이른바 흡연석으로 정하고 시간중에 담배 피울 학생은 자유롭게 피우라고 할 때도 있다. 시를 발표하고 강평을 하는 자리에 어찌 담배 한 대의 낭만이 없을 수 있으랴. 사제간이라는 관계나 강의실이라는 공간에서 학생들에게 흡연을 허락한다는 것이 좀 뭣한 일이기는 하지만, 나도 어린 시절부터 선생님과 함께 담배를 피웠기 때문에 술이나 담배에 관한 한 남녀나 노소를 따지지 않는다. 어떤 때 담배가 떨어지면 학생들한테 얻어 피우기도 하면서 나도 학생이 된 듯 시창작의 강평에 열심히 참여한다.

그런데 요즘은 학생들에게 담배를 피워도 된다는 말을 해도 그냥 웃고만 있을 뿐 피울 생각을 안한다. 교수의 말이 너무 엉뚱해서일까. 아니면 자기 아버지보다도 더 나이 많은 교수 앞에서 감히 담배 피울 엄두를 못내는 것일까. 그도저도 아니면 담배는 건강에 해로우니까 아예 피울 생각을 안하는지도 모른다. 아무튼 요즘의 창작론 연습시간은 이래저래 멋도 맛도 없어지기 십상이다. 시보다도 광고의 문안이 더 시적인 세상에서 살고 있으니까 교수와 강의실에서 흉금을 털어놓고 담배연기 날리며 '시'를 논할 만한 까닭도 아예 없으렷다? 대학 2학년때부터 김종길 선생과 담배를 함께 피우고 술을 함께 마셨어도 나는 아직도 옛 스승을 사랑하고 또 내 몸 아직 건강하다.

'창작론연습' 강의실에서 내 작품을 칠판에 써놓고 학생들과 이야기를 나눈 적이 한두 번이 아니다. 〈겨울강〉과 〈白頭山天池〉도 또 〈1m의 사랑〉이나 〈애기똥풀〉도 다 나 스스로 학생이 된 듯 학생들과 더불어 발표하고 학생들의 풋과일 같은 이야기를 곰삭여 듣고 나서 고치고 또 고친 작품들이다. 내 시 가운데에는 이와 같은 연습(演習)을 거친 후 학생들에게 소리내어 읽게 한 다음에 완성되는 작품이 꽤 많다.

"너희들과 함께 고치고 다듬었으니까 내 시가 좋지 않은 작품이 되면 모두 다 너희들 망신이다. 창작론 강의하는 교수가 시도 제대로 못 쓴다면 그 교수 밑에서 공부하는 학생들이 더 창피한 것 아니냐?"

나는 이렇게 엄포 아닌 엄포를 놓으면서 학생들과 이야기를 한다. 그렇다. 이런 이야기를 하다 보니 어느새 날이 저물어 내 인생의 벼랑에도 차츰 노을이 지고 있다. '창작론연습' 시간에는 내 작품이나 학생들 작품만 고치는 게 아니다. 저승에 간 시인은 물론 지금 한창 활동하는 기성시인들의 작품을 칠판에 써놓고 학생들과 강평을 하면서, 이것은 군더더기이니까 지우고, 이것은 죽은 비유니까 지우고, 이것은 앞뒤의 맥락을 흐리게 하니까 지우고, 또 이것은 너무도 상식적인 말이니까 이렇게 바꾸고… 그러다 보면 아주 잘 알려진 시인의 작품도 한 두 줄만 남고 다 사라져 버리기도 한다. 조지훈과 윤동주가 2, 3학년 학생으로 앞줄에 앉아있고 정지용과 한용운은 복학생으로 뒷줄에 앉아 졸고 있다. 술이 덜 깬 김수영과 김종삼이 잡담을 하고 〈독자놈들 길들이기〉를 쓴 박남철이 언제나 가시돋힌 질문을 하고 최승자가 기침을 하고 어영부영 시도 아닌 시를 쓰면서 시인행세를 하는 시인들은 수강신청 불허 판정을 받고 강의실 밖 벤치에서 잡담이나 하고 있다.

추석(秋夕)이 가까워온다. 며칠 전에는 문득 칠석(七夕)이나 추석이라고 할 때 왜 저녁 '석'(夕)이 들어갈까 궁금한 생각이 들었다. 곧바로 한문학과 교수한테 전화를 걸었다. 별 뜻이 있는 것이 아니라 저녁에 뜨는 달과 관련된 말이라는 건조한 대답이 나왔다. 요즘 들어서 부쩍 모든 게 자꾸 궁금해진다 가을이면 왜 낙엽이 지는 것일까 사람은 왜 두 다리로 걸이다닐까. 키를 꽂고 돌리면 왜 죽었던 엔진이 부릉부릉 살아나는 것일까. 들판을 내달리는 야생마의 바람에 날리는 말갈퀴를 연상하여

박 남 철 (朴南喆)
1953년 경북 영일 출생.
1979년 《문학과 지성》에
시 〈연날리기〉 등을 발표하여
등단. 주요 시집으로 《지상의
인간》, 《반시대적 고찰》,
《러시아집 패설》 등이 있음.

최 승 자 (崔勝子)
1952년 충남 연기 출생.
1979년 《문학과 지성》에
시 〈이 시대의 사랑〉을
발표하며 등단.
주요 시집으로 《이 시대의
사랑》, 《기억의 집》 등이 있음.

아지랑이를 '야마'(野馬)라고 말한 장자(莊子)는 시를 좀 알기나 하고 이렇게 멋진 말을 한 것일까. 사라진 대륙 아틀란티스는 정말 남극의 빙하 밑으로 들어가 몇만 년 동안 묻혀 있는가.

추석 송편을 찔 때 솥에 넣을 솔잎을 따는 시골의 할머니는 솔잎의 아픔까지 근심하였다고 한다. 그래서 노을질 무렵 소나무가 첫잠 들었을 때 발소리 죽이며 조용조용 솔잎을 따서 광주리에 담았다고 한다. 솔잎의 아픔까지 생각하는 옛 할머니의 숨결이 아득한 태초의 '큰 할머니'가 되어 코흘리개 손자의 콧물 닦아주고 있는 몽상이 재작년 추석 무렵 잠들고 있던 내 시의 심장을 헤집고 들어온 적이 있다. 나는 '큰 할머니'의 발소리 따라가며 밤새워 〈솔잎〉이라는 시를 썼다. 서투른 솜씨로 송편 빚듯이! 나는 이제 솔잎 냄새 향기로운 송편 한 접시를 이웃과 나누는 마음으로 〈솔잎〉을 조용조용 읽어나 보자.

추석 송편 솥에 넣을 솔잎을 따려고

땅거미가 질 때 발소리 죽이고
뒷산에 올라가는 할머니의 얼굴은
손자놈 콧물보다 더 진한 생애의 때
잿빛의 머리칼은 한줌도 안 되지만
소나무의 아픔은 옛 짐작만으로도 다 안다
해 넘어가고 첫잠 든 소나무가
은하수 멀리까지 단꿈을 꿀 때
살며시 솔잎을 따야 아프지 않고
솥에 들어가도 뜨거운지 모른다
말없이 솔잎이 숨 거둘 때마다
젊은 날의 사랑이 송편처럼 익는다
소나무의 슬픔과 솔잎의 아픔을
헤아리며 발소리 죽이는 할머니는
그 옛날 단군 할아버지의 예쁜 애인
노루피 조금 마시고도 시샘만 하여
큰 꿈 이루는 단군 할아버지 애태우다가
이제는 활활 타는 마음도 식은 재 되어
수숫대처럼 가벼운 사랑만 남아서
당신의 옛날 애인 제사상에 올릴
손가락 자국 선명한 그리움을 빚는다
가만가만 발소리 죽이며 솔잎이나 따는
다 저문 가을 들녘 홀로 바람에 흔들리는
수숫대 같은 서러움의 눈빛에는
푸르고 싱싱한 까칠까칠한 솔잎이

할아버지 한창 나이 때의 수염과도 같고
골이 나서 일어섰던 비밀의 가장자리
서로 맞부비며 엉키던 그것과도 같아

— 〈솔잎〉

'아니 눈물'과 가애가증

1

시를 읽을 때 마침표나 쉼표 하나까지 그 의미를 되새기며 꼼꼼하게 읽는 일이 무엇보다 중요하다는 생각을 해온 것은 어제 오늘의 일이 아니다. 우리가 아주 잘 알고 있는 소월의 〈진달래꽃〉에도 아주 세밀하게 읽지 않으면 빠지기 쉬운 시적 의미의 함정이 도사리고 있다.

〈진달래꽃〉이 처음 발표된 것은 1922년 《개벽》 7월호였다. 이 때의 이 작품은 지금 일반적으로 통용되는 것과는 상당히 다른 모습이었다.

나 보기가 역거워
가실때에는 말업시
고히고히 보내들이우리다

김 소 월(金素月, 1902~1934)
본명 정식(廷湜). 안서 김억의 지도로 시를 쓰기 시작하여 1920년 《창조》지에 〈낭인(浪人)의 봄〉을 발표하여 문단에 데뷔. 1922년 《개벽》지에 그의 대표작 〈진달래꽃〉을 발표하였고, 1925년 자선시집(自選詩集) 《진달래꽃》을 펴냄. 〈산유화〉, 〈초혼〉 등 전국민적으로 애송되는 주옥 같은 작품을 남긴 국민시인.

寧邊에 藥山
그 진달래쏫을
한아름 싸다 가실 길에 뿌리우리다

가시는 길 발거름마다
뿌려노흔 그 쏫을
고히나 즈려밟고 가시옵소서

나보기가 역거워
가실 째에는
죽어도 아니, 눈물흘니우리다

— 김소월, 〈진달내쏫〉

이러한 모습의 작품이 시집 《진달래꽃》(1925)에 수록되면서 왜 변형되었는지에 대해서는 아직 이렇다 할 원인이 규명되지 않고 있다. 물론 시인 자신이 수정했을 가능성이 가장 크고 또 일반적으로 그렇게 믿고 있어서 이 문제를 따져 보지 않았겠으나, 어떤 구체적인 자료의 밑받침이 없이 그대로 이러한 문제를 간과하는 것은 바른 자세가 아닐 것이다. 만일 교정의 오류가 이 사이에 개입되어서 이토록 상이한 작품형태가 나왔다면, 이것은 아주 중대한 문제가 되기 때문이다. 소월 시가 이처럼 원전의 기초적인 문제조차 해명되지 않은 채 방치되어 있는 것은, 서지학자들조차 문학을 역사의 종속개념으로 볼 뿐 시를 시로서 읽지 않고 하나의 이야기나 자료로 쉽게 보아 넘겼기 때문이다. 물론 초창기 우리 현대시사의 특수성에도 기인할 것이다.

현재 통용되는 〈진달래꽃〉과 위의 것을 비교하면 그 형태나 율조가 아주 상이하다는 것을 한눈에 알 수 있다. 이러한 변형 중에서 쉽게 알아낼 수 있는 것은 소월이 율조에 대해서 지녔던 남다른 관심이라고 할 수 있다. 〈진달내쏫〉은 〈진달래꽃〉을 위한 초고인 듯 보이는데, 단순히 자구의 가감이나 첨삭에 그치지 않고, 비정형에서 7·5조의 정형으로 대폭 변형되고 있다. 1920년대 초창기 시단의 사정, 즉 습작과 기성의 차이가 엷었고 또 무분별했다는 점을 감안한다면 이것은 얼마든지 가능한 일이요 또 납득할 수 있는 일이다.

이 작품은 한국의 현대시가 도달한 최고의 이별미학으로 흔히 평가되어 왔다. 님과의 이별을 시적 질서로 순화 정돈시켜서, 이별하는 사람의 사무친 정과 한, 동양적인 체념과 운명관에서 비롯되는 아름답고 처절한 사랑의 자기 희생적이고 이타적인 인고의 마음이 완벽하리만큼 깊고 맵고 서럽게 표현되었으므로 지금까지 〈진달래꽃〉에 표현된 '눈물'의 의미는 체념, 자기희생, 인고의 뜻으로 분석되어 그것이 소월시의 사상 근간적인 주지가 되는 것으로 이해되어 왔다.

〈진달내쏫〉과 〈진달래꽃〉의 마지막 행에 대한 비교 검토를 통하여 '눈물'의 시적 효과를 살펴보기로 하자. 진달래꽃은 두견화라고도 하는데 두견은 촉나라 망제(望帝)의 죽은 넋이 붙어 되었다는 새로서 밤낮으로 처량하게 우는 새이다. 두견새가 피울음을 토해서 놓은 것 같다는 시각적 의미에서 진달래꽃과 비유적 관계에 놓인다. 이 작품이 지니고 있는 눈물의 진정한 의미를 간과한 채 시를 그냥 하나의 이야기로만 해석하는 데 머무는 경우가 많았지만 《개벽》에 처음 발표되었던 텍스트에 나오는 다음과 같은 행을 눈여겨 본다면 지금까지의 이러한 관습적인 해석이 어딘지 이상하다는 생각을 하지 않을 수 없다.

죽어도 아니, 눈물흘니우리다

여기서 쉼표(,)의 의미는 무엇일까. 오식일 가능성이 완전히 배제되는 것은 아니지만, 이러한 문장부호가 느닷없이 오식으로 들어가 있을 리는 없다고 본다면, 이것은 분명히 작자가 의도적으로 썼다고 할 수 있을 것 같다. 만일 이러한 추론이 용납된다면, 님이 떠나 버려도 절대로 울지 않으리라는 체념과 자책의 심정을 이 행이 표시한다는 견해는 전혀 반대의 의미로 해석한 결과라고 아니할 수 없다. 왜냐하면 '죽어도 아니,'라고 한 것은, '죽어도'를 부정 또는 회피하고 '눈물 흘니우리다'라고 하는 뜻을 강조하는 뜻이 되기 때문이다. 통용되는 〈진달래꽃〉은 율조의 특징으로 볼 때 '죽어도/아니 눈물/흘리우리다'로 의미가 세 등분되어 읽힌다. 그런데 쉼표가 있는 대로 읽는다면 '죽어도 아니,/눈물 흘리우리다'와 같이 두 개의 덩어리로 나누어 읽어야 된다. 이렇게 놓고 본다면 이것은 눈물을 아주 많이 흘리겠다는 의지의 표현이라는 논리가 성립된다. 님과 이별하게 되면 눈물을 안 흘리겠다는 것보다는 흘리겠다는 것이 더 당연한 일인데도 왜 이것을 눈물을 안 흘리는 상황으로만 해석해 온 것일까. 입술을 깨물고 모든 정서 표현을 참아야 했던 봉건주의 사회의 여인상이 쉽게 연상되어서도 그렇겠지만, 사실상 이 시는 그 구조로 볼 때 이러한 오독의 원인을 스스로 내포하고 있다고 볼 수 있다. 이 시의 화자는 '나'를 싫증내고 가는 '님'을 무언으로 조용히 보낼 뿐만 아니라 거기에다 꽃까지 한아름 따다가 뿌리고, 또 그 꽃을 '즈려밟고' 가라는 소원까지 곁들이고 있다. 희생과 체념으로 일관된 전통적인 한국의 여인상이 남김없이 그대로 형상화되어, 마지막 연에서는 눈물도 참아내는 초인간적인 인내의 여인상이 나타나는 것으로 이해되기 때문이다. 그러나 눈물을 참으면서까지 버림을 감내하는 여인의 미덕을 시화하는 데 그친 것이 바로 이 작품이라면 시적 차원보다는 여인풍속사적 차원에서 더 중시되어야 마땅할 것이다.

그러므로 이 작품의 맨 끝 행에 나오는 눈물의 의미는 눈물을 안 흘리겠다는 것이 아니라 오히려 눈물을 흘리겠다는 것이 아닐까. 이렇게 해석해야만 이 시 전체는 님과 이별하는 사람의 진실한 목소리가 떠오른다. '죽어도'를 부정하면서 '눈물'을 내비치는 지극히 당연스러운 여인의 심정이 나타나 있다고 보아야 한다. 죽으면 죽었지 눈물을 절대로 흘리지 않겠다고 입술을 앙다문 비정의 여인은 이러한 서정시의 주체적 화자가 되기에는 어울리지 않는 독종이요 비범한 여장부일 뿐이다.

죽어도 아니 눈물 흘리우리다

이렇게 쉼표가 없어진 상태에서는 흔히 '죽어도 눈물 아니 흘리우리다'의 의미를 더 강조하기 위하여 '눈물'과 '아니'를 도치한 것으로 해석해 왔다. 과연 어순을 바꾸는 것만으로 좋은 시적 효과가 날 수 있을까. 이 구절은 이미 앞에서 지적했듯이 '죽어도/아니 눈물/흘리우리다'로 떼어서 읽게 된다. 그렇다면 이렇게 율독을 한다는 것은 이미 '아니'라는 부사가 '눈물'을 수식하는 형용사 역할을 하고 있다는 것을 무의식중에 이해하고 있다는 말이 된다. 그러므로 죽어도 '아니 눈물'을 흘리겠다는 뜻이 되어 '아니 눈물'은 새로운 시적 언어로 작용한다고 할 수 있다.

이렇게 볼 때 '아니 눈물'의 의미는 참으로 묘하다. 눈물을 수식하는 '아니'라는 형용사가 내포하고 있는 뜻은 이 작품 전체가 지닌 어조의 분위기를 그대로 표현한다고 볼 수 있다. 님과 이별하는 사람이 지닌 절대고독의 심적 상태가 잘 반영되고 있어서, 독자들은 서럽게 눈물을 흘리는 여인의 모습을 이 한 행에서 떠올릴 수 있다. 눈물은 항상 환희와 비애의 양극을 표시하는 정서의 기호이다. 이러한 눈물이 비애의 극단에서 가장 첨예화 되었을 때의 상태, 환희의 끝과 가장 멀리 떨어져 있는 점에 위치했을 때의 눈물은, 이제 더 이상 눈물이랄 수도 없을 정도로 절대화된다고 볼 수 있다. 〈진달래꽃〉의 '아니 눈물'은 바로 이러한 비애의 극단에 아슬아슬하게 자리잡은 눈물이다.

소월 시의 가장 두드러진 특징은 그것이 지니는 민요성이라

할 것이다. 그의 작품은 소리내어 읽는 시, 읊는 시의 성격에 부합된다. 현대시가 여러 가지 감각적인 이미지에 의존하고 있는 데 비하여 소월 시는 정서의 전달을 그 율조에 의존하고 있다. 이러한 특성으로 미루어 보아도 '죽어도 아니 눈물 흘리우리다'를 읽는 독자, 또는 듣는 이가 '죽어도 눈물(을) 아니 흘리우리다'의 문법적 도치로 파악하고 그 의미를 이해하는 일은 드물 것이다. 시는 창조적인 표현 수단이다. 산문이 구축적이고 정돈된 것인 데 비하여 시의 방법은 언제나 문법대로 구축되는 것을 거부하는 특성을 지닌다.

〈진달래꽃〉의 '눈물'의 의미도 마찬가지이다. 문법적으로 잘 정돈된 상태의 것이 아니라 절대고독 절대비애의 극단에서 저절로 튀어 나온 것으로 자연히 비문법적, 비상식적일 수밖에 없게 된다. 극한 상황에서 어떻게 문법에 맞추어 도치를 하고 강조를 할 수 있는가. 꽃을 뿌리고 이별의 아픔을 안으로 잠재우려다가 마지막에 모든 절제가 파탄되는 절정의 순간을 이 마지막 행에서 볼 수 있다. 말하자면 눈물에는 '아니 눈물'과 '그래 눈물'의 두 종류가 있다고 할 수 있다.

내가 강의시간에 소월 시의 '아니 눈물'에 대하여 이야기할 때마다 학생들은 고개를 갸우뚱하는 경우가 많다. 간혹 어떤 학생이 고개를 끄덕거리기도 한다. 그러나 대부분의 학생들의 머리 속에는 몹쓸 선입견이 꽉 차 있는 듯 〈진달래꽃〉에서 슬프고도 아련하게 울려오는 어여쁜 조선 여인의 눈물과 울음소리는 보고 듣지 않으려 하고 다만 고통을 참는 굳센 여성의 모습만을 떠올릴 뿐이다.

2

나는 지난 번에 미당의 〈가을의 벼논〉을 이야기하면서 네 개의 연 중에서 마지막 4연은 차라리 떼어버리는 것이 이 작품의 황금분할적인 아름다움을 위하여 더 좋다고 한 적이 있다. 이 이야기를 강의실에서 학생들에게 희떱게 해주면서 시를 읽을 때 아주 세밀하게 그 의미를 캐보아야지 대강대강 읽고 주제나 이념만을 짚어내는 것은 시 읽기가 아니라 야만적인 글 읽기라고 하고 나서, 대여섯 명의 학생을 되는 대로 꼽아서 다음다음 시간까지 강의실에서 오고 간 이야기를 중심으로 리포트를 써 오라고 했다. 물론 교수의 견해와 다른 것을 써도 무방하다고 일러 주었다.

다음 글은 어느 학생이 제출한 리포트인데 〈가을의 벼논〉의 특징을 화자(話者)에 초점을 맞추어 분석하고 있다. 천진무구한 어린 아이의 시선으로 사물을 보고 있는 작품이라는 나의 의견에 짐짓 동의하는 척하면서 이 학생은 '어린 아이' 대신 '허수아비' 의 시선을 찾아 내어, 내가 뚝 떼어내버린 4연도 포함된 작품 전체의 의미를 얄미울 정도로 밝히고 있다. 이쯤 되는 학생의 글은 정말이지 나 혼자 읽기가 아깝다. 여기 한두 군데 몇 줄만 손을 보아 옮겨 싣는다. 이 학생의 시 읽기의 독해력은 기성문단의 어떤 비평가에 견주어도 손색이 없다. 나는 이처럼 '무서운 학생' 들 앞에서 앞뒤 가리지 않고 이야기하며 월급 받아 먹는 '무섭지 않은 교수' 이고나.

가을 논에서
노랗게 여문 볏모개들이
"좀 무겁다"고 머리 숙이면
"좋지 뭘 그렇냐"고
메뚜기들은 톡톡
튀기며 날고,

그 메뚜기들의
튀어나는 힘의 등쌀에
논바닥의 새끼 붕어들은
후다따딱,
헤엄쳐 다니고,

그게 저게 좋아서
논바닥의 참게들이
고욤나무 밑 논둑까지
엉금엉금 기어나가면,

"얼씨구 절씨구 지화자자 좋다"고
농군 아저씨는 어느 사인지
열두 발 상무를 단 패랭이를 쓰고서
그 기인 열두 발의 상무를
하늘에다 대고 마구잡이로 내어젓는다.

— 서정주, 〈가을의 벼논〉

이 시는 '시의 이해' 강의 시간에 가을 벼논의 풍정을 천진난만하게 잘 표현했다는 평가와 함께 3연에서 마무리되었으면 더 좋았을 것이라는 지적을 받았다. 과연 그 지적대로 3연까지만으로도 이 시는 일정한 의미와 효과를 지닌 한 개의 온전한 시 덩어리를 이룰 수 있는 것으로 보이며, 계속 그렇게 볼 경우 4연은 어쩌면 투박하게 그려 붙인 사족(蛇足)같이 보이기도 한다. 그래서 이 시는 마치 예쁘고 천진스러운 어린 아이 셋이 그들만의 놀이를 하며 웃고 노는 판에, 구렛나루 더풀더풀한 아저씨가 술냄새 풍기며 끼어든 것처럼 별로 볼썽 좋지 않은 꼴을 하고 있는 것처럼도 보이는 것이다.

확실히 이 시는 1, 2, 3연과 4연이 뚜렷이 구분되며 앞의 한 덩어리는 그것대로 동시 비슷한 모양을 하고서, 가을 벼논의 낟알 익어가듯 익어가는 기쁨과 그 속의 자잘한 움직임, 즐거움, 평화로움 등을 귀염성 있게 만들어내고 있다.

반면에 4연은 3연까지의 흐름과는 너무도 다르게 크고 역동적인 것이 되어서, 그 전까지의 이끌림에 젖어 들어가던 독자는 난데없이 끼여든 덩치 큰 4연을 증오하면서 몰아내 버리고 싶어할 수도 있는 것이다. 4연은 독자 고유의 권리로써 읽지 않고 덮어 버릴 수 있다. 이것은 그동안 갈고 닦아온 자신의 안목에 꽤 자신 있는 주체적 독자만이 대담하게 할 수 있는 일일 텐데, 어차피 시는 독자가 자신의 만족을 위해 즐기는 것이고 또 시의 의미란 결국에는 독자 자신에 의해서 만들어지는 것이기 때문에, 독자가 마음에 들지 않는 곳을 빼어 버리고 자기 마음대로 시 하나를 읽어 버렸다고 해서 죄 될 일은 없는 것이다.

간단한 시에서 간단치 않은 어떤 것을 뽑아 올리는 일은, 상당한 정도의 공들여진 탐색을 요하는 일이다. 그러나 시 읽기에선 이런 탐색 자체가 즐김의 대상이 된다. 마치 보물찾기에서 얻을 수 있는 쾌감이 보물을 찾기까지 여기저기 뒤지고 찾는 그 긴장된 탐색의 와중에서 또한 생겨날 수 있는 것처럼, 시 한편을 놓고서 요모저모 따져 보고 긁적이는 것도, 어느 정도로 주목할 만한 해석에 도달했는가 하는 그 결과에 관계없이, 꽤 쏠쏠한 재미를 느끼게 하는 작업일 수 있는 것이다. 그러므로 4연을 덧붙여 시 하나를 마무리 지은 시인의 의도를 존중하면서, 4연까지를 포함시킨 시 전체를 두고 이에 대한 탐색을 시작해 보도록 한다.

나는 시를 읽을 때 먼저 그 시의 화자를 떠올려 보고 스스로를 화자에 동화시킨다. 그 화자의 목소리로 시를 읽는 것을 시 읽을 때의 늘 하는 버릇으로 갖고 있다. 그래서 어떤 시의 경우, 시의 화자가 잘 드러나지 않게 되면, 그 시는 잘 읽지도 못하겠고, 해석도 억지 같은 것이 되는 수가 많다. 화자가 분명하지 않아서 시의 목소리가 어떤 색깔일까를 궁금해 하는 독자로 하여금 애먹게 만드는 그런 시들은 좋지 않은 시라는 생각을 갖고 있다. 시의 화자가 어떤 목소리를 가진 누구인지 떠오르지 않으면 시를 읽어도 그 정황이 잘 이해되질 않고, 정황이 이해되지 않는 마당에 의미도 분명해질 리 없는데, 그런 애매한 시가 좋은 시가 될 수는 없다는 생각에서이다

1, 2, 3연에서 화자는 볏모개와 메뚜기의 대화를 듣는다. 그리고 그 볏모개의 피곤해 하는 모양과 메뚜기의 톡톡 튀는 것을 보고, 새끼 붕어가 헤엄치는 것과 참게들이 고욤나무까지 기어가는

것을 본다. 청력과 시력에 상관없이 그는 우선 논 속에서 이루어지는 아주 작은 일들을 감지할 수 있는 위치에 있다. 또한 그는 아주 단순한 언어로 단순한 생각만을 하는데, 이런 것들을 종합해서 쉽게 생각하다 보면 화자는 논둑 어디에 쪼그려 앉아서 벼 낟알과 메뚜기, 붕어, 참게 등을 들여다보고 있는 어린아이쯤이 될 수 있을 것 같다.

그런데 갑자기 4연이 이어나온다. 4연은 한 농군 아저씨가 신명나게 상무를 돌리는 장면인데, 아직 수확기가 아니므로 농악 같은 것이 벌어졌을 리는 없고, 그냥 술취한 아저씨가 혼자서 세상만사 다 잊어버리고 하는 짓 같다. 농악이 아니라 아저씨 혼자 하는 짓이라는 것은 '어느 사인지'에서 분명히 알 수 있다. 농악은 징이나 꽹가리 같은 타악기로 이루어지기 때문에 결코 '어느 사인지' 모르게 벌어질 수는 없는 것이다. 그런데 시에서는 아저씨가 '어느 사인지' 상무를 돌리고 있다고 했다. 이것은 타악기들을 동반하지 않은 상태라는 것을 암시한다. 그러나 보통 상무돌리기는 타악기들 없이 조용한 데서 따로 행해지지는 않는다. 여기서 그는 저혼자 몹시 흥에 취해 있는 상태에 있다고 생각되는데, 이 점은 바로 위 행의 "얼씨구 절씨구 지화자자 좋다"라는 그의 한바탕 내지른 소리에서도 확인되는 일이다. 이 정도 흥에 취하려면 술 한 잔쯤 했을 것임은 능히 상상할 수 있다.

아무리 술이 취하고 흥이 났기로 명색이 농군인 아저씨가 논둑 같은 데서 상무돌리기를 할 리는 없다. 어디 논두렁에서 좀 떨어진 자리에서 하는 짓일 게다. 지금까지 논 안의 메뚜기, 새끼붕어, 참게에 정신 팔려 있던 아이의 시선이 저 멀리 좀 떨어진 곳에서 벌어진 이런 것에게로 갑자기 옮겨갈 이유가 없다. 혹 아이의 눈에 이런 게 들어 왔다손 치더라도 이것이 시로 옮겨질 만큼의 무슨 의미있는 것이 될 수는 없다. 아이는 지금 메뚜기같은 것들에 열중해 있는 상태이기 때문이다. 화자인 아이에게 아저씨의 상무돌리기는 아무 의미가 없다. 그런데 이렇게 되면, 이 상무돌리기가 시의 한 연을 차지하고 들어올 까닭이 없는 것이다. 그러므로 4연이 시의 한 연으로서 어떤 의미있는 것이 되자면 화자를 다시 설정하지 않으면 안 된다. 논둑에 쪼그려 앉은 아이의 시선으로는 4연을 읽을 수가 없다. 화자는 논 속에서 일어나는 작은 일들을 잘 알고 있고 그 자잘한 움직임까지 볼 수 있으면서, 농군 아저씨의 마구 휘젓는 상무돌리기에도 어떤 관심을 가질 수 있는 그런 인물이어야 한다.

이런 인물은 쉽게 떠오르지 않는다. 앞서도 얘기했듯 시 속에 별 단서가 없기 때문이다. 별 수 없이 시에 주어진 대로 1, 2, 3연과 4연을 다시 잘 살펴보면서, 또 가을 논의 풍경을 상상하면서 적당한 화자를 떠올려야 한다.

1, 2, 3연은 논 안의 자잘한 것들에 대한 얘기다. 아주 단순하게 보고 들은 것만을 얘기하고 있다. 그리고 들리는 것은 볏모개와 메뚜기와의 대화인데, 지극히 우스꽝스럽고 단순하면서도 동화 속의 한 장면 같은 느낌을 준다. 시행도 짤막짤막하고 아주 간결하다 작은 생물들의 자잘한 움직임들이 결코 소란스럽지도 않고, 그저 꿈과 재잘거림만이 가득한 평화로운 세상이다. 그런데 그 화자의 눈에 4연이 들어온다. "얼씨구 절씨구 지화자자 좋다"는 결코 작은 목소리나 작은 움직임이 아니다. 4연에 와서 이제

까지의 평화로운 동화적 분위기는 파괴된다. 시행도 길어지고 따라서 호흡도 빨라진다. 제시되는 동작도 크고 힘있다. 역동적이다. 이제까지와는 판이하게 다르다. 덩치 큰 농군 아저씨가 갑자기 등장해서는 한바탕 크게 소리 내지르고 나더니 제멋대로 열두 발이나 되는 상무를 하늘에다 대고 마구 내어 젓는다.

앞서 농군 아저씨가 상무를 돌리고 있는 곳은 논이 아닌, 논에서 조금 떨어진 곳이라는 얘기를 했다. 그렇다면 화자는 논 안의 작은 생물들을 볼 수도 있고, 또 논에서 조금 떨어진 데를 볼 수도 있는 그런 자리에 있다고 추정된다. 잘 보면 이 시에는 원근법이 적용되어 있는 것을 알 수 있는데, 1, 2, 3연은 논 안의 일들을 아주 자세하게 그려 놓았고, 4연은 논 저 쪽의 일을 대강 대강 크고 인상적인 것만 그려 놓았다. 그러므로 화자는 논 안에 가깝게 있으면서 논 저 멀리까지 내다볼 수 있는 자리에 위치해 있는데, 아마 논 한가운데 서 있으면 딱 그런 자리가 될 것이다. 여기서 허수아비를 생각해 볼 수 있다.

되는 대로 무명헝겊을 꿰메어 만들어진 둥근 얼굴에 밀짚모자를 쓰고 서있는 허수아비는, 그 소박한 생김새 덕분에, 만약 생각이란 것을 한다면 퍽 단순한 생각만을 할 수 있을 것 같다. 1, 2, 3연의 단순한 전개는 허수아비의 빈 머리에서 나올 법한 것이다. 또한 허수아비가 생각을 한다는 것 자체가 동화적이기 때문에 1, 2, 3연의 동화적인 분위기는 이에 썩 잘 어울린다. 볏모개와 메뚜기가 하는 말을 알아들을 수 있을 만큼 논 안의 별 것 아닌 작은 일들을 잘 알고 있을 이가 허수아비 말고 또 있을까. 사람이라면 당연히 그냥 지나쳐 버려야 마땅한 그 작은 일들, 메뚜기, 새끼붕어, 참게 따위가 움직이는 일들은 허구한 날 제자리에서 앞만 보고 서 있는 허수아비의 생활 속에서 언제나 접하는 것들이며, 또한 그 작은 생물들은 그 자신의 소중한 친구들이기도 한 것이다. 허수아비는 당연히 이들의 일거수 일투족을 누구보다도 잘 알고 있다. 여기에 때로는 엉뚱한 인간들의 엉뚱한 행동이 그의 눈에 들어오기도 할 것이며 그 상무 돌리기는 허수아비의 눈에 하늘에다 대고 마구잡이로 내어젓는 그 어떤 몸짓으로 비치고 있을 것이다.

허수아비는 사람 모양을 했지만 사람은 아니다. 사람은 자유롭게 움직일 수도 있고 흥이 나면 미친 사람처럼 때아닌 돌발적인 행동도 할 수 있지만, 허수아비는 논 한가운데 몸이 묶여 있어서 마음을 어떻게 먹든 그 고정된 상태에서 조금도 벗어날 수 없다. 그렇게 일생을 보내다 죽어야 한다. 그 일생은 허수아비의 운명이다. 허수아비는 처음에는 행복한 일상에 젖어 자신의 이런 불행을 깨닫지 못하고 있었지만, 생각지도 못했던 상무돌리기의 광경을 보고 충동을 느끼게 되는 것이다. 천형에서 벗어나 자유롭고 싶다는 충동을 말이다. 사람의 모양을 본따 만든 허수아비는 사람의 자유로운 행동을 보고 그것을 열망하지만, 몸이 묶인 천형은 허수아비로서는 극복할 수 없는 조건이다. 그는 몸이 묶여 있으므로 자유로울 수가 없고 아예 꼼짝조차 할 수 없는 것이다. 운명을 극복하고 싶다는 충동을 느끼면서도 이러한 욕망이 좌절될 수밖에 없다는 것을 깨닫게 되었을 때 허수아비는 하늘을 향해 원망하고 싶어진다. 이제 허수아비의 눈에 열두 발의 기인 상무는 하늘에다 대고 마구 내저으며 시위하는 몸부림으로 보이게 된다.

결국 허수아비는 삶과 죽음의 운명적인 문제에 어쩔 수 없이 묶여 있는 보편적인 인간을 상징한 것이라는 얘기가 가능하다. 사람을 닮은 허수아비가 자기의 운명을 벗어버리고 사람처럼 자유롭고자 하지만 그럴 수 없다는 얘기는, 그대로 신을 닮은 인간이 자기의 운명을 벗어버리고 신처럼 자유롭고자 하지만 그럴 수 없다는 얘기의 우화가 된다. 곧 이 작품 안에 깊이 숨겨져 있는 의미는 인간의 실존적 허무에 대한 절망적 인식이라는 말로 요약될 수 있겠다.

— 국어교육 4 홍기정, 〈허수아비의 노래〉

3

가을이 깊어갈수록 밤에 잠이 오지 않을 때가 많아 새벽녘까지 이 책 저 책 뒤적이게 된다. 며칠 전에는 옛 책을 보다가 의금상경(衣錦尙絅)의 뜻을 곰곰히 생각해 보기도 했다. 의금상경은 '비단옷을 입고 그 위에 홑옷을 덧입다'는 것으로 군자는 자기 글의 재주(文彩)를 숨기고 홀로 삼가야 한다(愼獨)는 깊고도 깊은 뜻을 내포하고 있다.

동양인들은 옛부터 자연을 정복한다거나 적대시하는 일이 없이 항상 조화를 찾아 순리대로 행하기를 좋아하였다. 그래서 맹자도 '천하의 성품을 말하는 것은 원리에 따름이니, 원리는 순리로서 근본을 삼는다'(天下之言性也, 別故而已矣, 故者, 以利爲本)

라고 하였다. 고(故)라는 것은 자연의 자취이므로 천하의 원리를 말함이요, 이(利)는 순리대로의 자연의 형세를 말함이다. 맹자는 여기서 자연의 원리로써 인간의 본성을 비유하여 말하고 있는 것이다. 인간이 착한 것과 물이 아래로 흐르는 것은 조작한 지혜에서 나온 것이 아니라 인간과 자연의 원리에서 비롯된 것임을 강조하고 있는데, 인간이 악한 것(人之爲惡)과 물이 산에 있는 것(水之在山)은 모두 이러한 원리와 순리를 위배한 것이라고 말했다. 얼핏 생각하면 오늘날의 과학문명시대에는 어딘지 부적절한 면도 없지 않은 것 같다. 물은 아래로 흐르는 것이 자연의 순리이며 물이 산에 있는 것은 자연의 순리를 위배하는 것이라는 말은 소박한 진리이기는 해도, 오늘날의 거대한 토목공사가 이룩해 놓은 다목적 댐을 보면 이것은 맹자적 상상력을 초월한 것이 아닐 수 없다.

그러나 현대의 관점에서 볼 때에도 맹자의 비유 속에 숨은 뜻은 실로 의미심장한 바가 있다. 자연의 원리와 순리를 인간의 본성과 마찬가지로 중시한 그 뜻은 실로 중요한 의미를 지닌다고 볼 수 있기 때문이다. 따지고 보면 다목적 댐도 일시적으로는 자연의 순리를 거역한 것이 되지만 궁극적으로는 자연의 원대한 순리 속에 포함되고 마는 유리컵 속의 반란에 불과하다. 댐 안에 갇힌 물, 그러니까 맹자의 표현을 빌리면 이러한 산 속에 있는 물도 결국은 하류로 물이 내려가는 것(水之下)에 포함되기 때문이다.

인간사의 모든 일에도 같은 논리가 적용된다. 인 의 예 지의 순리를 무시하는 일이 빈번한 우리의 사회이지만, 결국은 하류로 흐를 수밖에 없는 물처럼 모든 것이 성선(性善)에 의하여 판가름나게 되니까 말이다. 포악한 군주가 종국에는 몰락하고 간신배가 그 사후에라도 반드시 부관(剖棺)되는 일이 그러하다. 사이비 지성인이 비록 일시적으로 온 세상을 주름잡지만 결국에는 그 혹세와 왜곡의 정체가 낱낱이 폭로되는 일도 자연의 순리가 가고자 하는 데로 정해져 있듯 인간이 마땅히 해야 될 바와 지성인이 마땅히 지켜야 할 길이 이미 그 선한 본성에 의하여 정해져 있음을 망각한 데서 오는 비극이 아닐 수 없다. 아니 비극이라기보다도 그것은 차라리 하나의 희극인지도 모른다.

본성을 충분히 실현하는 사람은 군자요 그렇지 못한 사람은 서민이라 했는데, 오늘날 서민 아닌 자가 얼마나 될까. 군자는 천하에서 가장 큰 길을 걷는다(行天下之大道)라 했는데 이 때의 대도는 호연지기(浩然之氣)를 지닌 대장부가 가야 하는 인(仁)과 의(義)의 길, 즉 천도(天道)라 할 수 있다. 이러한 길을 걷는 사람은 부동심(不動心)이 생겨서 권세나 무력도 어쩔 수 없는 특별한 기상을 지니는데 이것도 모두 자연의 순리에 부합하는 사물의 이치를 중요시한 말일 수도 있을 것이다. 불변의 원리를 구하되 그것을 순리로써 하면, 하늘이 높고 별이 멀다 한들 천세(千歲)의 흐름을 앉아서 구하지 못할까 보냐. 맹자의 이와 같은 지(智)에 대한 명쾌한 비유는 차라리 한 편의 뛰어난 시창작론이라고 생각된다.

동양에서는 언제나 신과 자연에 대하여 조화나 일치, 합일에서 인간과의 관계를 살폈다. 서양에서처럼 자연을 정복한다거나 신을 절대자로 본다거나 하지 않았다. 오늘날의 자연과학에서는 자연을 해부 분석하여 달세계의 신비까지를 몇 가지 보기 흉한 암석과 원소로서 해명하고 있지만, 이러한 모든 작업이 크게는 자연의 외경스러운 순리에 의하지 않으면 한낱 부질없는 일이 될지도 모른다. 우리나라의 자랑스러운 고전인《삼국유사》에 보면 거의 모든 기록이 자연의 순리를 위배한 인간들이 경험하는 이야기로 엮어져 있다. 치정을 잘못하면 하늘은 갑자기 태양을 숨겨서 암흑을 만든다. 이것은 물론 일식현상을 그렇게 표현해 놓은 것이지만 그 의미가 자못 중대하다. 갑자기 용이 나타나기도 하고 괴성(怪星)이 나타나기도 한다. 강이 부풀어 올라 전답을 휩쓸기도 한다. 이러한 자연의 괴변에 신라인들은 제사를 지내기도 하고 또 노래로써 자연의 노여움을 풀기도 한다. 자연의 순리를 행할 때는 태평천하가 되지만 조금이라도 그렇지 못할 때는 액운을 만난다. 신라 사람들은 자연의 순리, 즉 하늘의 뜻을 어기지 않기 위하여 사찰을 세우고 불공을 드리고 또 향가를 지어 바치기도 하였다. 그러면 노했던 자연은 다시 인간을 용서해 주어 숨겼던 태양을 내어놓고 용을 물러가게 하고 우박을 거두었다.

문득 생각의 틀을 우주의 저 광활한 공간으로 확대시키고 싶은 충동이 인다. 지구나 태양계를 떠나 우주의 시공으로 눈을 돌리면 이 한밤중의 '나'가 너무나 가소롭게 느껴진다. 지구의 공전궤도를 바깥으로 확대하여 천구(天球) 위에 커다란 원을 그린 것을 황도(黃道, the zodiac)라고 한다. 황도를 둘러싸고 약 7° 의 폭으로 확대되어 있는 별 띠가 있는데 이것이 황도대(黃道帶)의 12성좌(星座)이다. 즉, 양자리, 황소자리, 쌍둥이자리, 게

자리, 사자자리, 처녀자리, 천칭자리, 전갈자리, 궁수자리, 염소자리, 물병자리, 물고기자리로 되어 있다. 원은 360° 이기 때문에 각 별자리들은 황도를 따라 30° 를 점유하고 있다. 태양은 지구의 관찰자와 황도대의 12성좌 중의 하나 사이에 존재하게 된다. 춘분(추분)날 아침에 해가 떠오를 때 그 곳의 보이는 별자리가 가장 중요했다. 즉 춘분에 태양이 어느 별자리에 있는가는 세차운동(歲次運動)의 주기 속에서 지금이 어느 때인가를 보여주는 지표가 되었다. 실제로 이 주기는 매우 길기 때문에 태양은 황도대에 있는 한 별자리에 거의 2160년 정도 머무른다. 지구가 공전궤도를 따라 1년간 움직이는 동안 태양이 떠오를 때 보이는 별자리는 달마다 변한다. 현재 춘분에 태양은 정동에서 물고기자리와 물병자리 사이에서 떠오른다. 세차운동으로 인하여 춘분점은 해마다 황도대의 12성좌를 따라 천천히 움직인다. 즉 2160년마다 하나의 별자리를 지나게 되고 1주기를 마치는 데에는 2만 5920년이 걸린다. 이러한 세차 운동의 방향은 1년간 태양이 움직이는 방향과 반대이다. 예를 들면 사자자리 시대의 태양이 사자자리를 배경으로 해가 뜨는 2160년의 기간은 BC 10970~8810년이었으며 현재는 물고기자리 시대의 끝무렵에 해당되며 물병자리의 새로운 시대로 진입하려는 중이다.

지축에서 일어나는 세차운동의 방향은 시계방향으로 지구가 1년에 걸쳐 태양의 주위를 도는 방향과는 반대이다. 그러므로 우주에서 부동의 황도대 12성좌의 관계에서 보면 춘분점은 황도를 따라 움직이고 그 방향은 태양이 1년에 걸쳐서 도는 방향과 반대가 된다.

우주의 시점에서 봄이 오는 것을 알리는 시 한 편이 여기 있다. 아득한 시공 저 멀리에서 날아온 춘신(春信)을 읽어보면서, 시인의 상상력이 끊임없이 제기하는 우주적 의문(宇宙的 疑問, cosmic doubt)이 하늘이 높고 별이 높다한들 천세의 흐름을 구하지 못할까보냐는 옛 뜻과 상통하게 되는 오묘함을 새삼 알겠다.

강변역이 강변에 있지 않고
학여울역에 여울이 없다니요?
물까마귀는 까마귀가 아니고 물새라니요?
섬개개비는 산새면서 섬에서 살다니요?
송사리는 웅덩이에서 일생을 마치고
무소새는 평생 제 집이 없다니요?
질경이는 뿌리로 견디고
가마우지는 절벽에서 견딘다니요?
푸른 소나무도 낙엽지고
더러운 늪에서도 꽃이 피다니요?
인생이란 느끼는 자에게는 비극이고
생각하는 자에게는 희극이라니요?
필연적인 것만이 무겁고
무게가 있는 것만이 가치가 있다니요?

사자별자리, 오늘밤
하늘에 봄이 왔음을 알립니다

회신 바랍니다. 이만 총총.

— 천양희, 〈왜요?〉

사자별자리(Leo)는 제6성좌로서 게자리와 처녀자리 사이에 있는 별자리이다. 육안으로도 160개의 별을 볼 수 있으며 태양이 8~9월경에 이 성좌를 통과하여 5월 상순에 남쪽으로 이동하며 발광량은 태양의 70배이고 지구로부터의 거리는 80광년(光年)이다. 그러니까 '하늘에 봄이 왔음을 알립니다' 하는 시인의 목소리가 빛과 같은 속도로 지금 '나'에게 수신되었다면 이 메시지의 발신일은 지금으로부터 80년 전, 즉 1916년의 어느 날이 되는 셈이다. 시인의 전생(前生)의 어느 여인이 아주 다급하게 기쁨에 들떠서 회신(回信)을 바라며 이와 같은 우주적 교신을 해 온 것일까. 그 이름모를 여인은 지금 이 순간에 총총히 또 어느 별자리로 떠나며 황도를 따라 세차운동의 1주기(Great Year)를 통과하고 있는지도 모른다. 옛 선비가 그린 어느 화조도(花鳥圖)의 화제(畵題)에 가애가증(可愛可憎)이라는 말이 있는 것을 본 적이 있다. '너무 좋다 못해 미울 정도'라는 뜻인데 시인의 이 앙큼 떠는 듯 뇌까리는 하나마나한 질문의 방식이 너무도 밉지 않은가.

시인이 꿈꾸는 우주는 꼭 천체물리학의 탐구대상인 천구만이 아니라 시인이 밥 먹고 오줌 누고 허풍떨다가 문득 발견하는 입술에 묻은 밥풀일 수도 있고 구두코에 떨어진 오줌 방울일 수도 있다. 시인의 궁리는 막히면 오묘한 곳으로 통한다. 하나마나한 소리를 일삼으면서도 그가 꿈꾸고 발견하는 우주의 모습 속에는 대폭발도 있고 팽창도 있고 블랙홀도 있다. 이러한 우주와 인간에 대한 의문의 방식으로서 '?' 라는 기호를 써서 시치미 떼고 시적 몽상을 떠올리는 시를 또 읽어보자.

餘白이 宇宙라는 말 아니?
그냥 빈 것이 빈 것만은 아니라는
그렇지만 팽개치는 기분으로
거기 남겨둔 것, 아니라는 걸 너 아니?

무소유의 소유
별과 하늘과 바람이 있고
미끄럽게 빠져나가는 女子들.
늘 한둘은 있었던 듯 싶은데
어느날 보니
누구도 남아 있지 않았지

붙잡아도 저기 푸르게 앉은 하늘처럼
내 자리는 저기 어디쯤인 것 같아
달려가봐도 기막히게 채워지는 바람의 눈짓들

너 아니?
옆에 기느리지 않아도
가득 차 있는 환희, 그 손뼉소리라는 것을
깔깔대고 끄덕이며 어머, 얘는! 얼굴 붉히며

이 지 엽 (李志葉)
1958년 전남 해남 출생.
1982년 《한국문학》에
시 〈촛불〉을 발표하며 등단.
주요 시집으로 《다섯계단의
어둠》 등이 있음.

한 무더기 애들의 방금 지나간 자리
란 것을

그 소란스런 얘기들이 背音으로 깔려
있는
저 푸른 하늘,
우리 탯자리
조선 참새 몇 마리 겨울 뜨락에 내
려와
여기저기 톡톡 쪼다 후드드득 일시에
날아가다 그만 놓친
씻나락 서너 알이란 것을
말없음표, 그 적막의 칼날
눈부신 반란을 꿈꾸는
흔들림이란 것 너 아니?

— 이지엽, 〈푸르른 날 · 8, 여백〉

이 시는 마치 바람둥이 제우스 신이 바람나서 달아난 숱한 여신들을 그리워하면서, 그러나 아주 그리워하지도 않고 능청스럽게 사랑의 추억을 반추하면서 이미 하늘의 바람 소리 지나간 뒤 우주의 적막한 일순간을 신력(神力)으로 잡아채어 소유하는 시선을 빼닮았다. 특히 '옆에 거느리지 않아도/가득 차 있는 환희'가 '조선 참새 몇 마리 겨울 뜨락에 내려와/여기 저기 톡톡 쪼다 후드드득 일시에 날아가다 그만 놓친/씻나락 서너알'과 연관되는 상상력에 생각이 미치면, '너 아니?'라는 반복되는 의문의 기호 앞에서 '난 몰라'하며 고개 저으면서도 마음 한 켠으로는 어느새 기막힌 우주적 의문을 알아차리게 된다. '餘白이 宇宙라는 말 아니?'라는 질문은 해답이 영원히 있을 수 없는 시인만이 행사할 수 있는 발화가 아닐까. 오늘 밤, 시를 읽고 사랑하는 마음이 '싱건지에 우러나는 귀맑은 밤으로 오면 좋겠다'(이지엽, 〈서늘한 사랑〉)라고 말하고 싶고나.

슬프고도 기쁜 잔

1

1996년 '시의 날' 기념 모임이 지난 11월 1일 저녁 출판문화회관에서 열렸다. 늦가을 비가 추적추적 내리고 있어서 그렇잖아도 시내 나들이가 뜸한 나에게는 아주 을씨년스럽기만 했다. 시의 날 기념행사는 한국시인협회와 현대한국시인협회가 번갈아 가면서 주관하여 개최한다는 것도 처음 알았다. 어떻게 하다 보니 윤석산 시인의 청에 의하여 내가 조상기 시인과 더불어 기념강연을 하게 되었다. '시인의 삶과 꿈'이라는 제목으로 시작된 30분도 채 안되는 이야기는 아직도 낯선 사람 앞에서 낯가림하는 나의 천성 탓인지 그날따라 잘 풀리지도 않았고 제대로 마무리되지도 않았다. 나의 이야기는 조지훈 시인에 대한 회상으로 시작되어 용두사미로 흐지부지 끝났는데, 행사가 끝난 후 칵테일을 한잔 하는 자리에서 문덕수 시인과 성찬경

윤 석 산 (尹石山)
1946년 충남 공주 출생.
1972년 《시문학》에 시 〈접목〉, 〈용왕굿〉 등이 추천완료되어 등단. 주요 시집으로 《아세아의 풀꽃》, 《벽속의 산책》, 《밤의 오두막집에서》 등이 있음.

조 상 기 (趙商箕)
1938년 충북 진천 출생.
1966년 《중앙일보》 신춘문예에 시 당선.

시인이 이렇게 말했다.

"지훈 선생을 우리나라 문화계가 헹가래를 쳐 높이 올렸다가 떨어질 때는 아무도 받지 않고 맨땅에 떨어뜨렸다는 말 들으니까 숙연합디다."

나는 게으른 시인이라 시의 날이 언제 어떻게 해서 제정되었는지도 몰랐는데 그 날 출판문화회관에 도착하여 배포된 자료를 잠깐 뒤적이면서 1908년 11월 《少年》 창간호에 육당의 신체시 〈해에게서 소년에게〉가 발표된 날을 기념하여 제정되었다는 사실을 알았다. 올해가 그 열 번째 기념일이 된다는 것이었다. 내가 그 날 이야기하려고 준비한 것은 작년 인도에서 만났던 테레사 수녀에 대한 인상과, 내 딸 아이가 어렸을 때 받은 무선전신부호로 쓴 '연애편지'에 대한 것이었다. 테레사 수녀 앞에서 느꼈던 외경심과 무선전신부호로 밤새워서 쓴 어린 소년의 편지야말로 시인의 삶과 꿈의 상징이 될 수 있고 또 한 편의 시가 될 수 있다는 느낌을 얼기설기 엮어서 이야기해 볼 요량이었지만, 나는 그 자리에서 조지훈 선생에 대한 내 나름의 이야기가 갑자기 떠올랐다. 1968년 시인협회회장이면서 신시 60주년 기념사업회장으로 있다가 세상을 떠난 지훈의 삶이야말로 우리나라 시인의 '삶과 꿈'의 냉혹함이 아니었을까. 문득 이런 생각이 들었던 것이다. 그래서 나는 시의 날을 위하여 가을비를 맞고 온 시인들에게 지훈의 이야기를 들려주기로 마음먹었다.

내가 지훈을 처음 만난 것은 1960년대 중반이었다. 그는 분명 고려대학교의 교수였지만 좀처럼 학교에서는 만나 볼 수 없는 신비로운 분이었다. 나는 영문학과 학생으로 국문학과의 시론강의를 수강하였다. 그러나 지훈이 강의실에 나온 것은 한두 시간뿐이었고 학기 내내 휴강의 연속이었다. 이미 그 때부터 기관지를 앓고 있었기 때문이기도 했으나 당시의 사회의 혼란상과 대학이념의 쇠퇴와 무기력을 더이상 감당하지 못하고 현실에서 손을 떼고 일종의 관조의 세계에 침잠하여, 새삼스레 시를 가르치고 학점을 내주고 하는 모든 일이 성가시기도 했기 때문인 것 같았다. 그래서 누구 하나 학기 내내 휴강하는 지훈에 대하여 무슨 안 좋은 이야기를 하는 일이 없었다. 그는 이미 4.19를 겪으면서 이 땅의 가장 존경받는 스승의 높은 자리에 올라 있었을 뿐 아니라 그의 글과 기백이 캠퍼스의 곳곳에 스며 있어서 구태여 교수가 직접 강의실에 꼬박꼬박 나올 필요는 없다고 학생들 스스로 생각하고 있었는지도 몰랐다. 학생들 각자가 그의 글을 도서관에서 읽는 일만으로도 쩔쩔 맬 정도로 그는 많은 시와 논설과 논문을 가지고 있었다.

나는 1968년 2월에 대학을 졸업하고 사회에 나왔으나 막상

문 덕 수 (文德守)
1928년 경남 함안 출생.
1955년 《현대문학》에 시 〈침묵〉이 추천되어 등단.
주요 시집으로 《황홀》, 《조금씩 줄이면서》, 《수로부인의 독백》 등이 있음.

성 찬 경 (成贊慶)
1930년 충남 예산 출생.
1956년 《문학예술》에 〈미열〉, 〈궁〉, 〈프리즘〉이 추천되어 등단. 주요 시집으로 《화형둔주곡》, 《반투명》, 《황홀한 초록빛》 등이 있음.

아무 할 일도 없는 신세였고, 그저 혼자서 시를 쓰는 병아리 시인이었다. 그 전 해인 1967년에 데뷔하였을 때 《주간한국》에서 권오운과 윤상규와 나를 불러서 인터뷰를 하여 '금주의 인물'로 소개한 일이 있었다. 그 때 신문기자가 어느 시인을 가장 좋아하느냐고 물었을 때 나는 대답했다.

"〈處暑記〉를 쓴 박성룡(朴成龍) 시인이 가장 좋아요."

나는 그 때 무슨 몽상에 깊이 잠겨 있었던 것일까. 내가 이렇게 말하자 권오운과 윤상규가 옆에서 웃었다. 지금 바로 인터뷰를 하는 한국일보 문화부 기자가 시인 박성룡이라는 것이었다. 물론 이 문답은 기사화되지 않았다. 기자가 쑥쓰러워서였겠지만 아무든 나는 이렇게 아둔했다. 그냥 시가 좋아서 시인을 좋아할 뿐 그 시인이 어느 직장에서 무슨 일을 하는지는 도무지 관심없었다.

성북동 지훈 선생 댁을 처음 찾은 것은 대학을 졸업하던 해 3월 초였다. 그 해는 유난히 봄이 더디게 오려는지 3

월이 되었는데도 날씨가 겨울처럼 추웠고 그날따라 눈이 펑펑 쏟아지고 있었다. 춘설 치고는 심술이 사나운 눈발이었다. 청탁도 오지 않는 무명시인인 나는 후배와 함께 처음으로 인사를 갔던 것이다. 내가 신춘문예에 당선했을 때의 심사위원이기도 했던 지훈이었지만 학교에서조차 변변히 인사 한 번 제대로 드리지 않았던 내가 어떻게 그 분의 댁을 찾아갈 궁리를 했던 것일까. 지훈은 이미 그때 병석에 누워 있어서 두문불출한 채 외부와의 접촉을 끊고 있었다.

학교에서는 이따금 뵈었지만 막상 집으로 찾아 가려고 하니 가슴이 이상하게 떨렸다. 누구나 다 살고 있는 집에서 자식을 기르는 평범한 사람으로는 도무지 생각할 수 없을 만큼 그 당시 지훈은 우리들에게 하나의 신비로운 인물이었기 때문이다. 후배와 나는 골목 가게에서 술을 한 병 샀다. 지훈이 술을 좋아하니까 병아리 시인 두 명이 찾아가면서 어찌 술이 없을까 보냐는 생각만 했지, 그 분이 병환중이라는 것은 생각 밖이었다. 우리가 찾아가자 지훈은 한복 차림으로 안방에서 나왔다.

"어서 오게."

딱 이 한 마디뿐이었다. 성북동 개울 근처에 조그만 한식 가옥이었는데, 대문에서부터 한눈에 쇠락해 있는 모습이 보일만큼 그의 집은 춥고 쓸쓸했다. 지훈은 우리를 안방 건너편에 있는 서재로 안내했다. 방 윗목에는 몇 개의 화분과 조그만 연탄 난로가 있었지만, 불은 꺼진 채여서 난초도 군자란 잎사귀도 얼어 죽은 듯이 보였다. 냉골 위에 방석을 깔고 앉았지만 무릎이 시렸다. 지훈은 기침을 계속하면서도 차츰 술이 오르자 흥겹게

박 성 룡 (朴成龍)
1932년 전남 해남 출생. 1956년 《문학예술》에 시 〈화병정경〉 등이 추천되어 등단. 주요 시집으로 《가을에 잃어버린 것들》, 《휘파람새》, 《고향은 땅끝》 등이 있음.

말씀을 하기 시작했다. 《문장》의 추천 심사위원이었던 정지용이 일제 말에 보냈던 엽서도 꺼내어 보여 주고, 당신이 써놓은 미발표 작품들도 읽어 주었다. 그러는 동안에 우리가 사간 술이 동이 나자 그는 마루로 나가서 약주 한 병을 들고 들어왔다. 철부지였던 우리는 얼씨구 좋아라 하고 술을 마셨다. 지훈과 우리는 많이 취했다.

"지훈과 대작을 했으니 우리도 이제 대시인이다."

그날 그의 집을 나오면서 우리는 이렇게 떠들었다.

그 후 지훈은 몇 달 지나지 않아서 이 세상을 떠났다. 만일 그때 우리 같은 철부지 제자들과 독주를 마시지 않았던들 더 오래 사셨을지도 모른다는 생각 때문에 가슴이 아팠다. 병환중에도 제자와 술을 마시며 흔쾌하게 웃던 지훈의 모습은 그 후 오랫동안 나를 울렸다.

지훈이 마흔 아홉의 아까운 나이로 세상을 하직하자 도하 각 신문에서는 각각 다투어 특집 추모기사를 내고 고대 캠퍼스에서 있었던 장례식에는 이 나라 저명인사들이 운집하는 등, 시인의 죽음을 애도하고 생전의 지훈을 예찬하느라 부산하였다. 그러나 그냥 순수하고 오만하기만 했던 나는 그 분의 장례식에 가서 분향을 할 수도 무덤에 가서 통곡할 수도 없는 채 혼자서 남몰래 지훈을 사랑하며 괴로워했다. 연탄난로조차 피우지 못한 채 투병을 할 때는 모두들 못 본 체하다가 막상 운명하자 갑자기 지훈을 애도하는 나이 먹은 속물들 틈에 끼이기가 싫었다. 우리나라가, 우리의 시대가, 우리의 문단이 그를 살리려는 노력을 털끝만치나 했느냐는 분한 마음이 들었다. 우리의 문화계가 생전의 지훈을 지조의 시인입네 뭐네 하며 헹가래를 쳤다가는 아무도 받지 않고 맨 땅에 떨어뜨려 버렸다는 생각을 지울 수 없었다. 이러한 분한 마음이 어느 정도 가라앉게 된 그 해 가을에 나는 〈春雪〉이라는 시를 지훈 영전에 바치는 심정으로 썼다. 그리고 이 시를 나의 첫 시집에 수록했다.

봄눈이 춥게 내린 날
明仁이와 梅實을 들고 찾았을 때
詩人의 방에는
蘭草가 앉아 있었다.
그는 내실에서
朝鮮의 흰 장지문을 열고 나왔다.

보름 후에 말못할 세상으로 그는 갔다.
키 큰 明子가 그 말을 했을 때

나는 울지도 놀라지도 않고
그가 닫아버린 風雲의 時代를
덥썩 무심하게 안았다.

그는 磨石에 묻혔다
그의 살이 흙과 섞이는 장면을 본 이들이
우리나라의 지훈을 이야기하고
詩와 人生을 논할 때
나는 磨石에도 論議에도
끼지 않았다.

살과 흙이 섞이는 것이 중요한 게 아니라
글이 흙과 섞이고 바람에 섞이는
아 저 무한한 秩序를
나는 무심결에 보았을 뿐

흰 살이 흰 뼈를 거느리고
건너 세상으로
큰 새처럼 날아가는 모습을
추운 蘭草 옆에서 지켜봤을 뿐이다.

지훈이 세상을 떠난 것은 5월 17일이니까 내가 그의 집을 찾은 지 두 달 여 만의 일인데 나는 왜 이 시에서 '보름 후에 말 못할 세상으로 그는 갔다' 라고 한 것일까. 지금 돌이켜 보아도 그 이유를 잘 알 수 없지만, 아마도 나는 그때 지훈의 삶과 죽음을 한 시인의 전기적 생애로 이해한 것이 아니라 시인의 상징적인 삶과 죽음의 체계로 이해하고 있었는지도 모른다. 그러니까 지훈은 지금도 나의 상상력의 세계 안에서는 처음 만난 지 보름 만에 이 세상을 훌쩍 하직하는 안타까운 이미지로 자리잡고 있으면서 '흰 살과 흰 뼈를 거느리고/건너 세상으로/큰 새처럼 날아가는 모습을' 나에게 그냥 지켜보게 하고 있는지도 모른다.

그 후 몇 년이 더 지나서 나도 문인 행세를 하고 대학에서 시를 가르치게 되었을 때 나는 어느 일요일을 택하여 마장동에서 마석 가는 버스를 탔다. 혼자서 지훈의 묘소를 물어물어 찾아가서 술을 뿌리고 큰절을 했다. 지훈은 옛 철부지 제자를 아는지 모르는지 그날따라 마석의 하늘은 유난히도 짙푸른 빛으로 쏟아져 내렸다. 그 후에도 시인협회 사람들과 한 번 더 갔고 또 몇 해 후에는 지훈시비(芝薰詩碑)를 세우는 날 여러 시인들과 함께 갔다. 성북동 골짜기를 산책하던 지훈의 멋진 모습, 고려대 캠퍼스를 거닐던 지훈의 모습은 영영 사라졌지만 그의 그 대범하고 섬세한 품격과 정서는 이 땅에 그대로 남아서 하나의 상징이 되고 있다.

박목월(朴木月)은 지훈을 가리켜 '크고도 섬세한 손'이라는 아주 적절한 표현을 한 일이 있다. 1968년 3월에 내가 그의 서재를 처음이자 마지막으로 찾아갔을 때 그가 보여준 작품 노트는 아주 섬세한 시인의 손길이 그대로 묻어나는 것이어서 평소에 대범해 보이기만 했던 지훈에게 어떻게 이러한 꼼꼼한 구석

박 목 월 (朴木月, 1917~78)
본명은 영종(泳鍾).
1939년 《문장》(文章)지(誌)를 통하여 문단에 데뷔함.
46년 조지훈 · 박두진과 함께 《청록집》(靑鹿集)을 발간하여 '청록파'(靑鹿派)로 불림.
초기에는 자연 친화적인 주제를 다루었으나 사념적인 경향으로 바뀜. 시집 《산도화》(山桃花), 《청담》(晴曇), 《경상도의 가랑잎》, 《무순》(無順) 등이 있음.

이 있을까 하는 의문이 생기기조차 했다. 온 나라가 그를 선비정신의 귀감으로 지성인의 사표로 받들 때도 그의 가슴 속에는 아주 약하고 섬세한 고독의 정서가 잠들 수 없었을 것이다. 그러므로 그는 운명적으로 타인 앞에서는 '크고', 혼자 있을 때는 '섬세한' 손이 될 수밖에 없었는지도 모른다. 이것이 바로 시인 조지훈의 문학사적 불행의 원인이 된 것은 아니었을까. 그가 보여주던 작품 노트는 서너 권의 분량이었는데 획 하나 흔들리지 않는 정서(正書)로 하나하나 쓴, 그야말로 만년필 글씨 교본을 방불케 하는 것이었다. 끄적끄적 아무렇게나 쓴 원고뭉치가 아니라 노트 겉장에는 시집의 표제까지 하나씩 붙여 놓은 흡사 문학소년의 개인 문집 같은 것이었다.

시와 학문, 순수와 참여, 대학과 사회를 넘나들며 화려한 일생을 구가했던 거대함 속에 숨어있는 섬세함, 그리고 그 섬세한 것이 밖으로 나오면 누구도 따를 수 없는 대범한 품격이 되는 남다른 천재와 노력의 결과는 무엇이었을까. 불꺼진 연탄난로, 얼어죽은 난초, 허망한 세속의 명예 속에서 가장 아름다운 서정시인의 깃털 같은 가벼움은 지조있는 지성인의 무거움에 압사당한 것은 아니었을까. 그의 〈연애미학서설〉이라는 수필을 보면 사랑을 도식화시켜서 논하고 있는데, 이 글은 시인이 쓴 글이라기보다는 기하학자가 그려 놓은 도표 같은 기분이 들 정도로 그 논리가 얄미울 정도로 정연한 것이다. 이와 같은 곧바른 지성과 정연한 논리가 이 땅의 시인들에게조차 은연중에 경원시된 것은 아니었을까.

시인협회 회장 및 신시 60주년 기념사업회장이었던 지훈이 운명하고 나서 그의 베개 밑에서 기념사업기금이 든 저금통장이 나왔다고 했다. 그러니까 지훈은 공금을 한 푼도 건드리지 않고 홀로 투병생활을 한 청렴결백한 시인이라고 추켜세운 신문기사를 보면서 나는 화가 몹시 났었다. 시인의 고난에 찬 삶을 이해하려는 것이 아니라, 그들은 '조지훈'을 비범한 위인으로만 조명하는 데 급급하여, 공과 사를 구분 못하고 개인과 국가를 혼동하는 자신들의 열등감을 지우기 위한 대리만족에만 관심이 있을 뿐이었다. 그를 추켜 세우고 그를 앞장 세우기만 좋아했던 이 나라 문화에 대하여 심한 노여움을 느끼던 내가 이제 옛 스승을 욕되게 하는 이런 글을 쓰고 있으니, 천상에 계신 스승은 마치 목어(木魚)를 두드리다가 잠이 든 상좌아이를 보듯 그렇게 말없이 웃으시는가. 지사고 논객이고 다 그만두고 그저 아름답고 눈물겨운 서정시를 쓰고 즐기며 더 오래 우리들 곁에 계셨더라면 하는 좁은 생각밖에 없는 제자를 노여워서 꾸짖으시는가.

'시의 날' 행사가 끝난 뒤 나는 밤늦도록 인사동 골목에서 젊은 시인들과 술을 마시고 술을 못이겨 종당에는 골목길에 술을 모두 토하고야 말았다. '시의 날'은 이렇게 나를 문득 찾아왔다가 가을비 속으로 홀연히 사라져갔다.

2

시인 박용래에 대한 이야기는 그것이 정말 사실에 기초를 두었다고는 해도 꼭 꿈결과도 같은 시적 몽상으로 들리기 십상이다. 그래서 그가 남긴 많지 않은 시는 스님이 입적한 후 잿더미 속에 남는 영롱한 사리(舍利)처럼 더 귀하게 느껴진다. "아내와 아이들 다 職場에 나가는/밝은 낮은 홀로 남아 詩 쓰며 빈 집 지키고/해 어스럼 겨우 풀려 친구 만나러 나온다는/朴龍來더러 '장 속의 새로다' 하니,/그렇기사 하기는 하지만 서두 지혜 있는 새라고 한다/요렇처럼 어렵사리 만나러는 나왔으니,/지혜는 있는 새지 무엇이냐 한다"(서정주, 〈朴龍來〉)에 보이는 것처럼 그는 살아서도 '새'가 된 시인이었다고 할 수 있다.

〈그 봄비〉나 〈저녁 눈〉처럼 간결한 형태의 맛깔스러운 서정시를 쓰는 박용래의 〈月暈〉이라는 이색적인 작품을 내가 1976년 봄 어느 잡지의 월평에서 이야기한 적이 있다. 그 때 그 글을 다시 꺼내어 읽어보면, 그 때의 나의 시 읽기와 시에 대한 생각이 지금도 그대로 유효하다는 생각이 든다. 이십 년 전의 시 읽기의 독해력이 지금도 그대로 유효하다는 것은 무슨 의미가 있는 것일까. 좋은 작품이 발산하는 작품의 우수성은 아주 자존적(自存的)이기 때문에 이십 년이 아니라 이백 년이 지나서도 그 작품 자체가 독자로 하여금 올바른 시 읽기의 길로 접어들 수 있도록 스스로 지시하는 신비한 기능을 소유하고 있는지도 모른다. 그래서 작품이 짐짓 숨기고 있는 이러한 방향지시등을 처음으로 발견하여 점등시켰을 때의 기쁨은 그만큼 더 큰지 모른다.

첩첩산중에도 없는 마을이 여긴 있읍니다. 잎 진 사잇길, 저 모래둑, 그 너머 강기슭에서도 보이진 않습니다. 허방다리 드러내면 보이는 마을.

坑 속 같은 마을. 꼴깍, 해가, 노루꼬리 해가 지면 집집마다 봉당에 불을 켜지요. 콩깍지, 콩깍지처럼 후미진 외딴 집, 외딴 집에도 불빛은 앉아 이슥토록 창문은 木瓜빛입니다.

기인 밤입니다. 외딴 집 노인은 홀로 잠이 깨어 출출한 나머지 무우를 깎기도 하고 고구마를 깎다, 문득 바람도 없는데 시나브로 풀려풀려 내리는 짚단, 짚오라기의 설레임을 듣습니다. 귀를 모으고 듣지요. 후루룩 후루룩 처마깃에 나래 묻는 이름 모를 새, 새들의 온기를 생각합니다. 숨을 죽이고 생각하지요.

참 오래오래, 노인의 자리맡에 바튼 기침소리도 없을 양이면 벽 속에서 겨울 귀뚜라미는 울지요. 떼를 지어 웁니다. 벽이 무너지라고 웁니다.

어느덧 밖에는 눈발이래도 치는지, 펄펄 함박눈이래도 흩날리는지, 창호지 문살에 돋는 月暈.

— 박용래, 〈月暈〉

콩깍지처럼 외딴 집이라는 기막히면서도 유치하기 짝이 없는 비유와, 지도의 어느 끝 어느 구석에나 있음직한 이름 모를 동네의 작은 초가집에서 밤 늦게까지 모과빛 불빛이 보인다는 친절한 묘사를 보면, 이 작품은 시가 아니라 한폭의 빛 바랜 민화 조각 같고 감정이 섬세한 소년의 방학일기의 한 구절과도 같다. 해가 꼴깍 진다느니 노루꼬리 해라느니 하는 동시적인 표현을 보면 티없이 미소롭다 못해 촌티가 너무 나기 때문에 20세기의 마지막 4반세기를 살고 있는 오늘의 시점에서는 용납되기 어려워서 정이 뚝 떨어지는 그런 작품이다. '노루꼬리 - 해'의 표현은 벌써 고루하기 그지 없는 죽은 비유이다. 노루꼬리를 자세히 본 독자도 없다. 해와 노루꼬리와는 이미 유추의 끈이 끊어져 버린 죽은 관계의 언어들이다.

콩깍지라는 말도 이제까지는 이미 죽어 버린 언어, 국어사전을 편찬할 때나 들어가는 언어이다. 현대의 시 독자들처럼 약아빠지고 부유한 자들은 콩의 영양소에 관심이 있지 가축의 사료로 쓰이는 콩깍지에는 아무런 관심이 없다. 또한 그것을 자세히 보아 둔 사람도 없을 터이다. 보았다고 해도 기억하지도 않고 기억을 한다 해도 하나도 소중할 게 없다. 그러나 〈월훈〉은 이미 쓸모없게 된 언어들로 동시 같은 소박한 어조에 의해서 이룩된 산문체의 작품이지만 한국시라는 전면을 놓고 볼 때 평범하기 그지없어 보이면서도 우리에게 깊은 반성의 계기를 마련해 주고 있다.

밖에 세워 놓은 짚단에서 짚이 하나씩 풀리는 소리. 이 시의 공간은 벽촌의 어느 외딴 농가의 한 방이며, 시간은 겨울 기인 밤 눈발이 흩날려서 달무리가 지고 있다. 짚단은 콩깍지와 마찬가지로 인간을 위해 희생한 자연의 일부이다. 그것은 자연과 인간의 중간에 있는 하나의 점이다. 점이 흔들리고 있다. 인간을 다 지나와서 미구에 자연으로 돌아갈 노인이 그 흔들리는 매체를 보고 있다. 등잔불 앞에서 고구마를 깎으며 자연의 소리를 듣고 있다. 귀를 모아서 듣고 있다. 처마에 깃을 묻는 새의 온기를 숨을 죽이며 생각하고 있다. 여기서 노인은 인간과 자연을 넘나드는 하나의 정신이 된다.

겨울방학 때 시골 외가집에 가서나 씀직한 중학생 일기 같은 이 미소로운 구문이 무서운 떨림을 주고 안온한 평화를 준다. 풀려 내리는 짚이나 처마로 찾아드는 새는 바로 시 속의 인물의 모든 인격이며 사랑이다. 이 점을 강조하기 위해서 "설레임을 듣습니다. 귀를 모으고 듣지요.", "온기를 생각합니다. 숨을 죽이고 생각하지요."에서 '-니다', '-지요'의 투박한 반복을 하고 있다. 이 시는 예이츠나 프로스트의 시보다 더욱 좋다. 한국인이면서 외국시를 더 좋아하는 사람이 있다면 바로 이런 시를 읽어 보는 게 좋다. 국적이 분명하고 그 범주 속에 소속 인구를 필연적으로 가지게 되는 것이 바로 시다.

번역체의 생경한 문체에서 오는 신선미나 모더니즘의 실험적 언어가 주는 당혹에서 오는 충격을 알맞게 맞붙여 놓으면 현대시가 되는 것은 아니다. 그렇다고 인습적인 언어들만을 구사한다고 해서 우리의 시를 살찌게 하는 것도 아니다. 시의 방법에 관한 이론은 많은 사람에 의해서 여러 번 되풀이되지만 늘 미와의 것이 되기 쉬운데 이것은 늘 시와 시인이 이론가를 앞질

프로스트

(Robert Frost, 1874~1963)

미국의 시인. 전원생활과 풍물 속에서 우러나오는 명상적인 인생의 깊은 인식을 담고 있는 그의 시는 고전적인 무게로 독자들의 사랑을 받았으며, 케네디 대통령 취임식에서 자작시를 낭송할 만큼 넓은 독자층을 지닌 국민시인이었다. 대표작으로는 〈백화〉(白樺), 〈어린이의 무덤〉, 〈축대 고치기〉 등이 있다.

러 가기 때문이다. 어떤 경우는 바로 앞을, 어떤 경우는 몇 십 년을 먼저 가기 때문이다. 이래서 시에 대한 논의는 무궁무진하고 진미가 있는지도 모른다. 어떤 예술의 장르가 모두 이론적으로 해부된다면, 그것은 이미 수술대 위에서 죽는 환자처럼 명쾌하게 이해는 되겠지만 이미 생자가 아니다. 생자가 아니면 감동을 줄 수 없다. 공감이 가지 않는 것은 개개인의 경험의 유기성과 관계가 있으니까 논외로 하더라도, 전혀 시적이지조차 않은 죽은 언어들이 시단을 대거 점령하고 있다. 마치 공동묘지 같다. 이런 속을 거닐다가 벌떡벌떡 숨쉬는 살아 있는 것을 만났을 때 그것은 감동을 주는 데서 끝나지 않고, 당연히 생과 사의 의미나 생의 희열과 방법까지를 일깨워 주는 높은 구실을 해내는 것이다.

나는 그때 〈月暈〉에 대한 월평을 끝내면서 '박용래 시인에게 축복을 보낸다'라는 말을 덧붙였다. 자칫하면 놓쳐 버릴 뻔한 좋은 시를 내가 제일 먼저 알아보았다는 기쁨에 젖어 있던 서른

네 살의 나에게 뜻밖에도 어느 날 편지가 한 통 날아왔다. 박용래 시인이 보낸 편지였다.

春風이 차가운 요즘, 귀체 안녕 하십니까.

《文學思想》 4월호의 〈이달의 爭點〉에서 詞兄은 저에게 크나큰 冠을 씌워 주셨읍니다. 그것이 黃金의 冠이든 피어린 가시 冠이든 甘受할 뿐입니다. 살짝 눈 감아 버릴 수도 있는 月評欄의 글을 이렇게 못 잊어함은 詞兄의 文脈이 너무도 感動的인 때문이겠지요. 詩人은 무대 위의 主人公도 아니며 映畵 속의 스타도 아니라는 것을, 또 그렇게 되어서도 안된다는 것을 알면서도 알면서도.

저는 平素에 생각하고 있읍니다. 詩야말로 聖職者 아니면 이름 없는 放浪兒가 써야 한다고. 이 두 갈래의 길에서 제가 택한 것은 이름 없는 放浪兒, 모름지기 그렇게 努力하고 있을 뿐입니다.

詞兄, 우리가 永遠이란 이름의 한가닥 줄타기 놀음에 同乘하고 있음은 무슨 因緣이오이까.

축복을 주셔서 감사합니다. 저는 방금 슬프고도 기쁜 盞을 높이 들고 있읍니다. 不備.

'76년 春分 朴龍來' 라는 서명으로 끝나는 이백 자 원고지 석 장 분량의 그 편지를 다시 꺼내어 볼 때마다 나는 눈시울을 적시곤 한다. 그는 1980년에 세상을 떠났다. 생전에 한 번도 만나지 못했으니 훗날 저승에 가서 그와 함께 '슬프고도 기쁜 盞'을 높이 들고 '永遠이란 이름의 한가닥 줄타기 놀음'을 한바탕 신나게 놀아보고 싶구나.

오는 봄비는 겨우내 묻혔던 김칫독 자리에 모여 운다

오는 봄비는 헛간에 엮어 단 시래기 줄에 모여 운다

하루를 섬섬히 버들눈처럼 모여 서서 우는 봄비여

모스러진 돌절구 바닥에도 고여 넘치는 이 비천함이여

— 박용래, 〈그 봄비〉

박용래의 시는 우리 말의 아름다운 숨결을 살려 내어 이제는 그 쓸모나 뜻이 다 숨이 넘어가 버린 '김칫독 자리'와 '시래기 줄', 그리고 '모스러진 돌절구'에 내리는 봄비를 아무렇지도 않게 그냥 시침 뚝 떼고 보이는 대로 보여줌으로써 죽은 비유를 소생케 해주는 놀라움을 담고 있다. 의도적으로 평범한 어조를 띠고 있으면서도 그 안에 자리잡은 질서는 완벽하다. 이런 시는 시창작론의 방법이나 사물에 대한 습관적인 이해만으로는 절대로 이룩되지 않는 정신적인 가치를 지니고 있다. 시는 그 시인이 평소에 생각하고 꿈꾸는 것만큼 씌어진다는 것을 박용래는 한 마디 말도 없이 실천한 것이다.

3

처음에 나는 〈시와 삶의 이야기〉의 보따리를 풀면서 다음과 같이 이야기했었다.

— 나는 이 글을 읽으면서 누구보다도 맨처음 나의 친구가 되어줄 '그'의 이름이 생각났다. '그'는 부지런한 비평가이거나 훌륭한 시인이 아니다. '그'는 닳고 닳은 쉰 몇 살의 흔하디 흔한 시인이 아니다. 또 '그'는 대학에 입학하여 시창작교실에 드나들고 어떻게 길이 닿아서 시인이 될 날을 학수고대하는 대학생도 아니다. '그'는 아주 작고 보잘것없이서 자기의 존재가 무겁다든지 가볍다든지 또 크다든지 작다든지도 모르고, 앞으로 그의 앞에 닥칠 시련과 시기가 어떤 것인지에 대하여 아무런 예감도 못하는 어린 학생이다.

나는 이 글을 시 비평이니 시인 연구니 하면서, 빗자루로 마당 쓸 듯, 몽둥이로 개 잡듯, 호각을 불어서 줄 세우듯 그렇게는 쓰지 않겠다. 이슬방울로 그림 그리듯, 포테이토 칩이나 프라이드 치킨의 맛이 아니라 흙을 쩍쩍 가르며 살이 찌는 감자의 굵은 줄기의 아린 맛처럼, 감자의 괴경이 뿌리가 아니라 새순을 틔울 눈을 몇 개나 가진 줄기라는 사실을 갓 배운 소년처럼, 홰에서 내려온 토종 암탉이 둥우리에 갓 낳은 따뜻한 달걀처럼 그렇게 약하고 보잘 것 없는 온기로 이 글을 쓰겠다. 괜히 사부랑사부랑하지 않고 그냥 곰살스럽게 속삭이면서 시 이야기를 해 나가겠다.

나는 다음과 같이 그를 부르기로 했다.

'사랑하는 원주중학교 2학년 2반 오탁번 군.'

지금 이맘 때쯤이면 치악산은 이마를 흰 눈으로 가린 채 풀과 나무와 짐승을 넉넉한 깃으로 감싸 안고 봄을 기다리고 있으리라. 무심하게 멀리 나앉아 있는 치악산을 아침 저녁 바라보면서 눈망울을 깜박이고 있을 '원주중학교 2학년 2반 오탁번 군'에게 들려 주고 싶은 시와 삶의 이야기는 사실상 시작도 끝도 있을 수가 없다. '그'의 눈에는 모든 게 신비롭고 모든 게 궁금하기 때문에 아무리 이야기를 들려 주어도, '이제 그만' 하고 하품을 하면서 잠자리에 들지 않을 것이기 때문이다. 그러므로 내 마음의 흰 공책에는 차마 '끝'이라는 글자를 쓸 수가 없다.

식물이 마치 한 쪽은 중력에 끌리듯 지하로 파고 들고, 다른 쪽은 반중력이나 부상력에 떠밀리듯 지상으로 치뻗친다는 사실을 처음 발견한 괴테는 정말로 싱거운 시인이라는 생각이 문득 든다. 또 식물들이야말로 진정한 우주적 존재라고 말한 어느 과학자가 양파의 세포가 담배연기의 자극은 물론 자기를 해치려는 심적 이미지를 10분의 1초 안에 예민하게 알아차린다는 사실을 발견한 것도 정말 싱거운 짓이다. 나는 1년 동안 시와 삶의 이야기를 해 오면서 그것보다도 더욱 큰 사실을 발견했기 때문이다.

나는 나의 이야기에 귀 기울이고 있는 '그'에게 '끝'이라고 말하는 대신 내가 발견한 굉장한 사실을 들려주고 싶다.

'좋은 시는 정말 좋고, 나쁜 시는 정말 나쁘다!'

무슨 놀랄만한 대발견을 기대하고 있다가 내 말을 듣고 나서 고개를 갸웃거리고 있을 '그'의 밤송이 같은 머리에 이제 꿀밤이나 하나 먹여 줘야겠다.

■ 저자 약력

오 탁 번

고려대학교 영문학과와
동 대학원 국문학과 졸업, 문학박사
1966년 동아일보 신춘문예 당선(동화)
1967년 중앙일보 신춘문예 당선(시)
1969년 대한일보 신춘문예 당선(소설)
현재 고려대학교 사범대학 국어교육학과 교수

창작집으로 《처형의 땅》, 《새와 십자가》,
《내가 만난 여신》, 《절망과 기교》,
《겨울의 꿈은 날 줄 모른다》 등이 있고,
시집으로 《아침의 예언》, 《너무 많은 가운데 하나》,
《생각나지 않는 꿈》, 《겨울강》 등이 있으며,
저서로 《한국현대시사의 대위적 구조》,
《현대시의 이해》 등이 있다.

나남산문선 35

오탁번 詩話

아직 태어나지 않은 시인을 위하여

1998년 2월 24일 발행
2007년 4월 15일 2 쇄

저　　자 : 오　탁　번
발 행 자 : 趙　相　浩

발 행 처 : (주) 나남출판

413-756 경기도 파주시 교하읍 출판도시 518-4
전화 : (031) 955-4600 (代), FAX : (031) 955-4555
등록 : 제 1-71호 (79. 5. 12)
http://www.nanam.net
post@nanam.net

ISBN 978-89-300-0835-8 책값은 뒤표지에 있습니다.